WIDERSTAND IST ZWECKLOS

Lea Loos

WIDERSTAND IST ZWECKLOS

Nein!

avant-verlag

Widerstand ist zwecklos – Nein!

Text, Zeichnungen & Lettering: Lea Loos

ISBN: 978-3-96445-055-5

Herstellung: diceindustries
Korrekturen: Chloe Alberti
Herausgeber: Johann Ulrich

avant-verlag GmbH | Weichselplatz 3-4 | 12045 Berlin
info @avant-verlag.de

Mehr Informationen und kostenlose Leseproben
zu unseren Titeln finden Sie online:
www.avant-verlag.de
facebook.com/avant-verlag

Inhalt

Die Charaktere und Handlungen dieses Comics sind frei erfunden – auch jene, die auf realen Personen basieren.

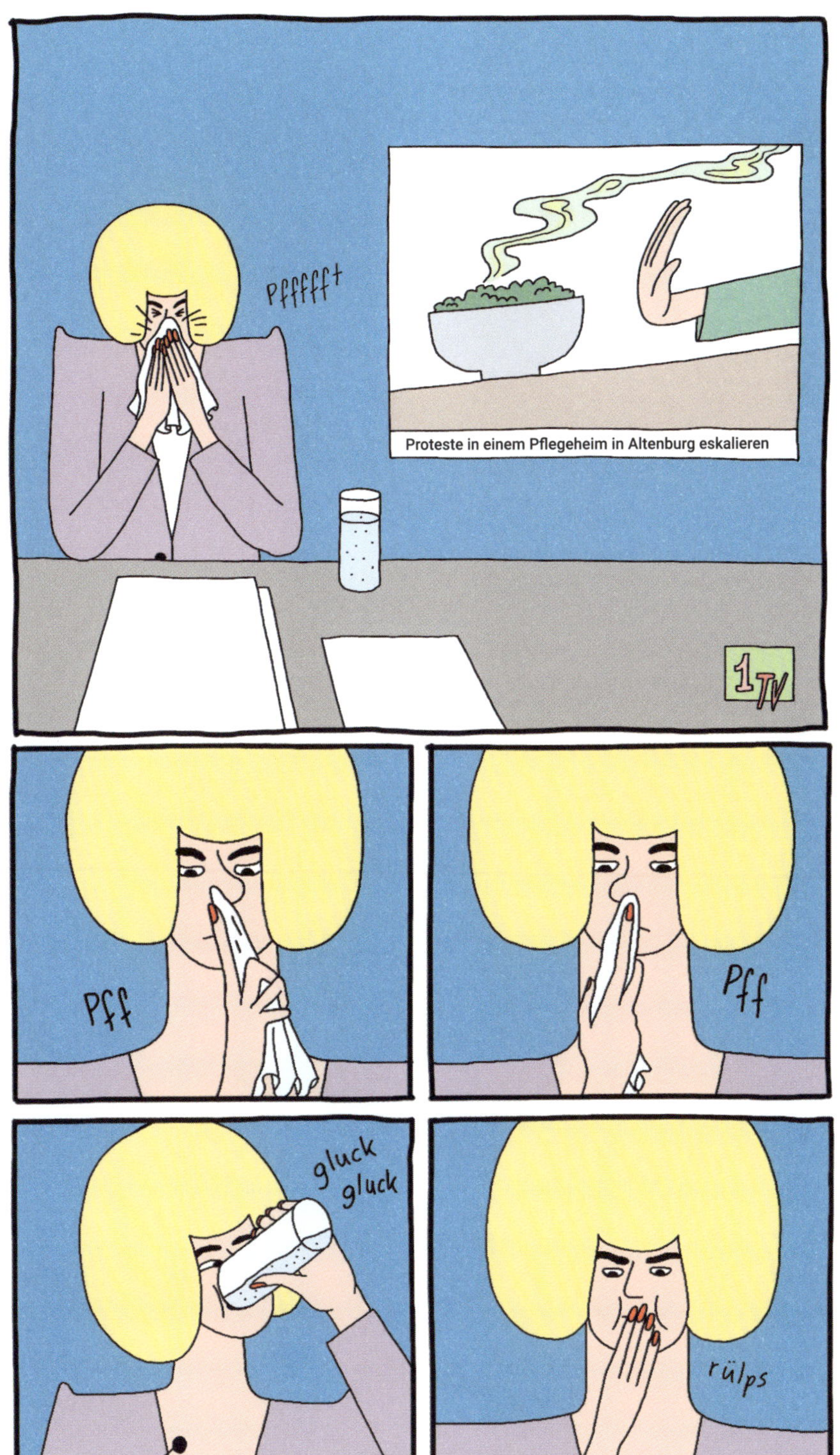
Pffffft
Proteste in einem Pflegeheim in Altenburg eskalieren
1TV
Pff
Pff
gluck
gluck
rülps

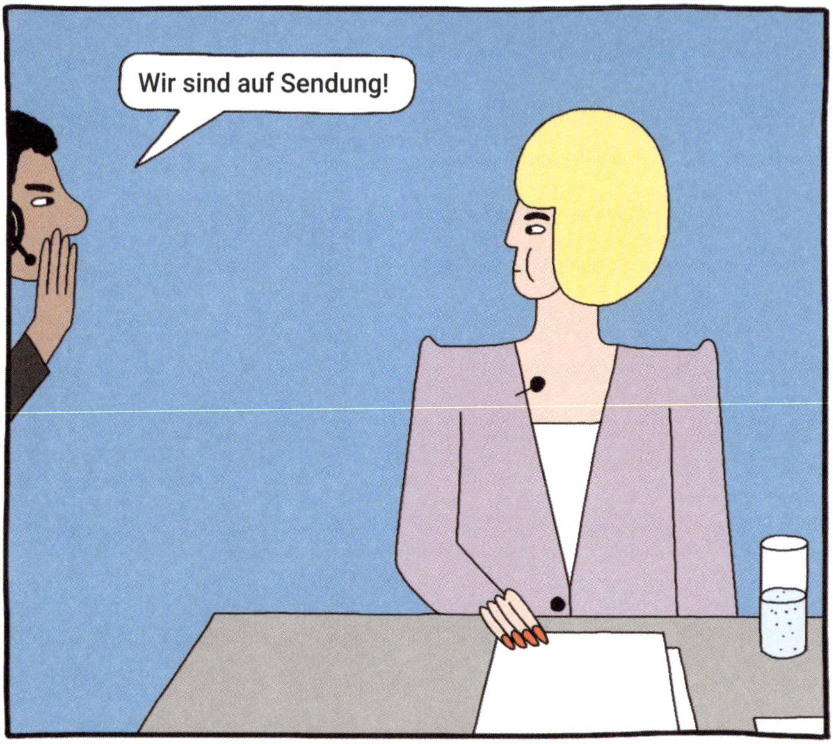

Wir sind auf Sendung!
Proteste im

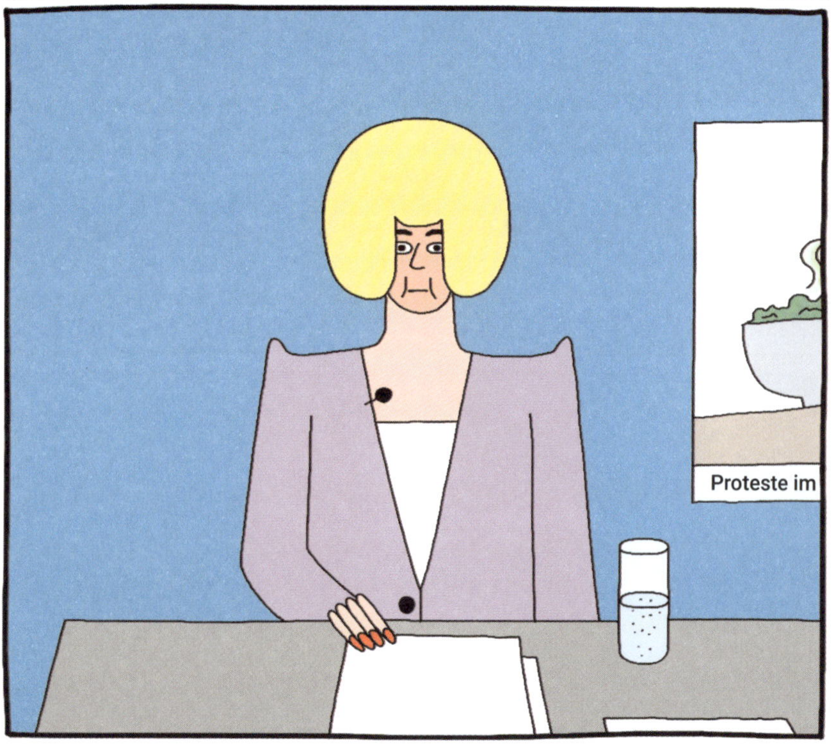

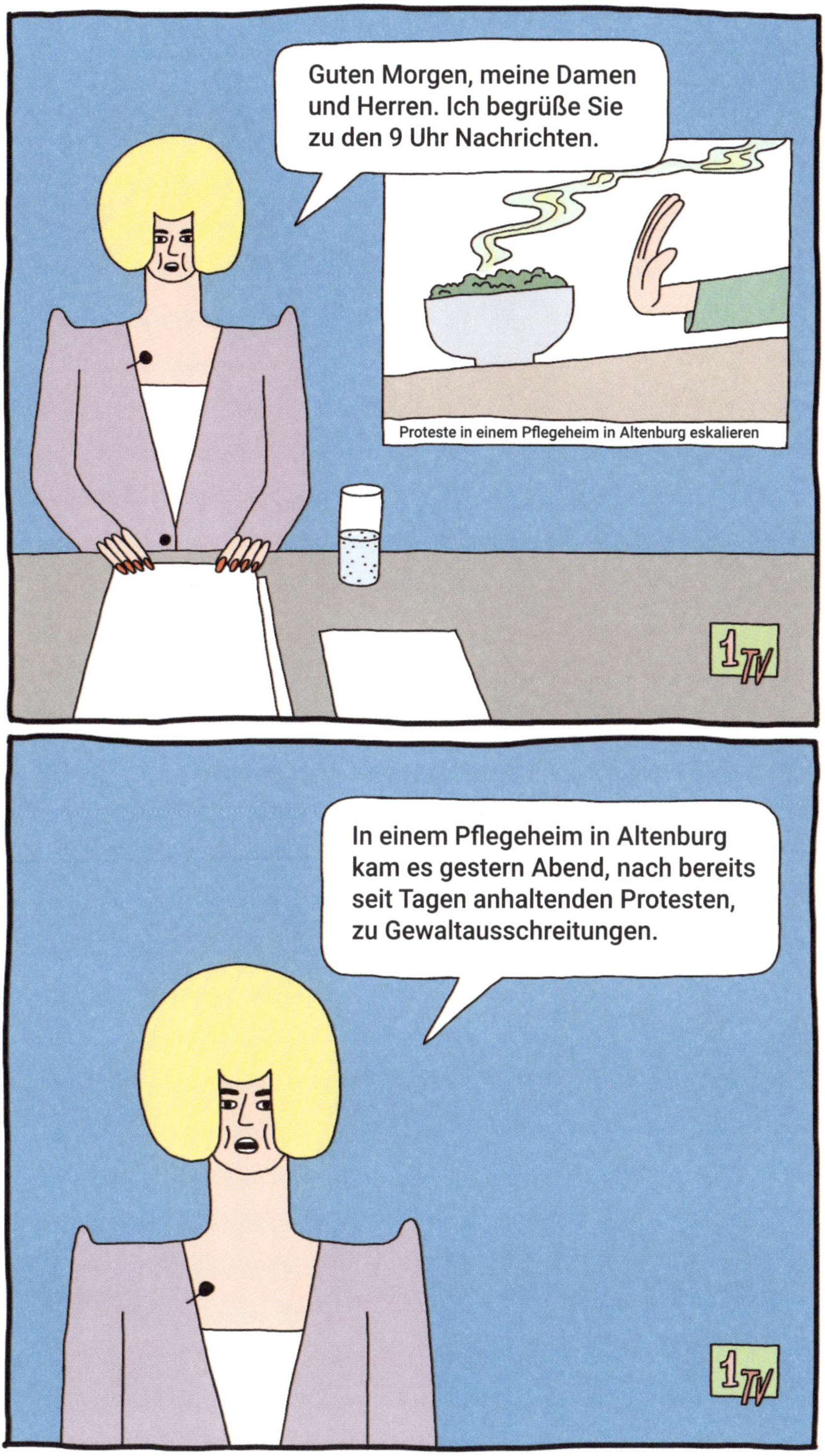

Guten Morgen, meine Damen und Herren. Ich begrüße Sie zu den 9 Uhr Nachrichten.

Proteste in einem Pflegeheim in Altenburg eskalieren

1TV

In einem Pflegeheim in Altenburg kam es gestern Abend, nach bereits seit Tagen anhaltenden Protesten, zu Gewaltausschreitungen.

1TV

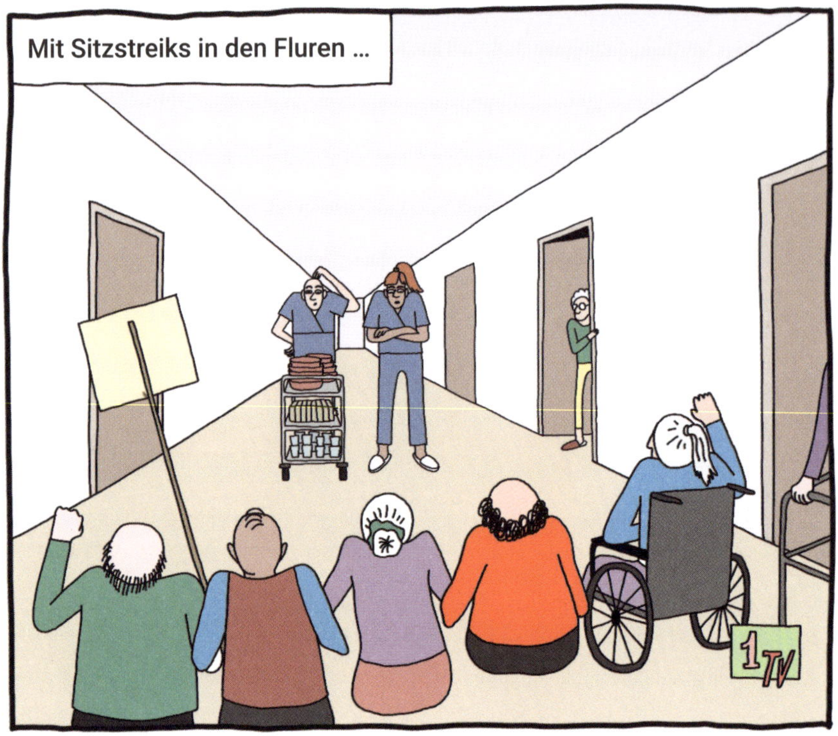

Mit Sitzstreiks in den Fluren …

1TV

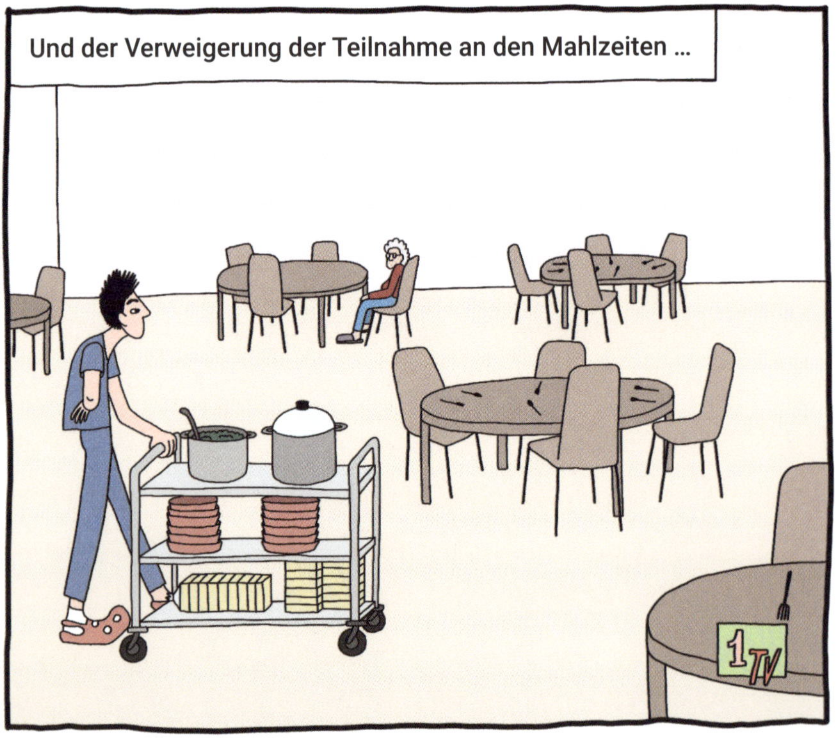

Und der Verweigerung der Teilnahme an den Mahlzeiten …

1TV

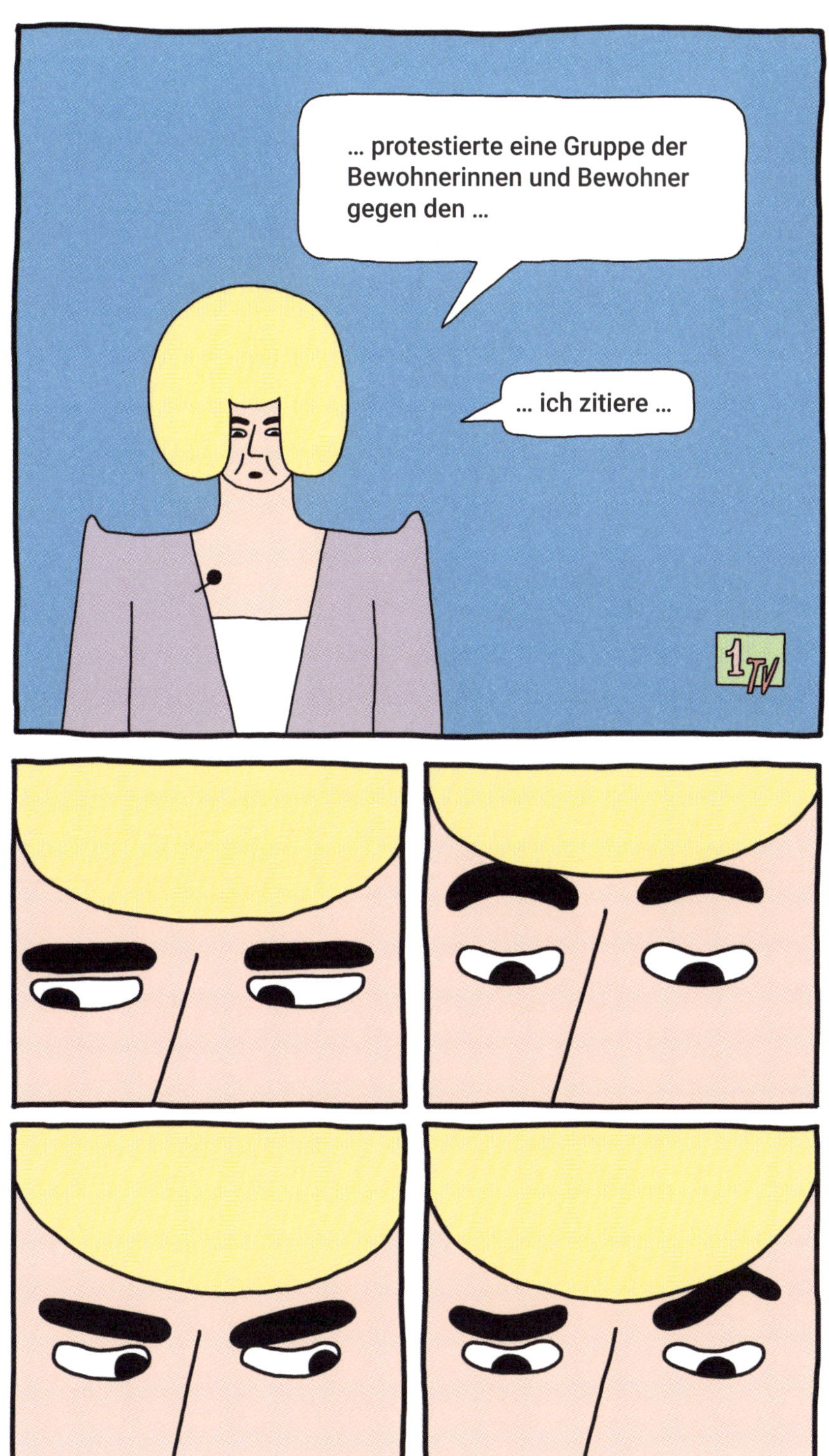
… protestierte eine Gruppe der Bewohnerinnen und Bewohner gegen den …
… ich zitiere …
1TV

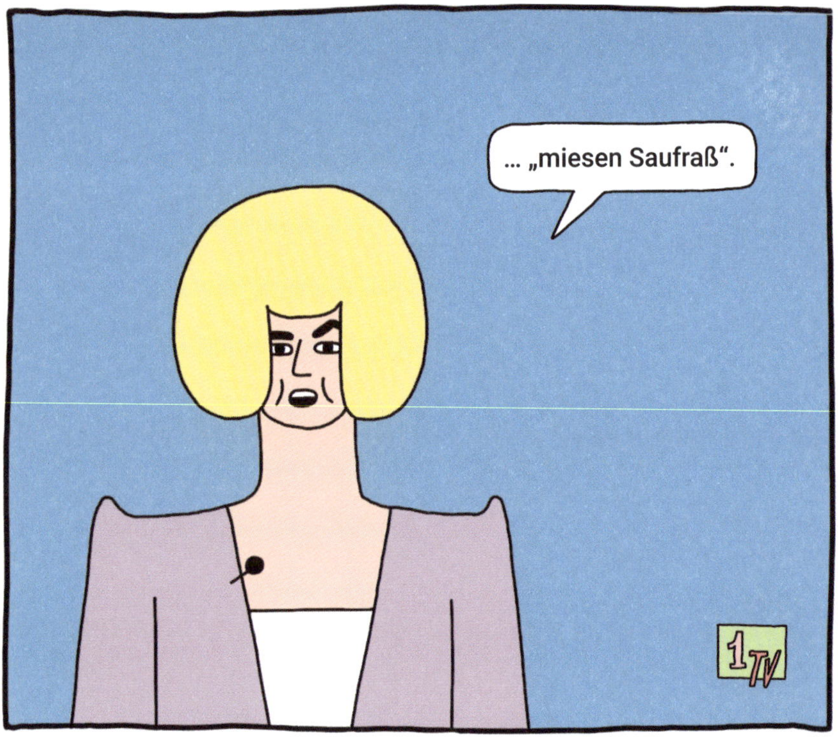

… „miesen Saufraß“.

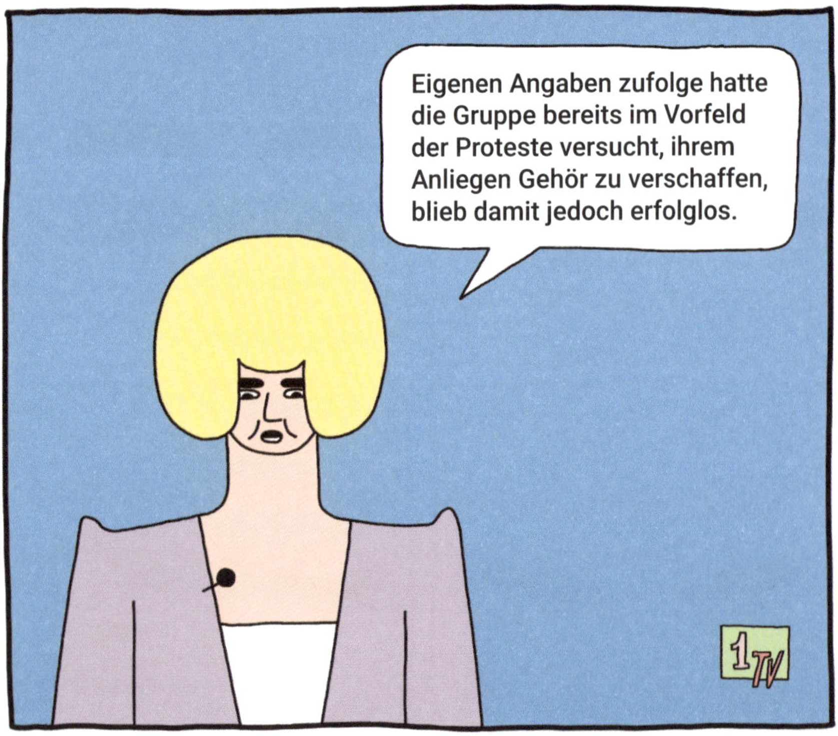

Eigenen Angaben zufolge hatte die Gruppe bereits im Vorfeld der Proteste versucht, ihrem Anliegen Gehör zu verschaffen, blieb damit jedoch erfolglos.

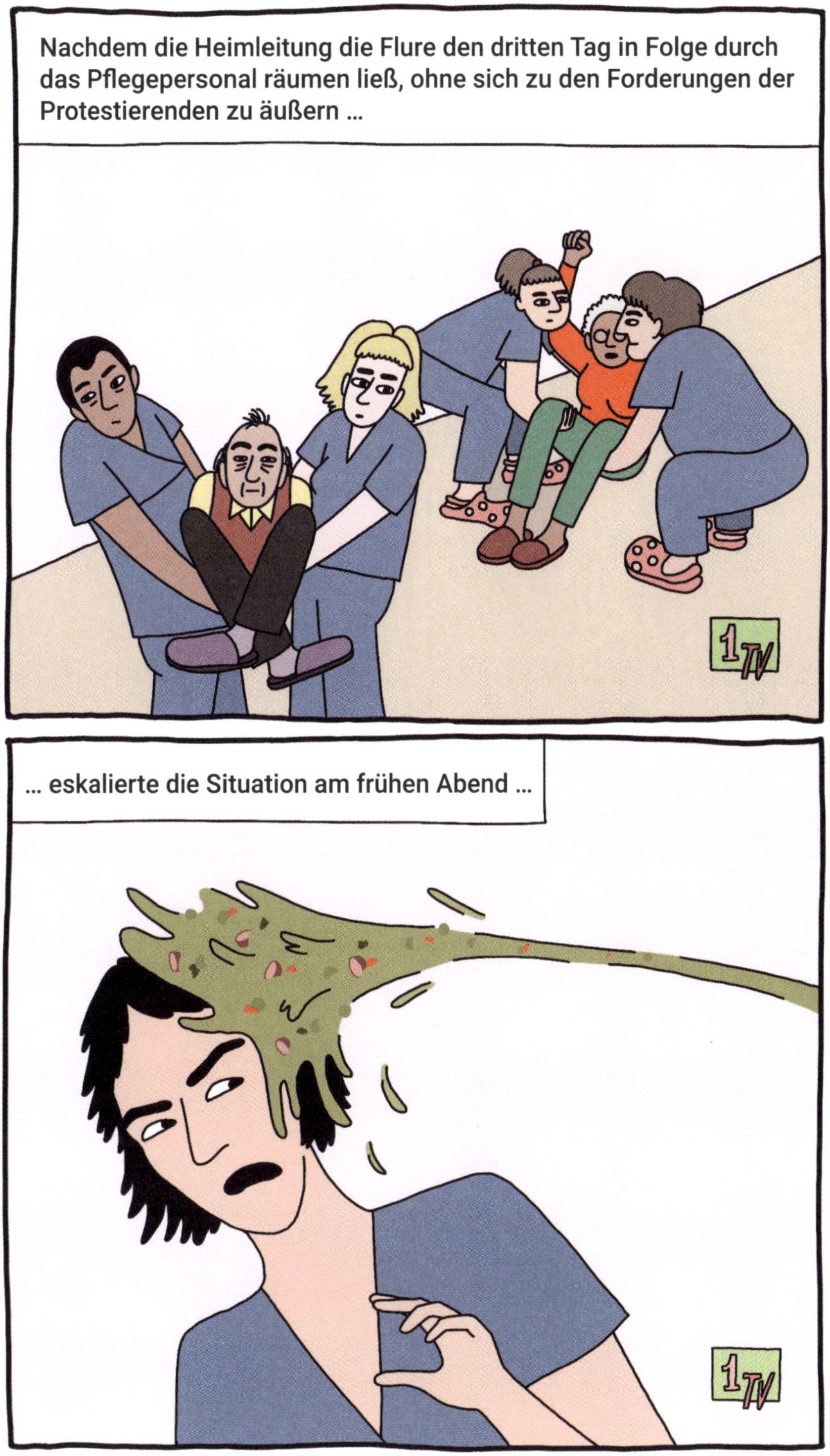

Nachdem die Heimleitung die Flure den dritten Tag in Folge durch das Pflegepersonal räumen ließ, ohne sich zu den Forderungen der Protestierenden zu äußern …

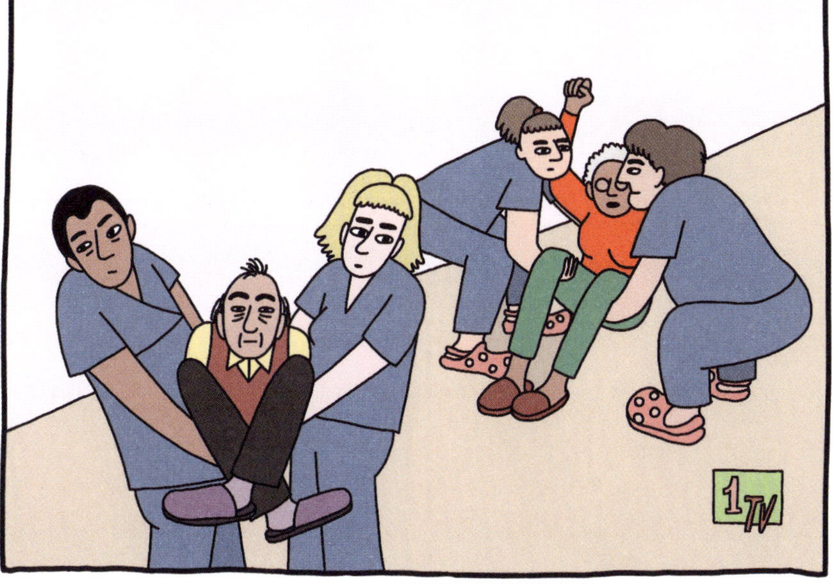

… eskalierte die Situation am frühen Abend …

1TV

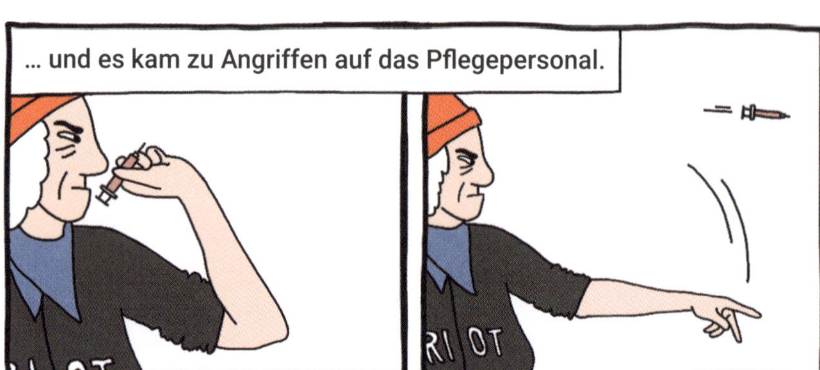
… und es kam zu Angriffen auf das Pflegepersonal.
RIOT

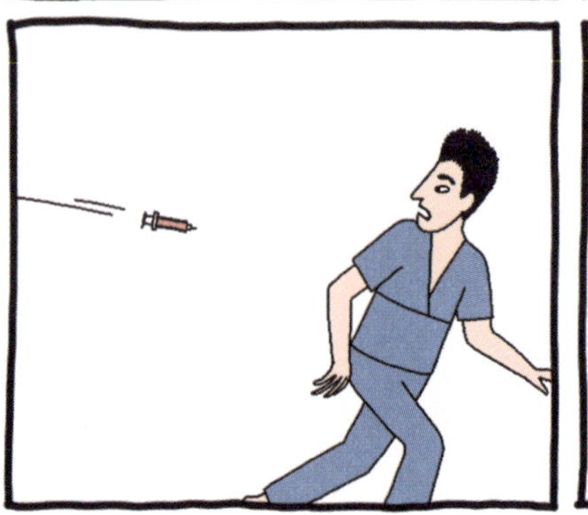

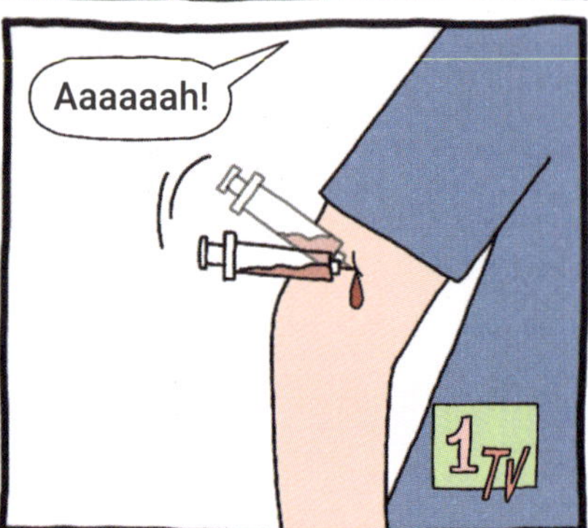
Aaaaaah!
1TV

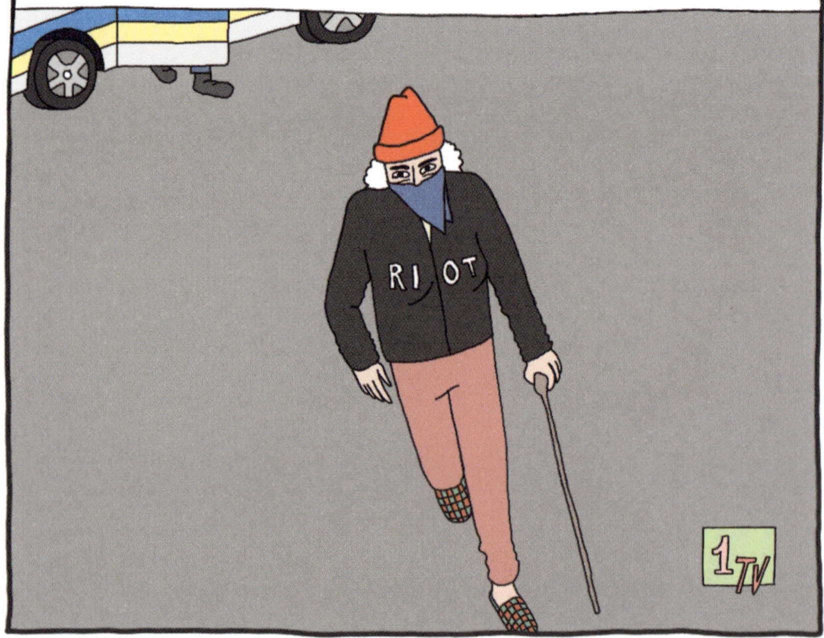
Die Polizei ermittelt nun gegen drei Bewohner*innen. Eine von ihnen ergriff beim Eintreffen der Einsatzkräfte die Flucht.
RIOT
1TV

1 Ein Wohnzimmer in Altenburg

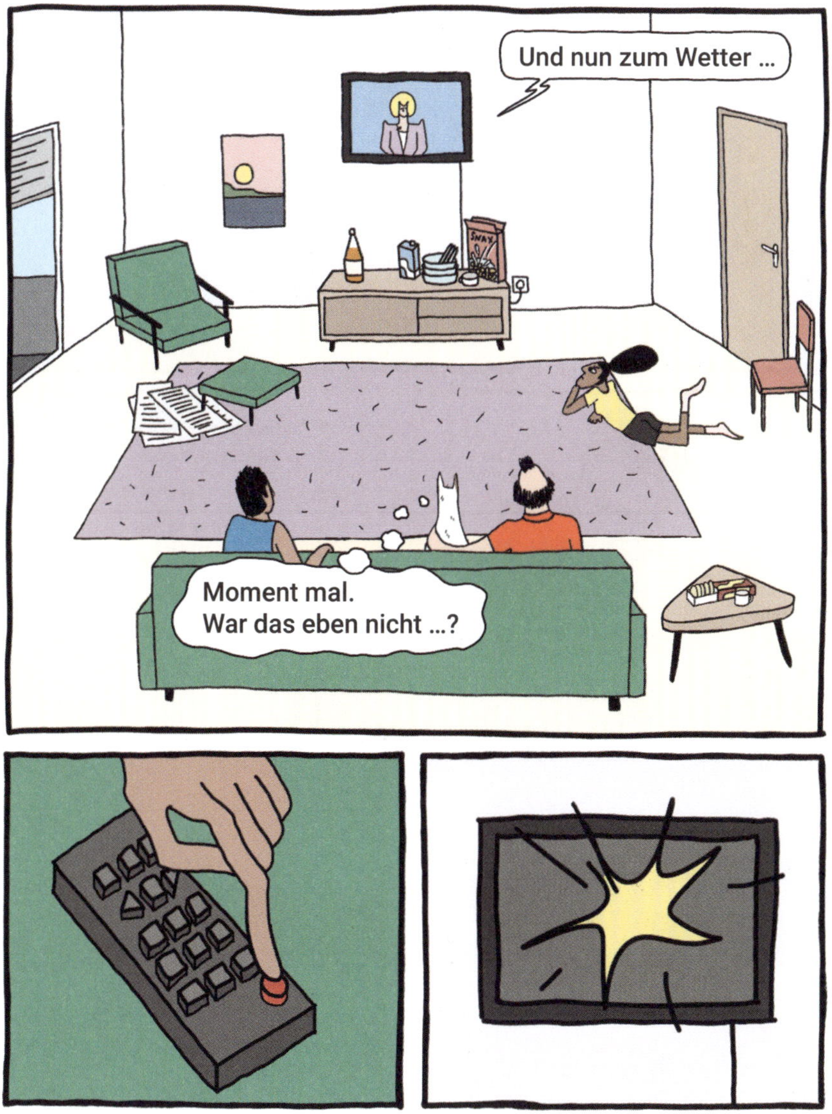

Und nun zum Wetter …

Moment mal.
War das eben nicht …?

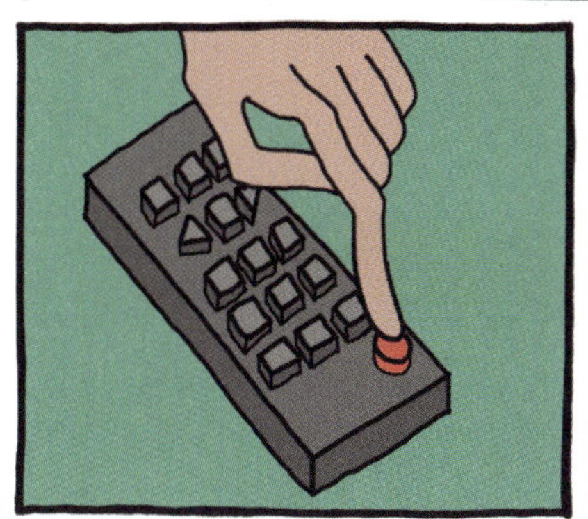

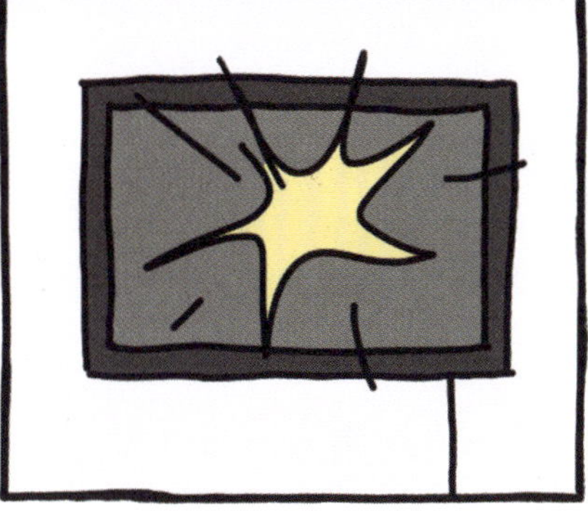

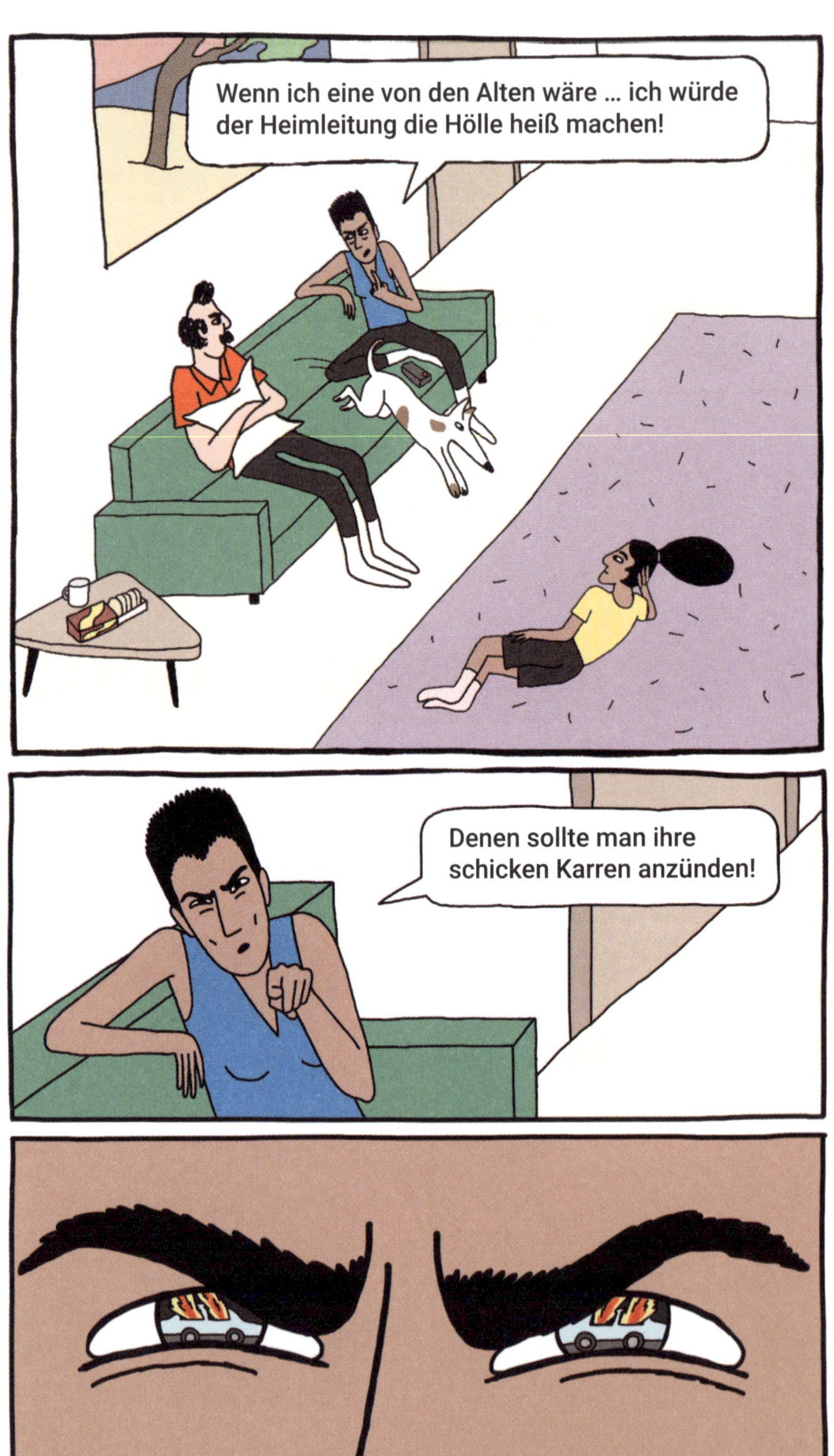
Wenn ich eine von den Alten wäre … ich würde der Heimleitung die Hölle heiß machen!
Denen sollte man ihre schicken Karren anzünden!

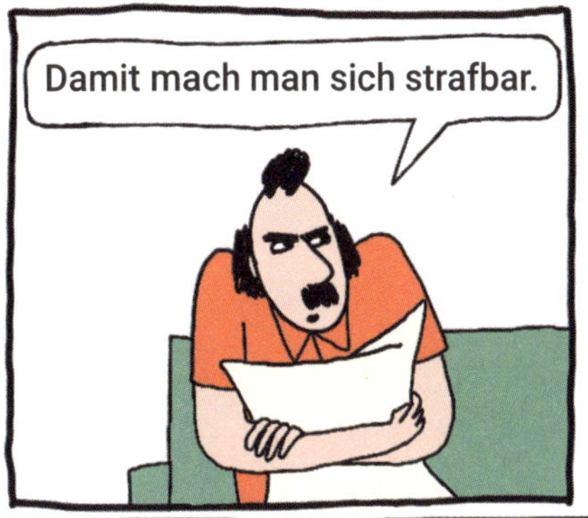
Damit mach man sich strafbar.

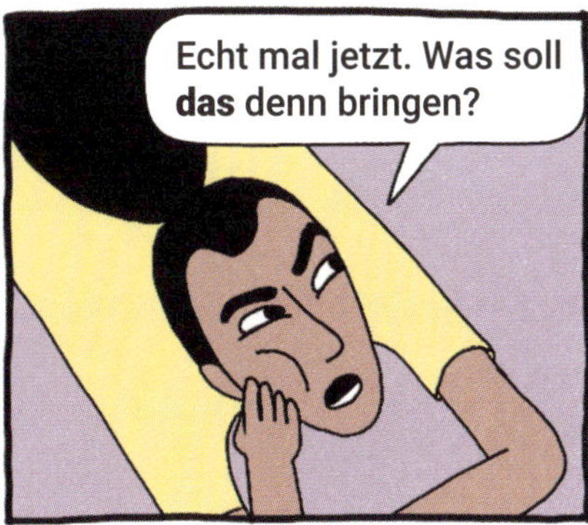
Echt mal jetzt. Was soll **das** denn bringen?

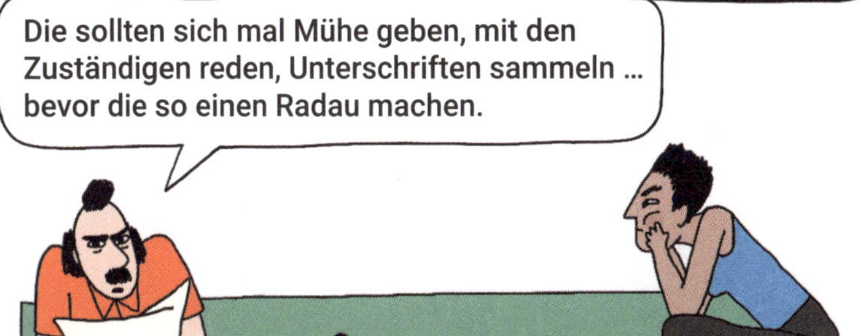
Die sollten sich mal Mühe geben, mit den Zuständigen reden, Unterschriften sammeln … bevor die so einen Radau machen.

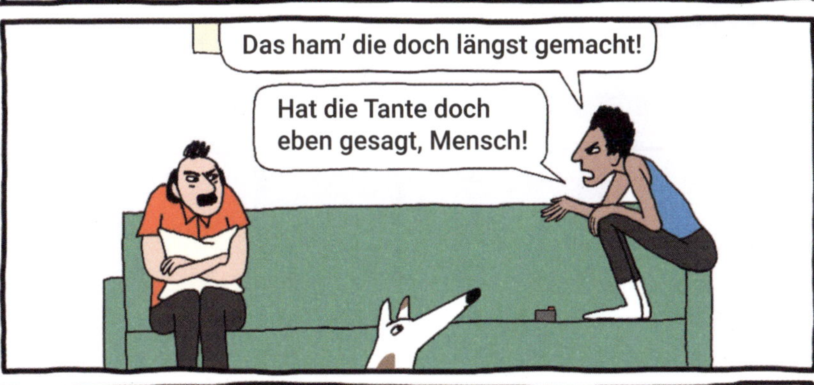
Das ham' die doch längst gemacht!
Hat die Tante doch eben gesagt, Mensch!

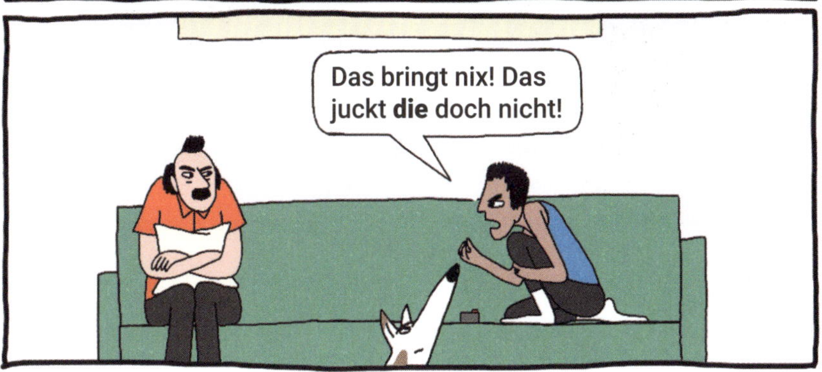
Das bringt nix! Das juckt **die** doch nicht!

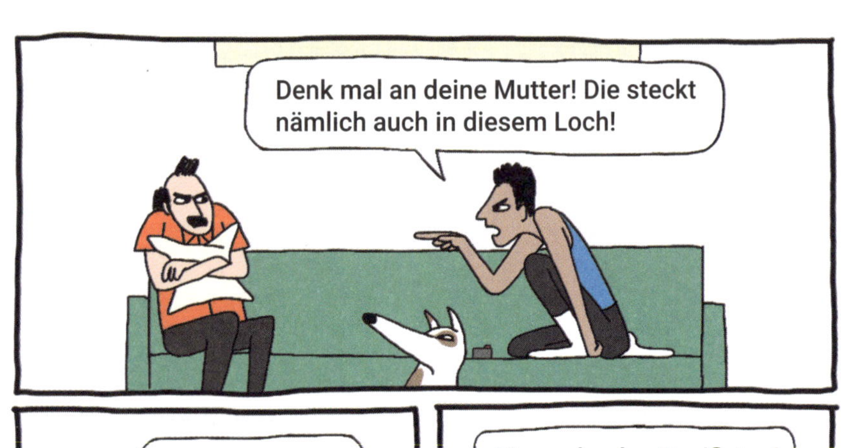
Denk mal an deine Mutter! Die steckt nämlich auch in diesem Loch!

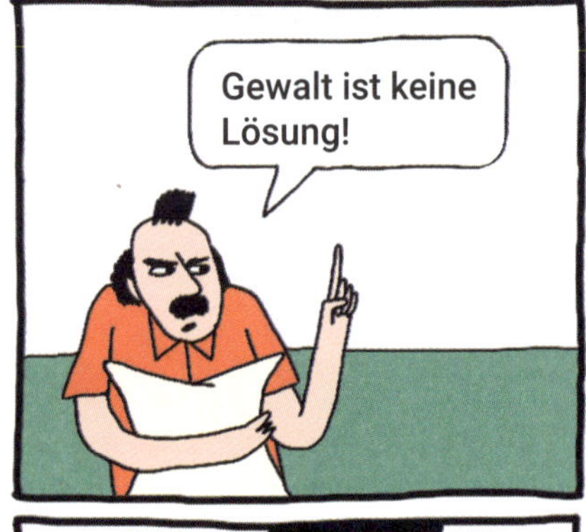
Gewalt ist keine Lösung!

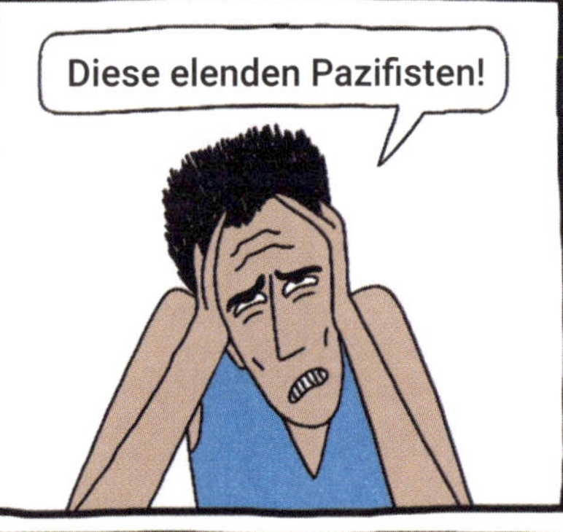
Diese elenden Pazifisten!

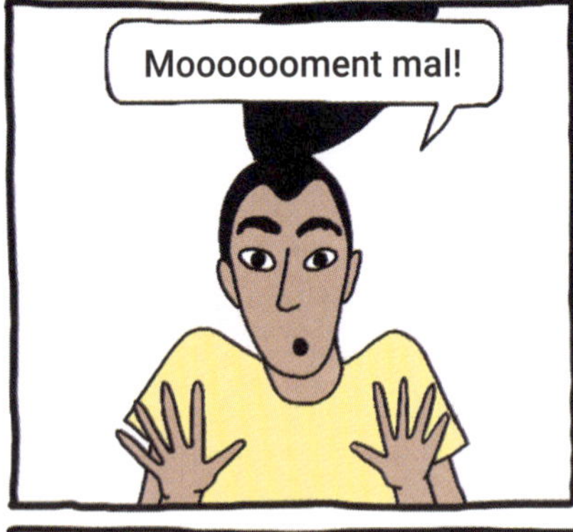
Mooooooment mal!

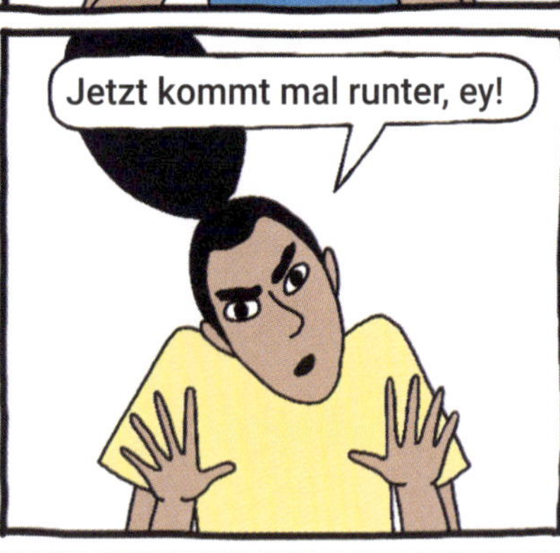
Jetzt kommt mal runter, ey!

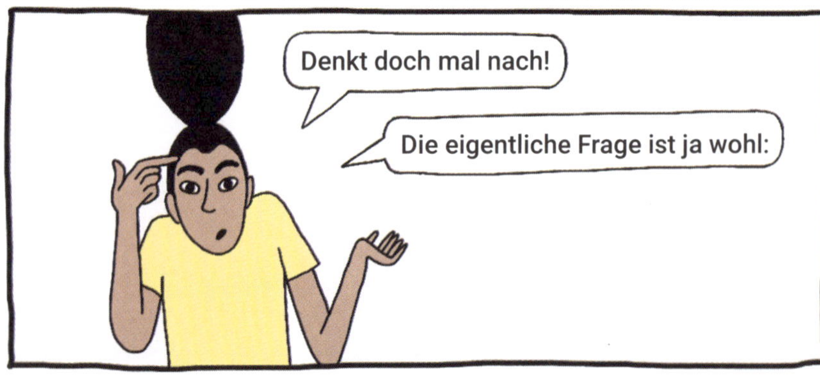
Denkt doch mal nach!
Die eigentliche Frage ist ja wohl:

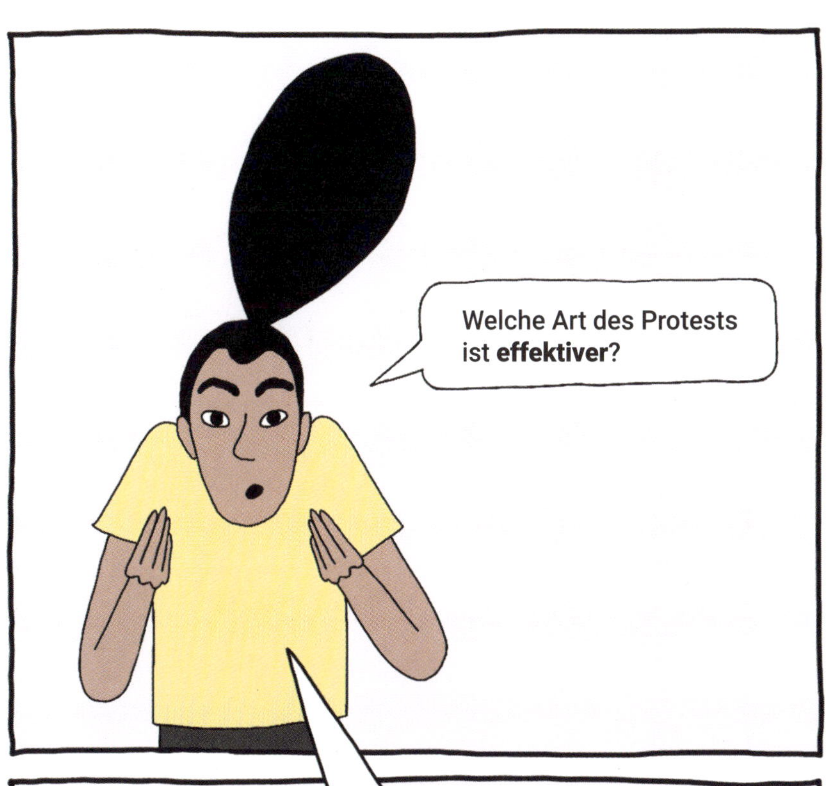

Ist es **wahrscheinlicher** durch **gewaltsamen** Widerstand das Ziel zu erreichen oder durch **gewaltlosen** Widerstand?

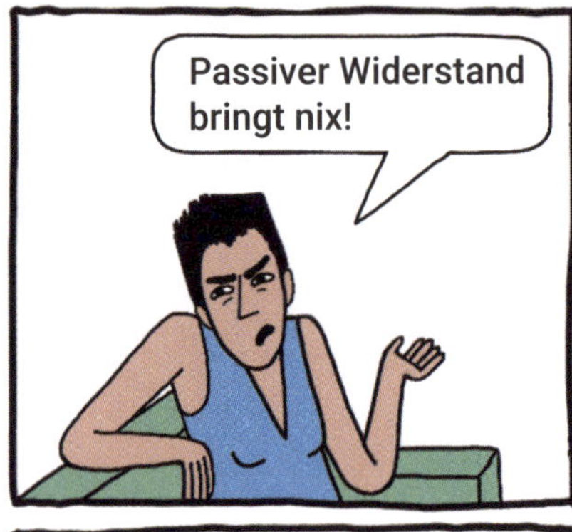
Passiver Widerstand bringt nix!

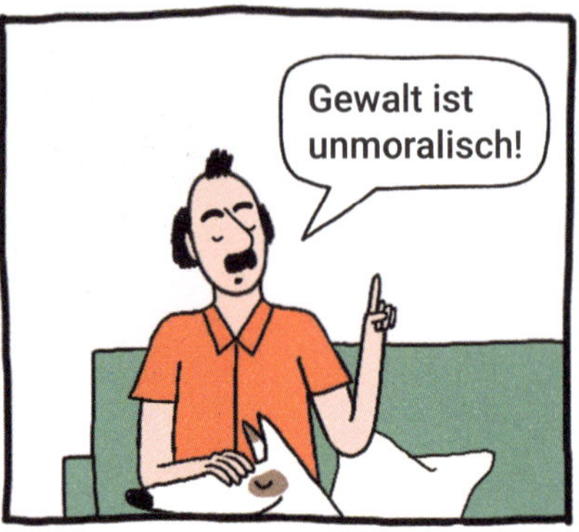
Gewalt ist unmoralisch!

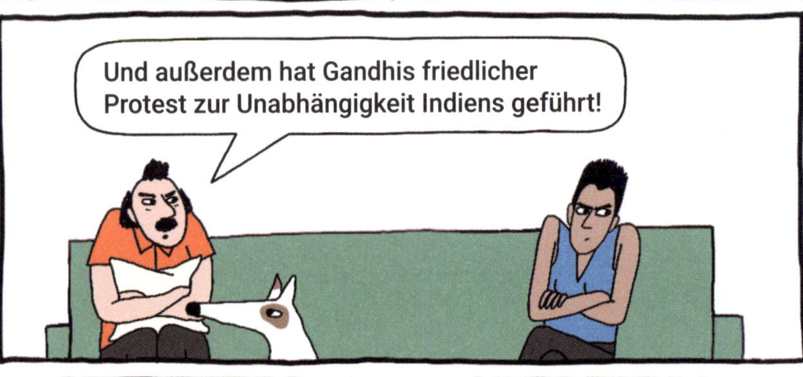
Und außerdem hat Gandhis friedlicher Protest zur Unabhängigkeit Indiens geführt!

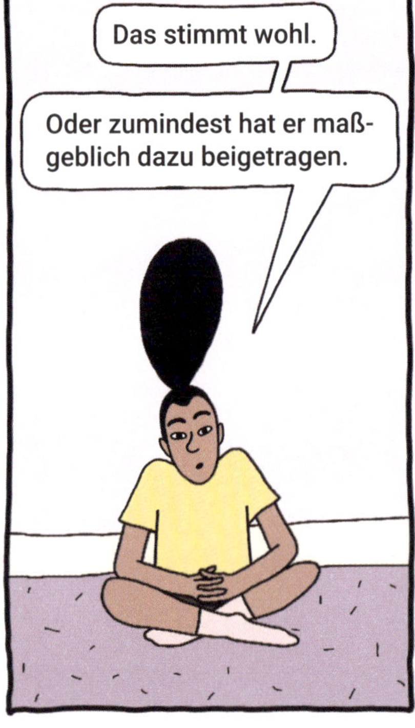
Das stimmt wohl.
Oder zumindest hat er maß-geblich dazu beigetragen.

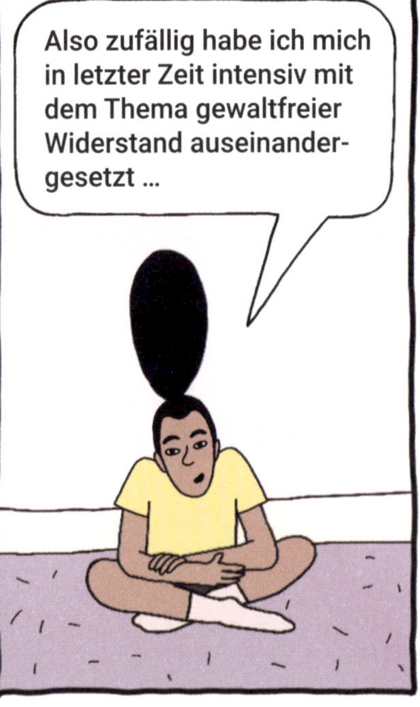
Also zufällig habe ich mich in letzter Zeit intensiv mit dem Thema gewaltfreier Widerstand auseinander-gesetzt …

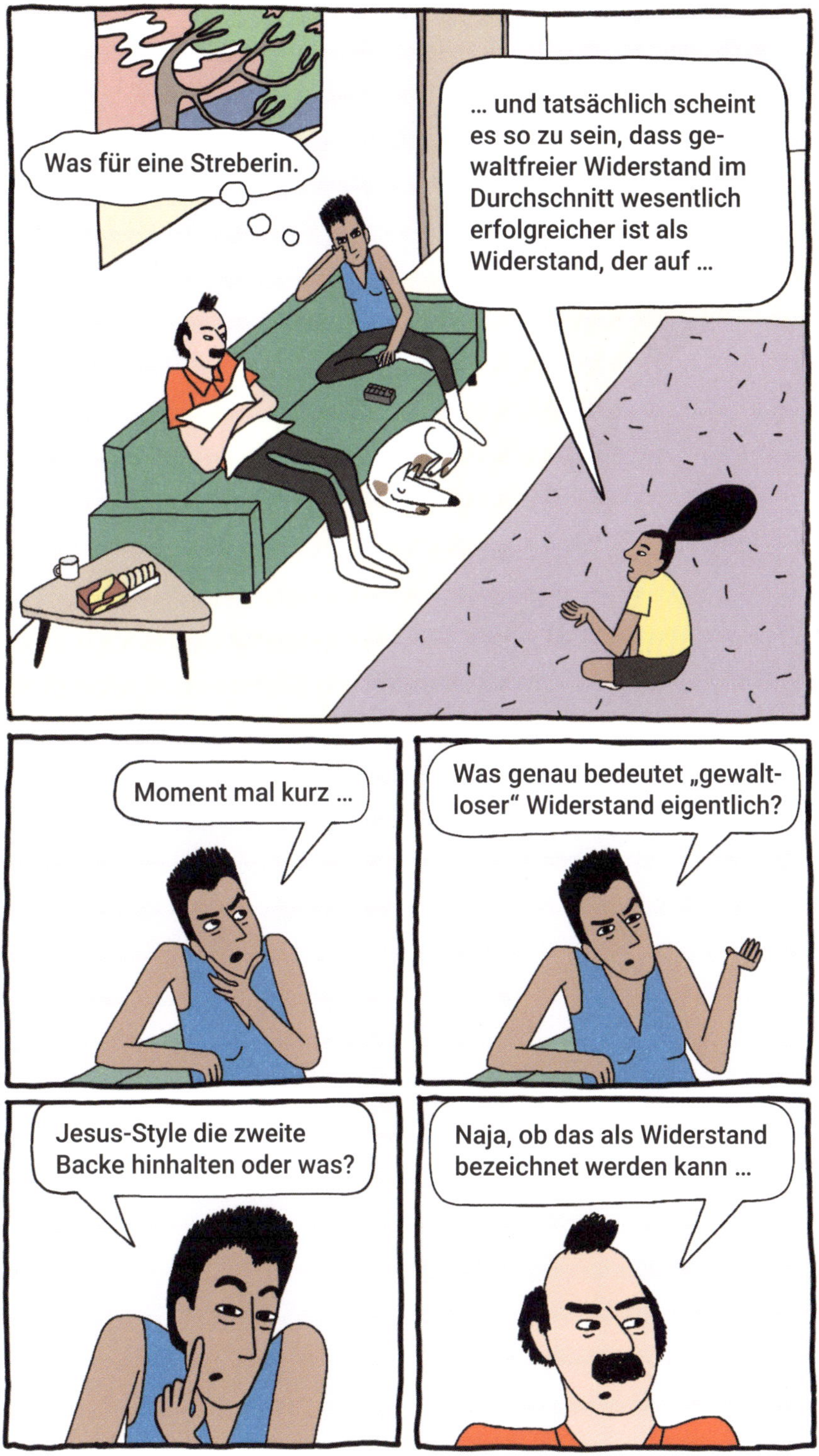

Was für eine Streberin.

… und tatsächlich scheint es so zu sein, dass gewaltfreier Widerstand im Durchschnitt wesentlich erfolgreicher ist als Widerstand, der auf …

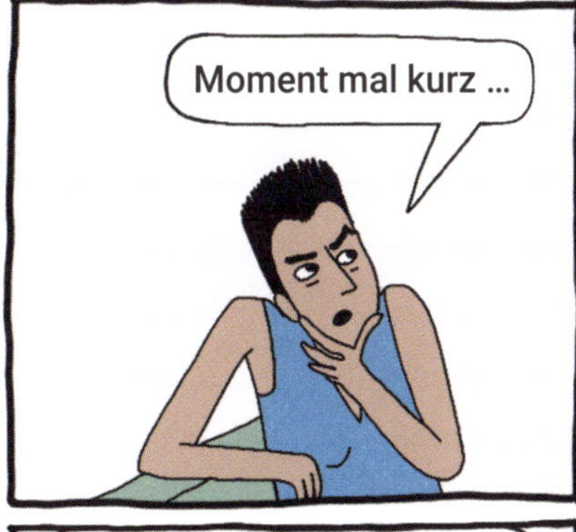

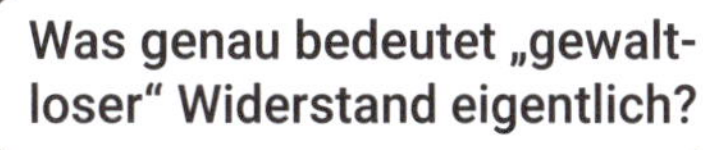

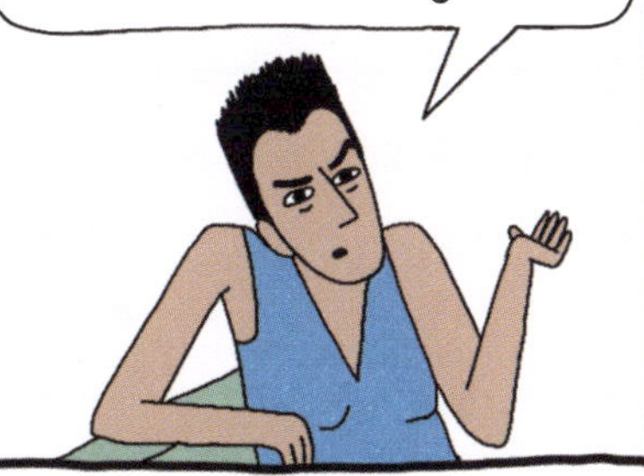

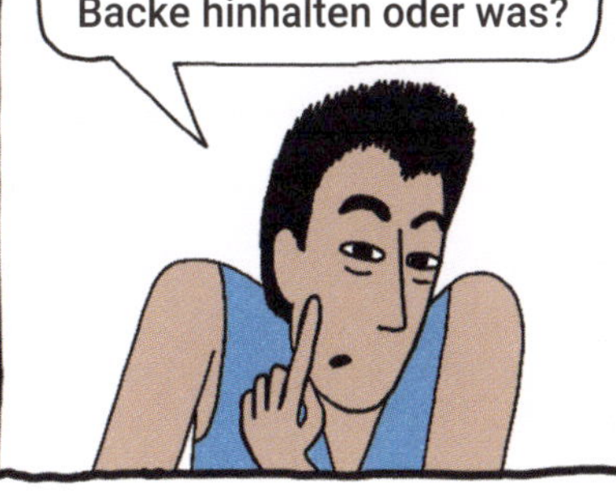

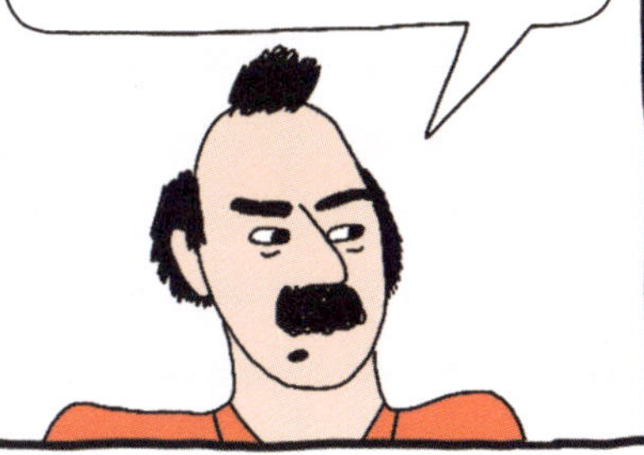

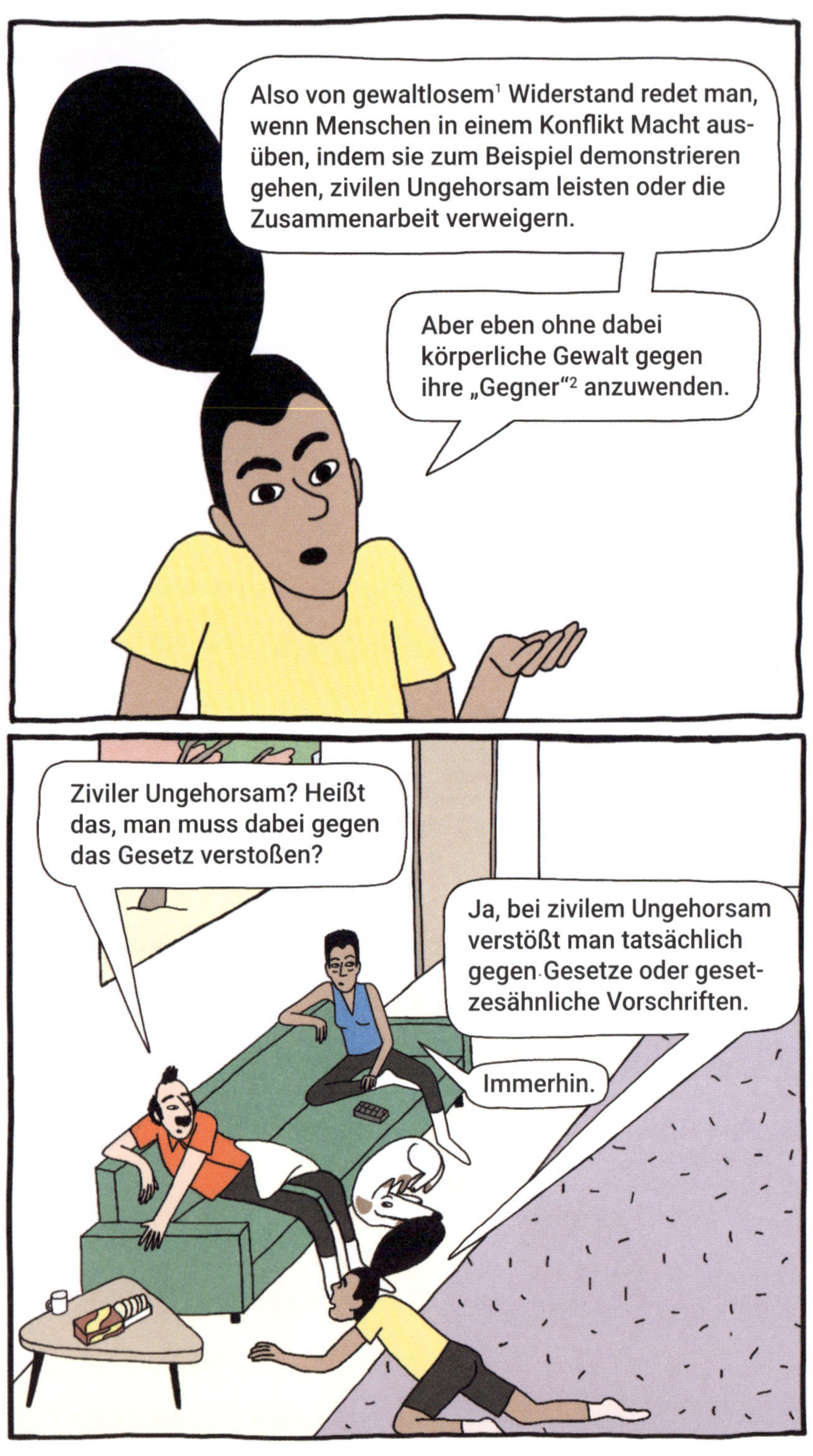

1 Auch von manchen Bewegungen, die als „gewaltlos" eingestuft wurden, ging zeitweise in minimalem Ausmaß (!) Gewalt aus.

2 Mit „Gegner" sind hier diejenigen gemeint, gegen deren Entscheidungen und Handeln eine Bewegung protestiert.

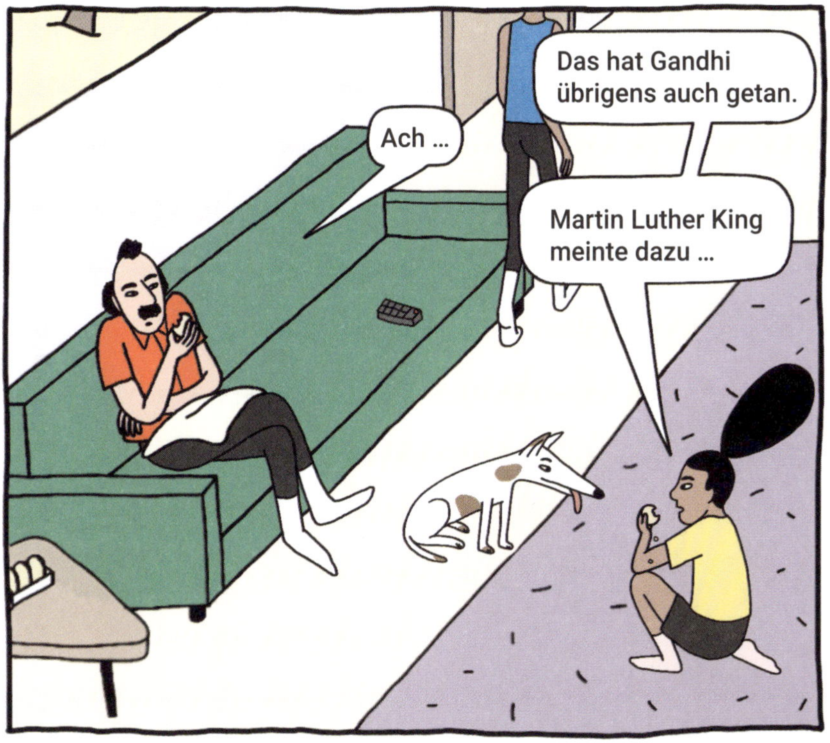

Das hat Gandhi übrigens auch getan.

Ach …

Martin Luther King meinte dazu …

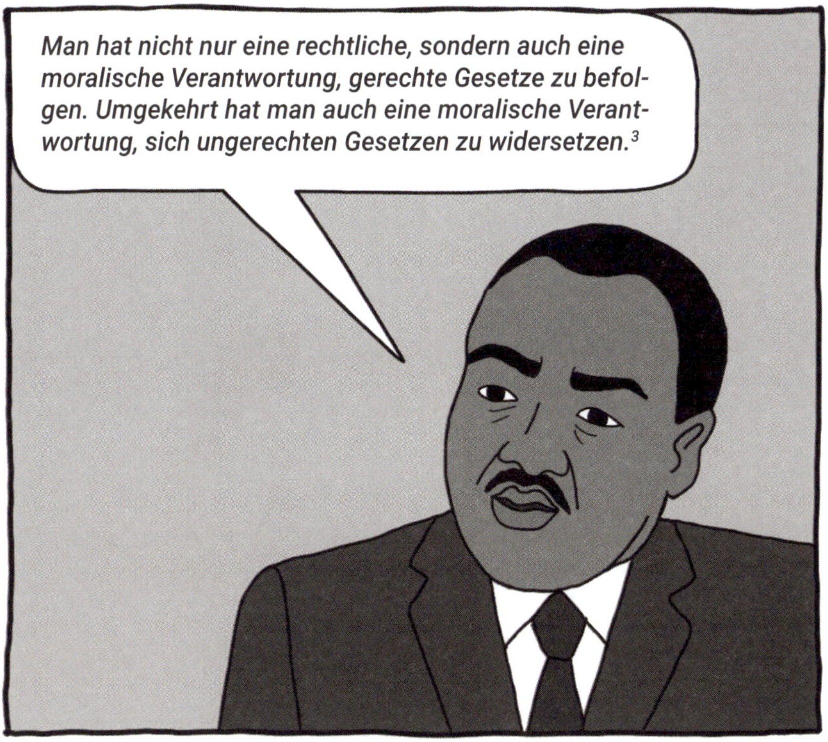

Man hat nicht nur eine rechtliche, sondern auch eine moralische Verantwortung, gerechte Gesetze zu befolgen. Umgekehrt hat man auch eine moralische Verantwortung, sich ungerechten Gesetzen zu widersetzen.[3]

3 Originalzitat: *One has not only a legal, but a moral responsibility to obey just laws. Conversely, one has a moral responsibility to disobey unjust laws.*

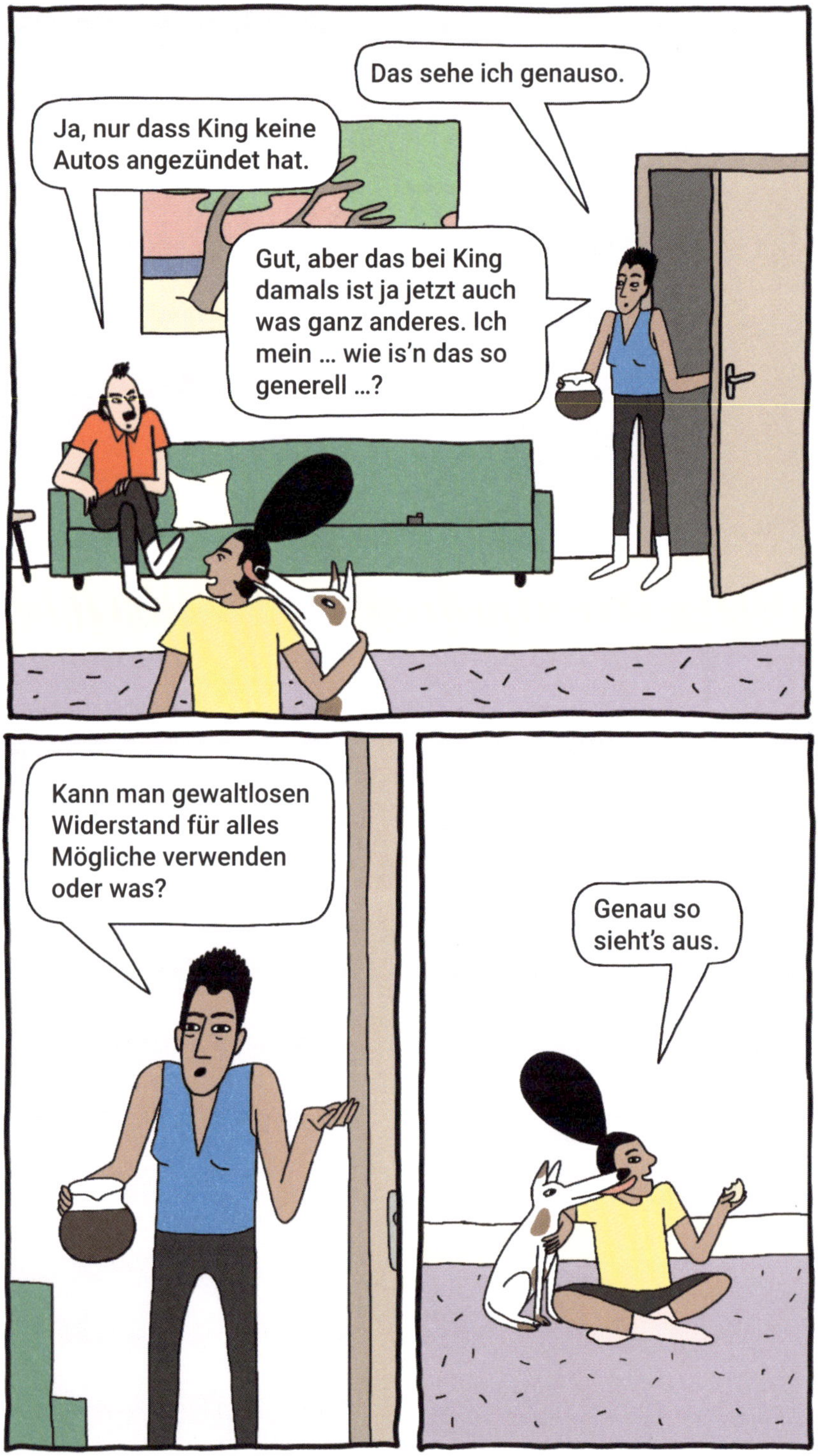

Ja, nur dass King keine Autos angezündet hat.

Das sehe ich genauso.

Gut, aber das bei King damals ist ja jetzt auch was ganz anderes. Ich mein … wie is’n das so generell …?

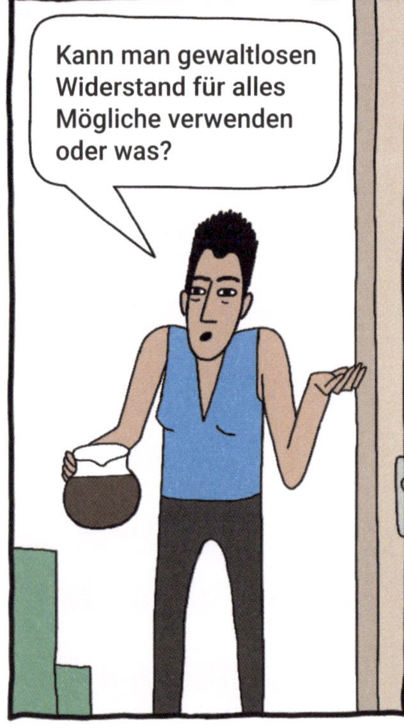

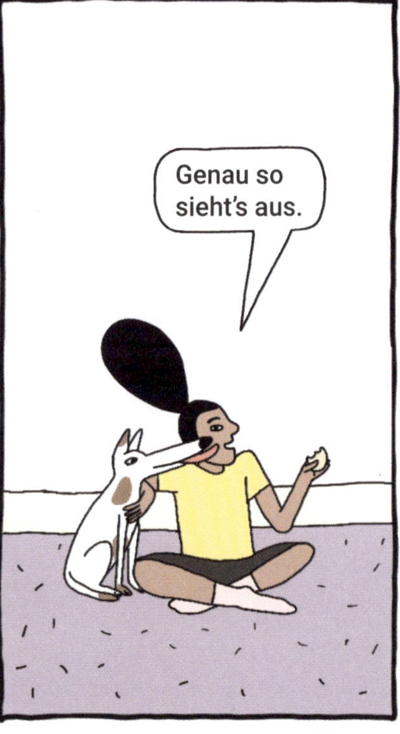

Es gibt eine ganze Menge Beispiele von gewaltlosem Widerstand, der dazu beitrug, Diktaturen zu stürzen oder das Ende einer Fremdherrschaft bewirkte.

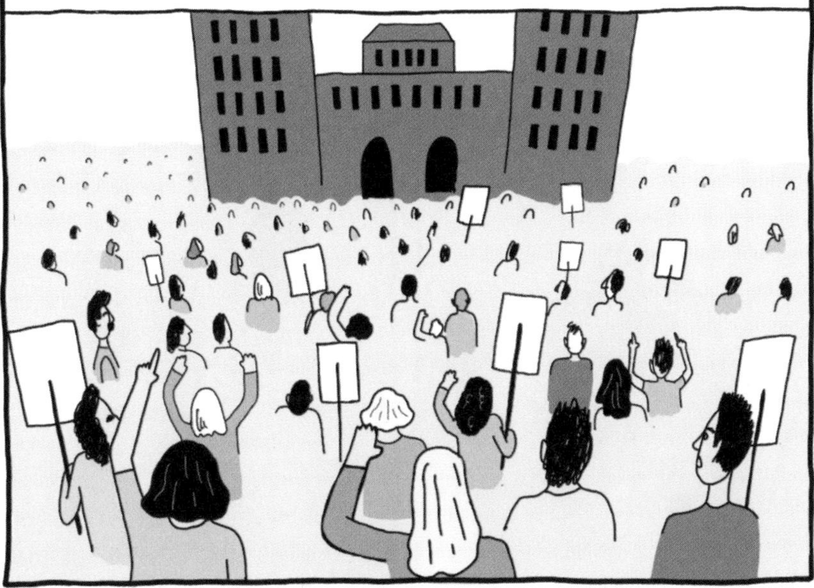

Gewaltloser Widerstand wurde aber genauso auch schon für alle möglichen anderen Anliegen erfolgreich eingesetzt. Zum Beispiel von der Frauenbewegung, der Arbeiter*innenbewegung, der LGBT-Bewegung oder der Anti-Atomkraft-Bewegung.

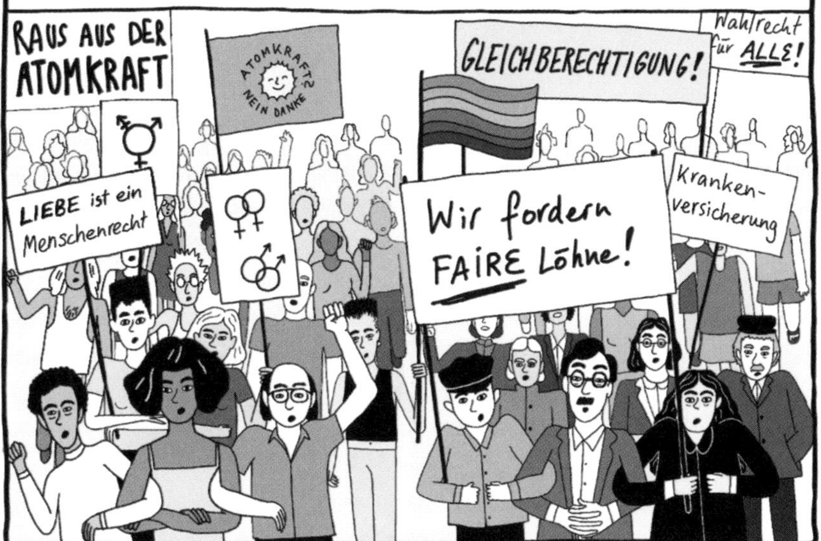

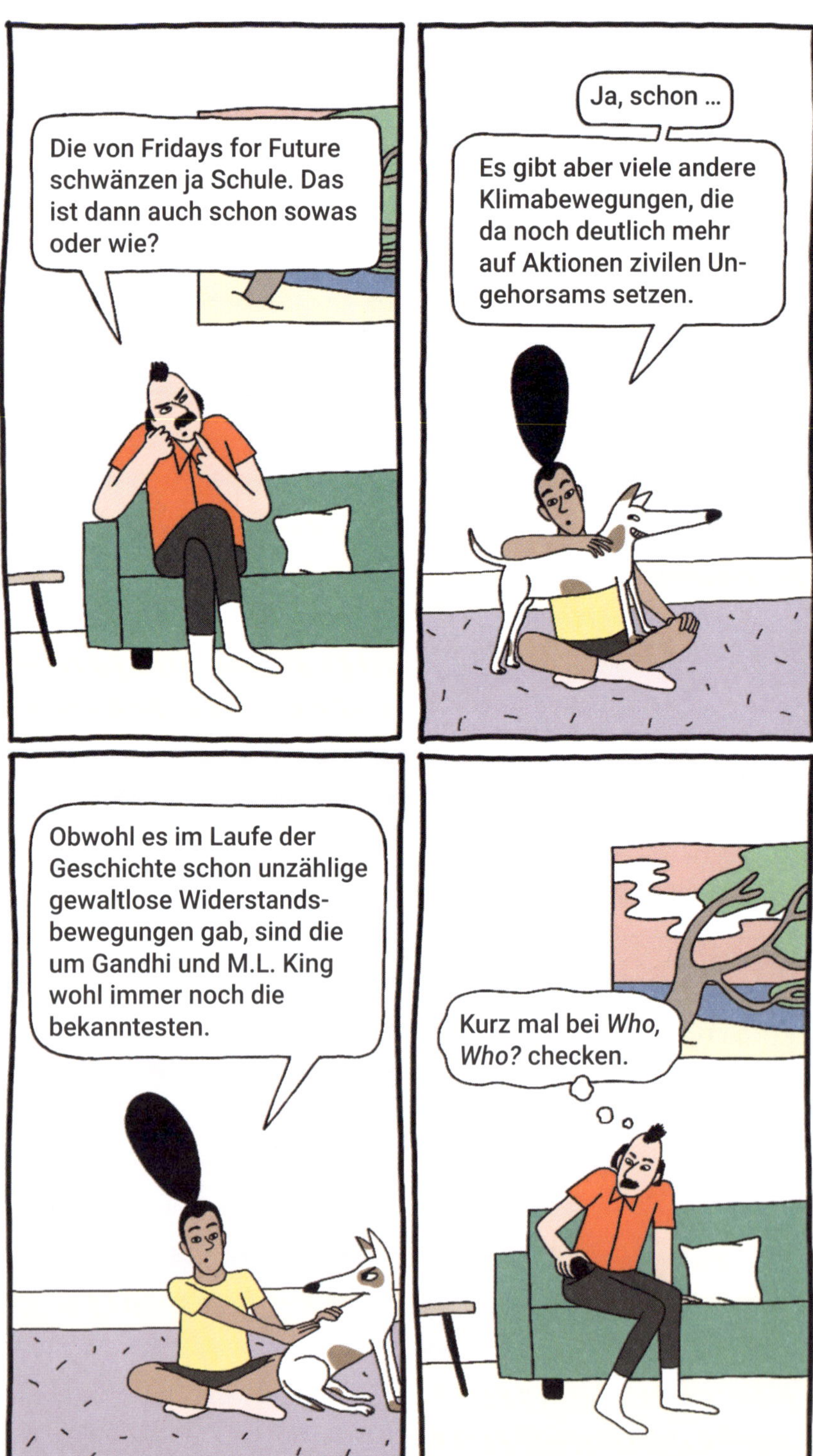

Die von Fridays for Future schwänzen ja Schule. Das ist dann auch schon sowas oder wie?
Ja, schon …
Es gibt aber viele andere Klimabewegungen, die da noch deutlich mehr auf Aktionen zivilen Ungehorsams setzen.
Obwohl es im Laufe der Geschichte schon unzählige gewaltlose Widerstandsbewegungen gab, sind die um Gandhi und M.L. King wohl immer noch die bekanntesten.
Kurz mal bei *Who, Who?* checken.

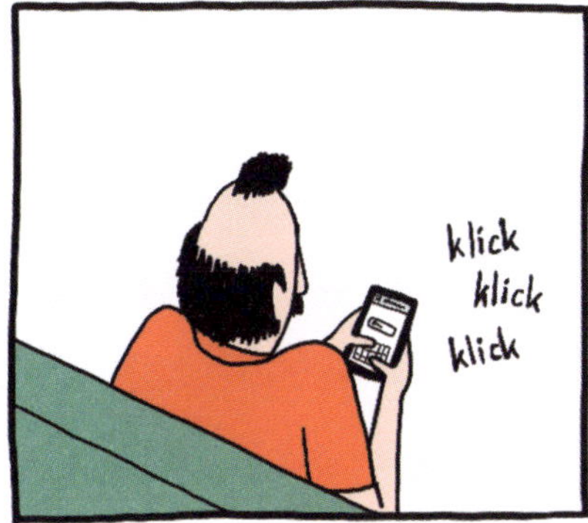

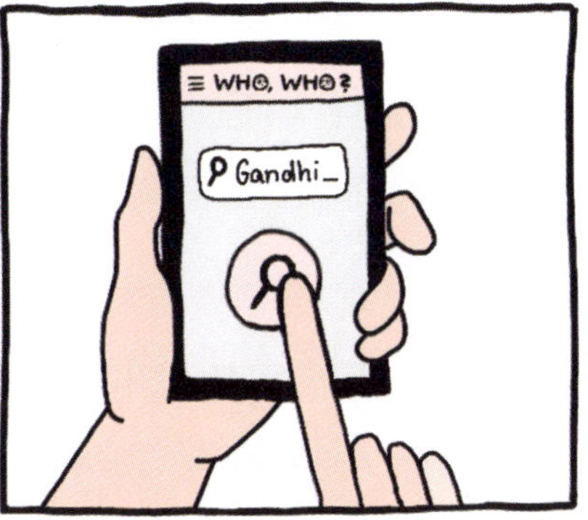

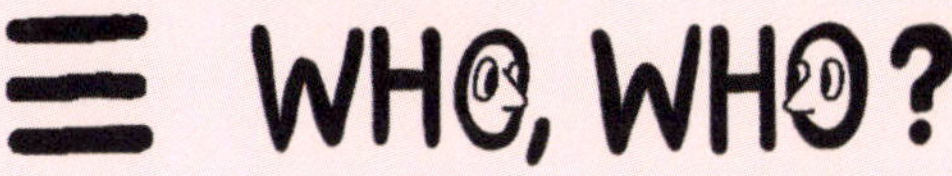

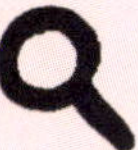

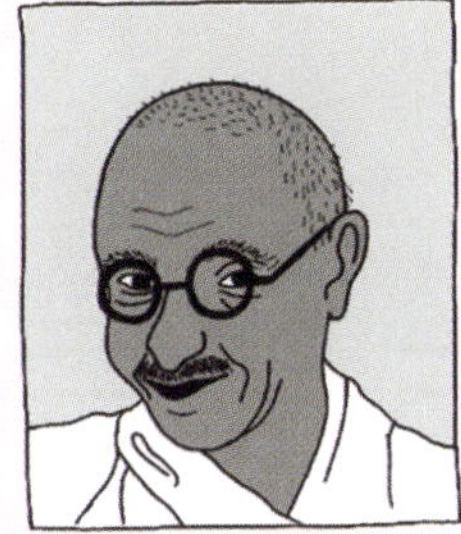

Mohandas Gandhi

wurde 1869 in Indien geboren. Als junger Anwalt verbrachte er einige Jahre in Südafrika, wo die Inder*innen zur Zeit der Apartheid ebenso wie die Südafrikaner*innen selbst stark diskriminiert wurden. Gandhi setzte sich dort für die Rechte seiner Landsleute ein und begann sich mit gewaltlosem Widerstand auseinanderzusetzen. Er entwickelte seine Methode des gewaltfreien Widerstands, die er als „Satyagraha" bezeichnete. Zurück in Indien wurde er zu einer der Führungsfiguren der Widerstandsbewegung gegen die britische Kolonialherrschaft. Gandhi lehnte den Einsatz körperlicher Gewalt ab und rief seine Mitstreiter*innen dazu auf, durch zivilen Ungehorsam, Boykotte und Nichtzusammenarbeit Widerstand gegen die Briten zu leisten. Viele, die Teil der Widerstandsbewegung waren, erlebten hierbei massive Gewalt. Auch Gandhi verbrachte einige Jahre im Gefängnis. Letztlich war die Bewegung jedoch erfolgreich: 1947 wurde Indien unabhängig. Im Jahr darauf wurde Gandhi von einem Fanatiker ermordet.

Obwohl er oft so porträtiert wird, war auch Gandhi kein Heiliger und es gibt manches, wodurch er in Kritik geraten ist.

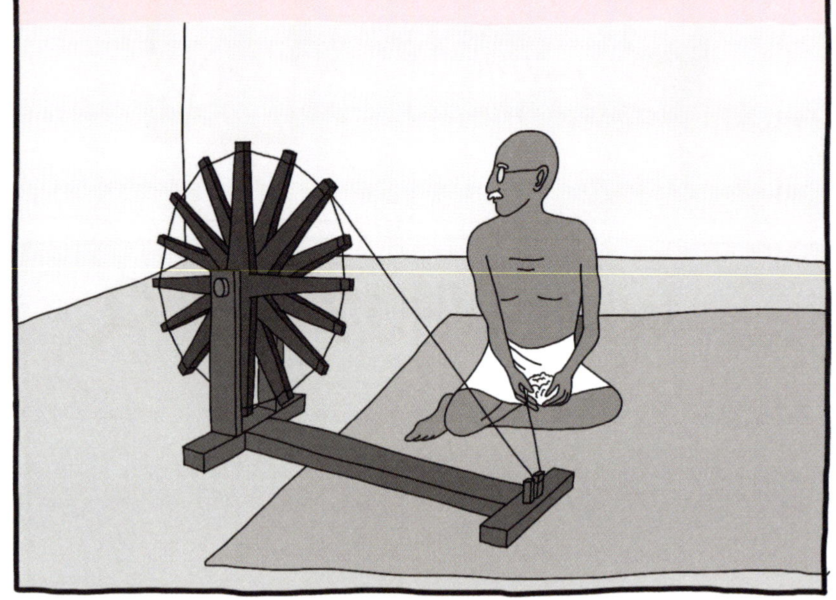
Mit seiner Spinnrad-Kampagne forderte Gandhi die Inder*innen auf, Kleidung wieder selbst herzustellen und nicht von den Briten zu kaufen. Das Spinnrad wurde zum Symbol der Unabhängigkeit.

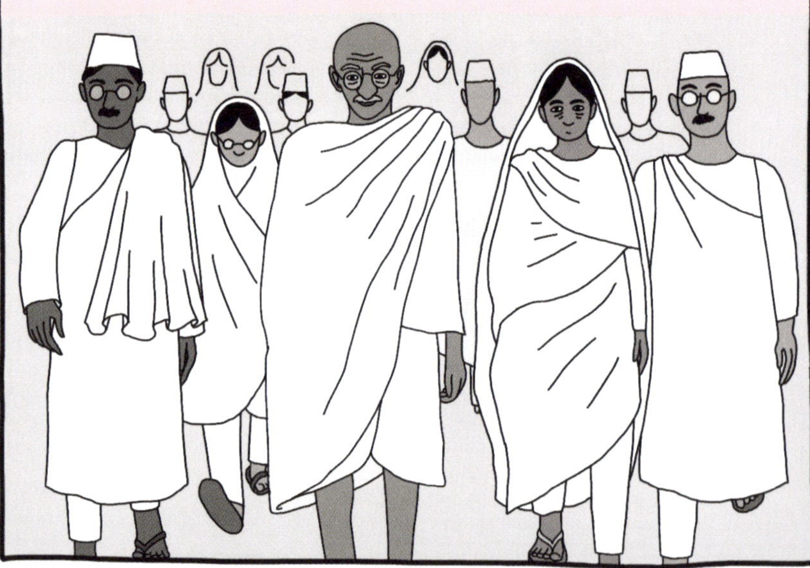
1930 wanderte Gandhi mit zahlreichen Mitstreiter*innen zum Arabischen Meer, um dort Salz zu gewinnen. Mit diesem Akt zivilen Ungehorsams protestierten sie gegen die Salzsteuer der Briten.

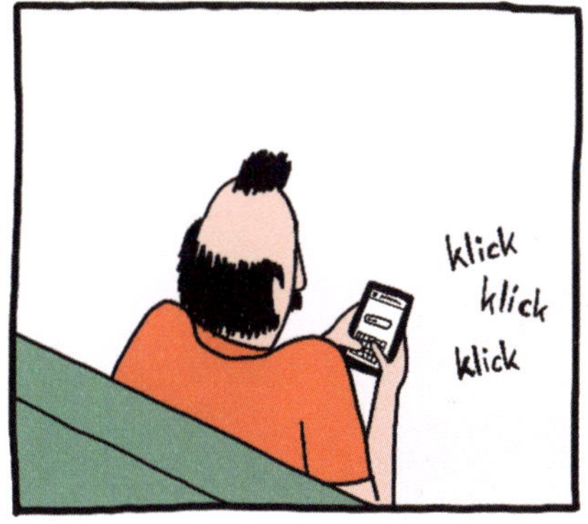

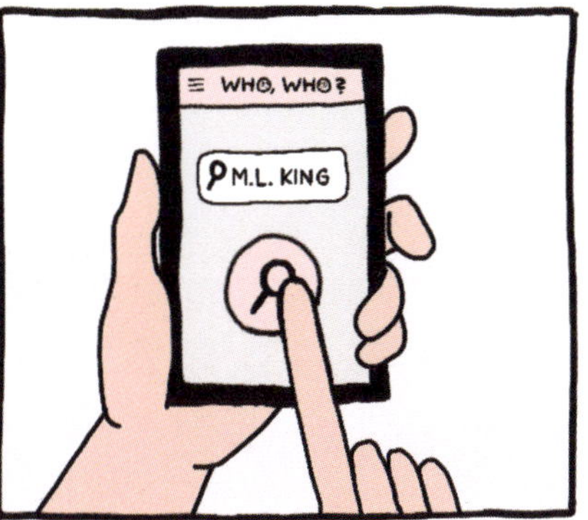

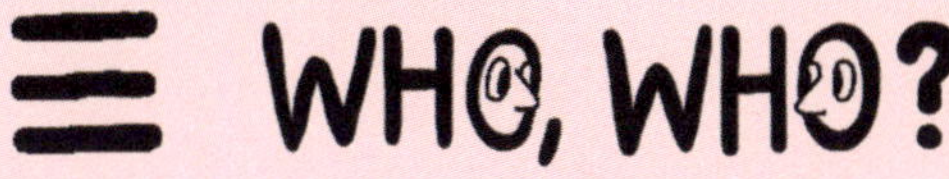

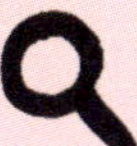

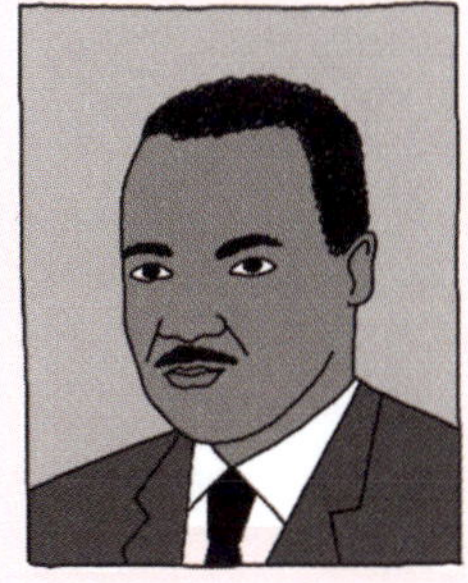

Martin Luther King Jr.

wurde 1929 in den USA zu Zeiten der Rassentrennung und massiven Unterdrückung von Afroamerikaner*innen geboren. Wie bereits sein Großvater und Vater wurde auch er Pastor.
Als Mitte der 50er Jahre Proteste gegen die Rassentrennung begannen, schloss sich King dem Busboykott von Montgomery an. Durch Gandhi inspiriert nahm King fortan eine entscheidende Rolle in der Bürgerrechtsbewegung ein, organisierte friedliche Proteste mit und hielt Reden, die viele Menschen anzogen. Auch hier erlebten viele Anhänger*innen der Bewegung massive Repressionen und auch King wurde mehrmals verhaftet. Doch auch hier war die Bewegung schließlich erfolgreich: Mit der Verabschiedung des Civil Rights Act 1964 wurde die Rassentrennung beendet. 1968 wurde King von einem Rassisten ermordet.

▸ **Biografie**

1955 wurde Rosa Parks festgenommen, nachdem sie sich weigerte, ihren Platz in einem Bus in Montgomery an einen Weißen abzugeben.

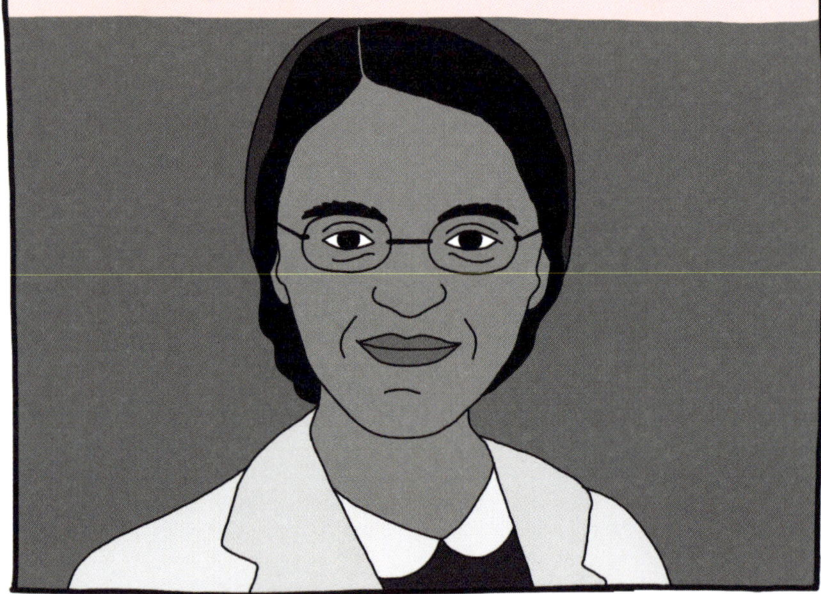

Darauf hin wurde der *Busboykott von Montgomery* ausgerufen, bei dem Afroamerikaner*innen aus Protest aufhörten, die Busse zu nutzen. Der Protest dauerte 381 Tage und führte schließlich zum Ende der Rassentrennung in Bussen.

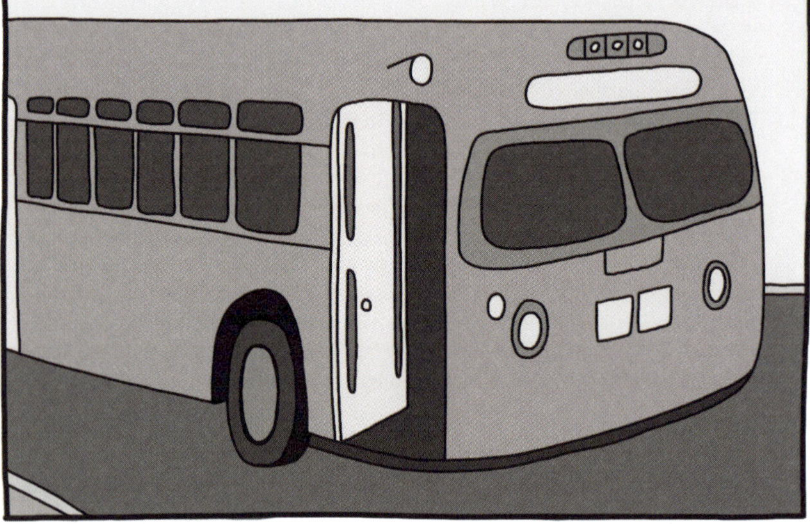

1963 kam es in Birmingham (Alabama) zu einer Reihe von Protesten, die von King und einigen anderen sorgfältig geplant worden waren. Die Polizei reagierte mit extremer Gewalt und es kam zu Massenverhaftungen. Im ganzen Land wurde über die Proteste berichtet.

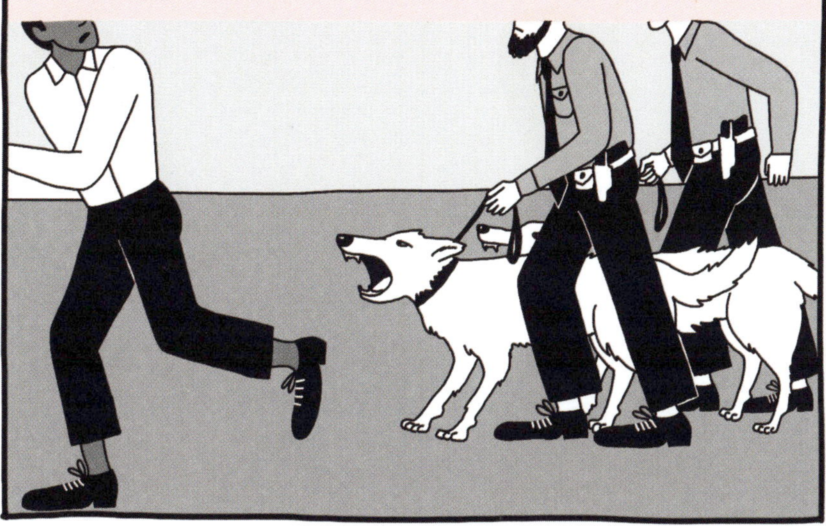

Der *Marsch auf Washington für Arbeit und Freiheit* war einer der Höhepunkte der Bürgerrechtsbewegung. Vor dem Lincoln Memorial versammelten sich 200 000 Menschen, um King's Rede zu hören.

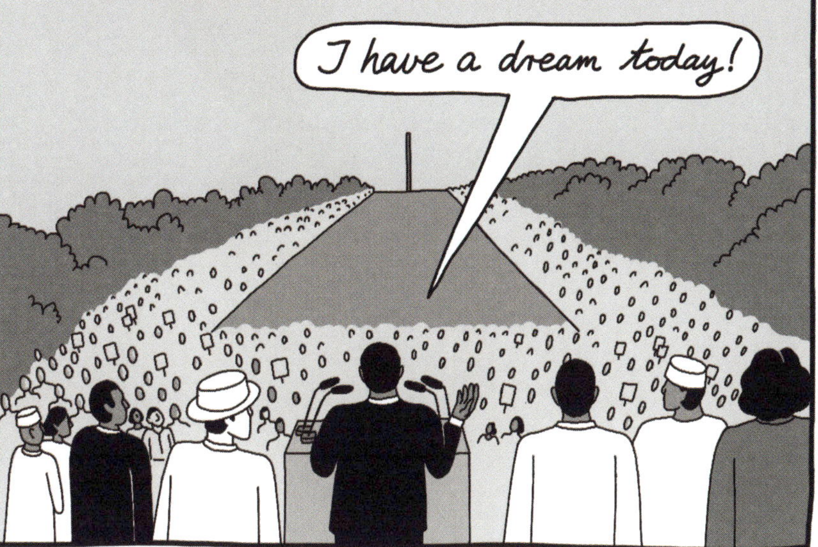

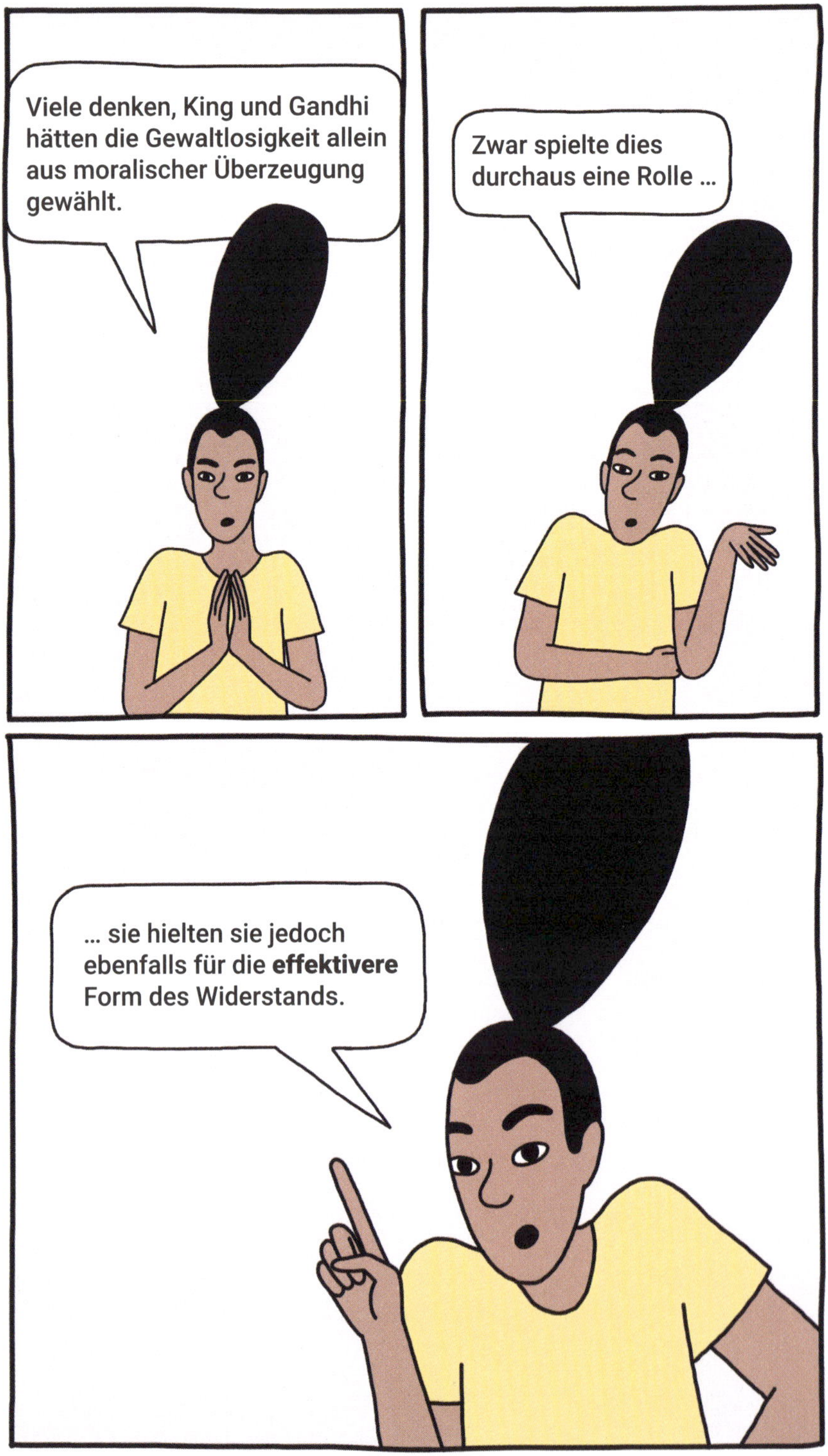

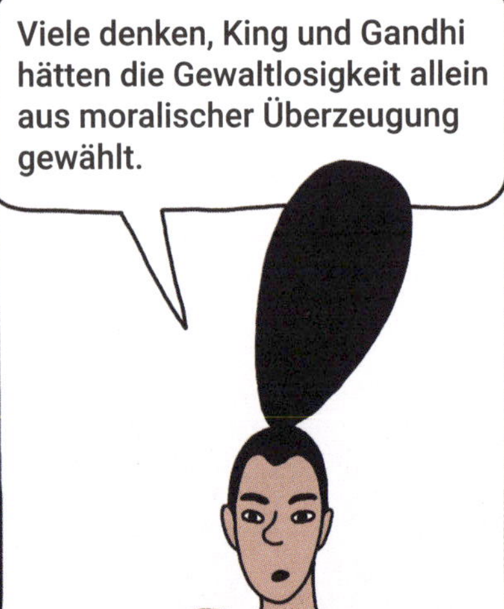

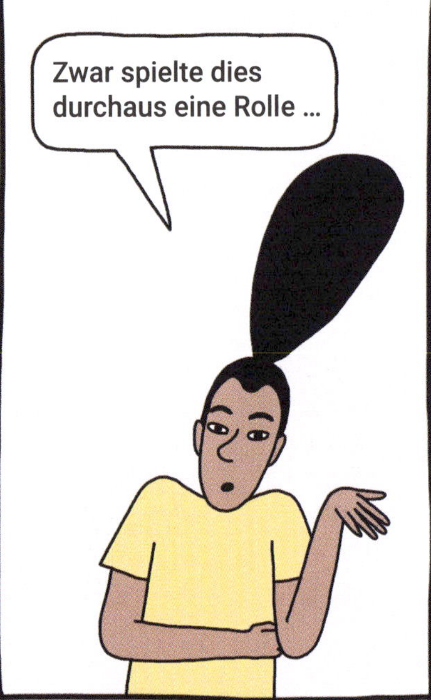

… sie hielten sie jedoch ebenfalls für die **effektivere** Form des Widerstands.

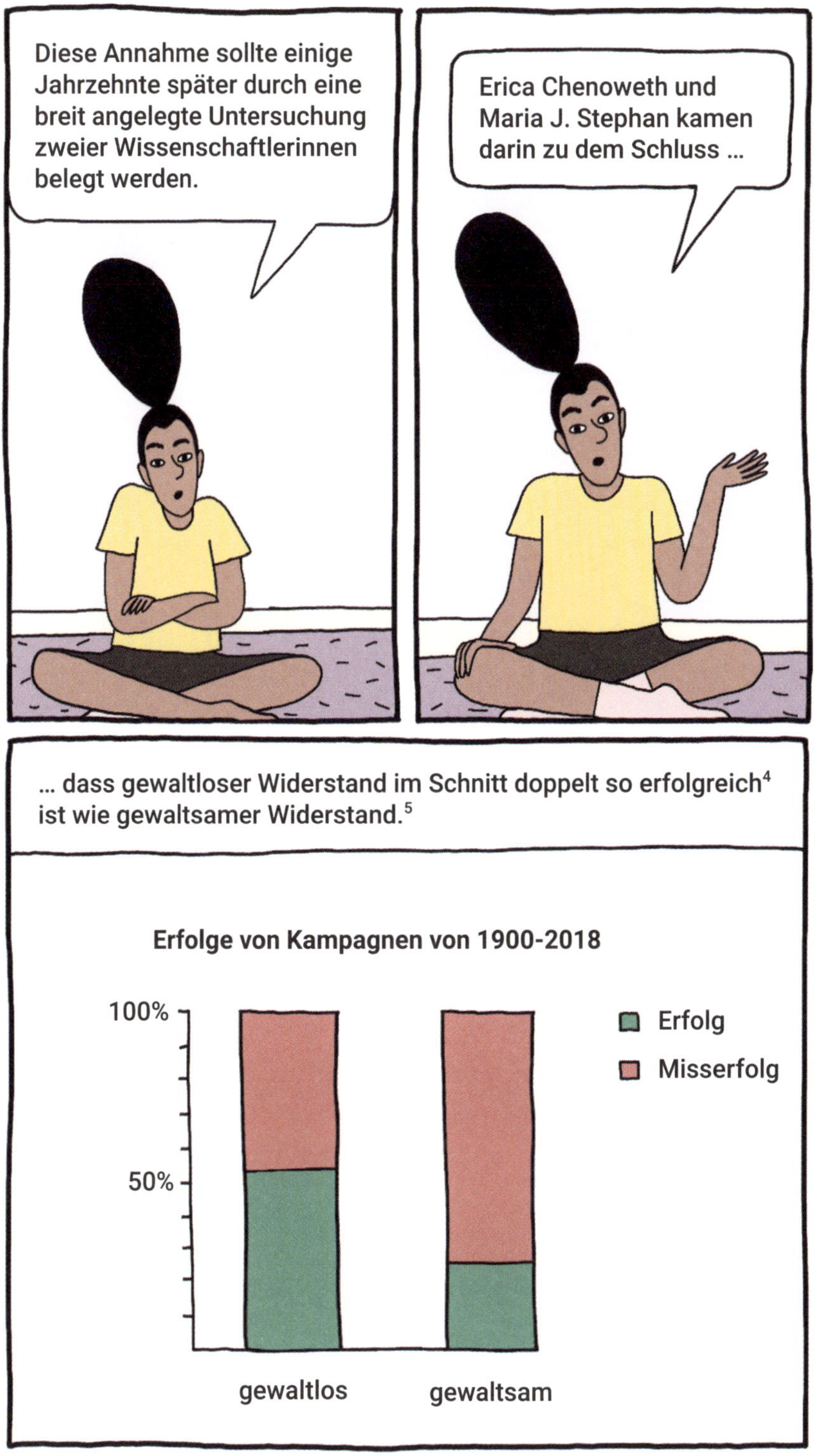

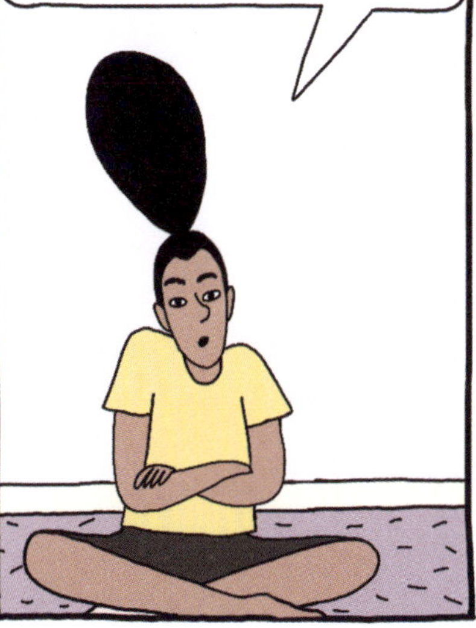

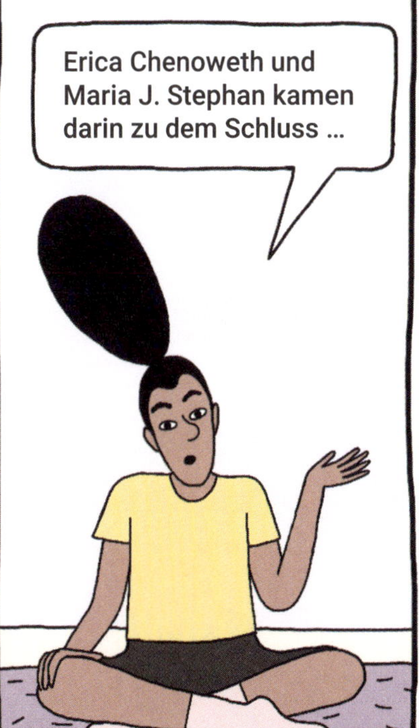

… dass gewaltloser Widerstand im Schnitt doppelt so erfolgreich[4] ist wie gewaltsamer Widerstand.[5]

Erfolge von Kampagnen von 1900-2018

100%

50%

Erfolg

Misserfolg

gewaltlos

gewaltsam

4 Als „erfolgreich" gelten hier jene Bewegungen, die ihre großen Ziele innerhalb eines Jahres ab dem Zeitpunkt der Höchstbeteiligung erreicht haben und wenn ihr Handeln einen direkten Einfluss darauf hatte, dass die Ziele erreicht wurden.

5 Columbia SIPA, 2019

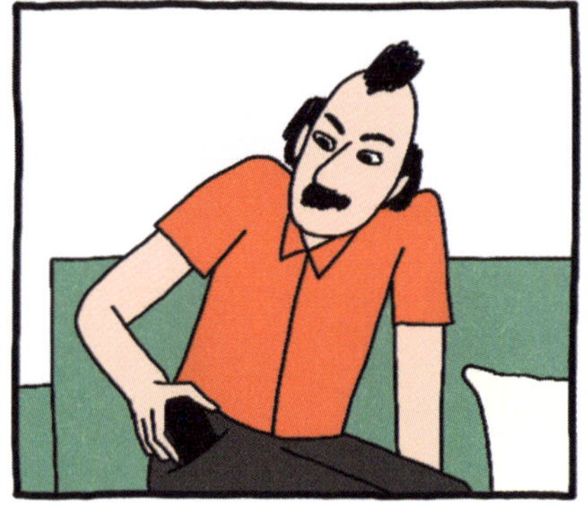

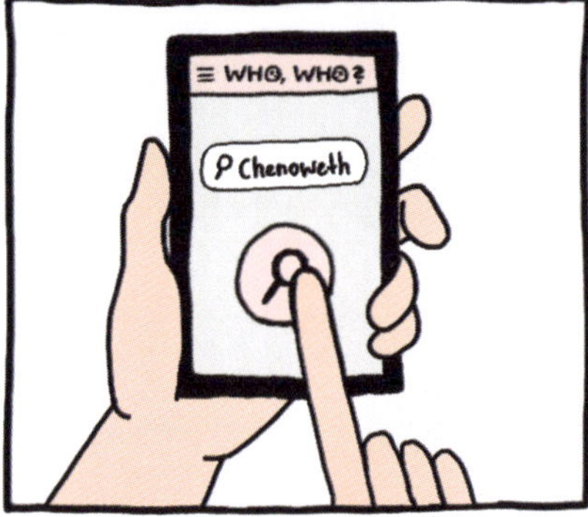

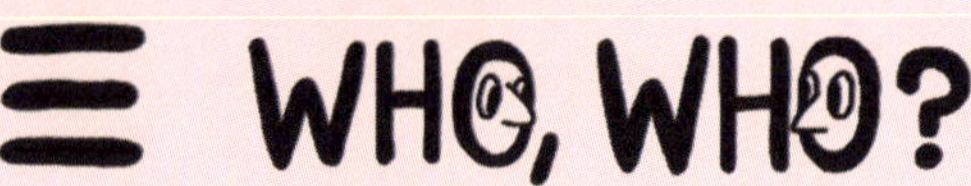

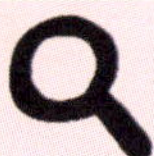

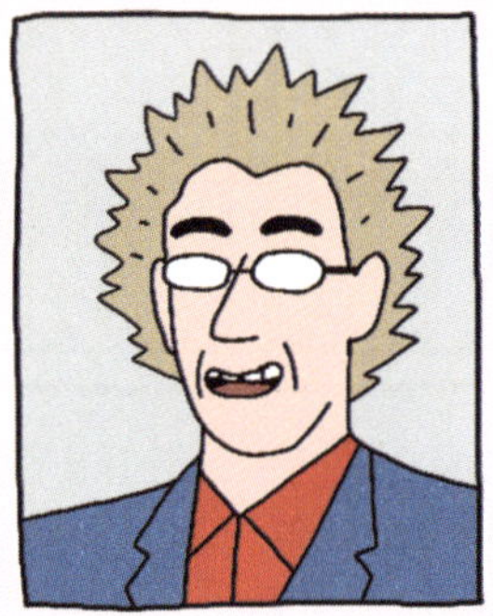

Erica Chenoweth

geb. 1980, ist eine US-amerikanische Politikwissenschaftlerin und Harvard-Professorin. Sie ist bekannt für ihre Forschung zu gewaltlosen Widerstandsbewegungen.

▼ **Infos zur Studie**

Chenoweth und Stephan haben 323 gewaltsame und gewaltlose Widerstandsbewegungen untersucht, die zwischen 1906 und 2006 stattgefunden haben. In ihrer Studie haben sie sich nur mit drei Arten von Kampagnen auseinandergesetzt, deren Ziele als besonders schwer zu erreichen eingeschätzt werden und die typischerweise mit Gewalt in Verbindung gebracht werden: 1. Bewegungen, die ein Regime stürzen wollen, 2. Bewegungen, die das Ende einer Besatzung fordern und 3. Bewegungen, die eine Abspaltung eines Landesteiles aus einem bestehenden Staat fordern. Die Ergebnisse ihrer Studie haben sie in dem Buch *Why Civil Resistance Works* zusammengefasst.

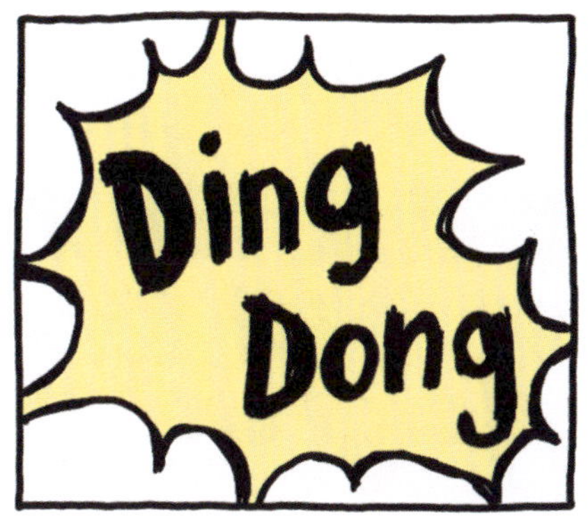

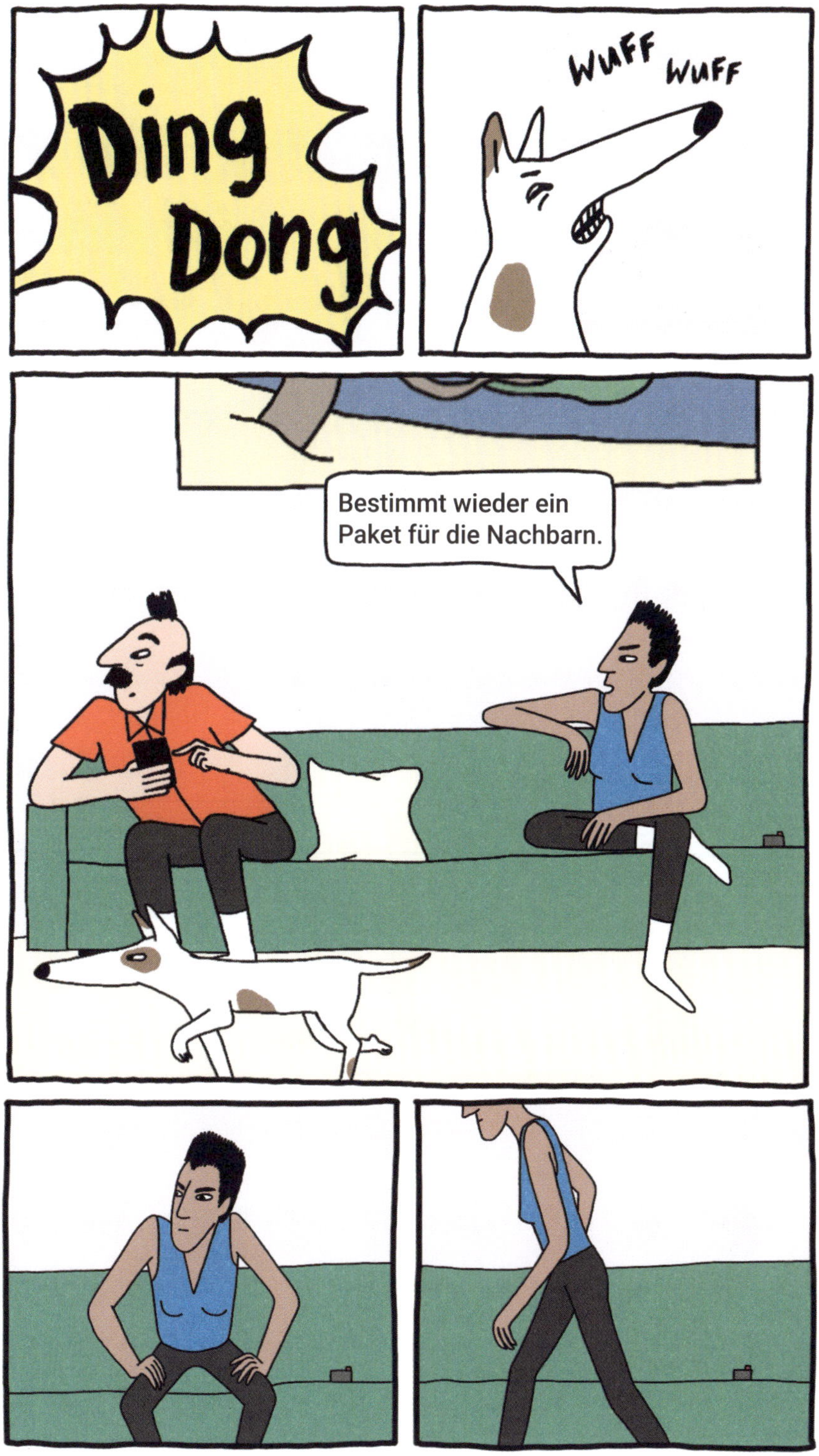

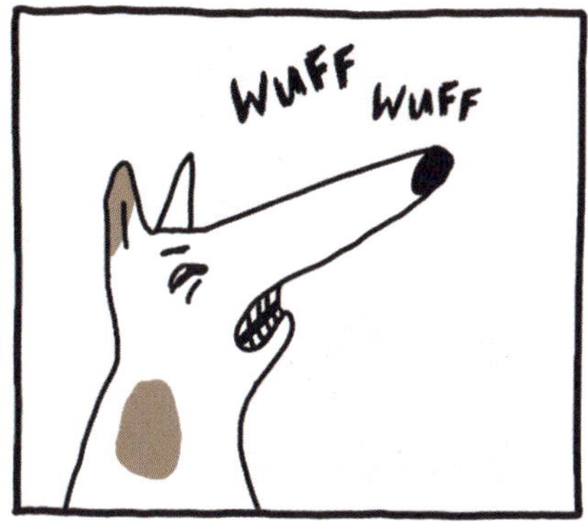

Bestimmt wieder ein Paket für die Nachbarn.

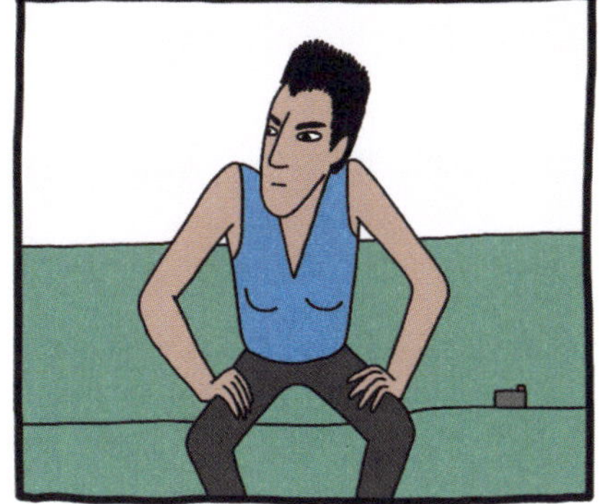

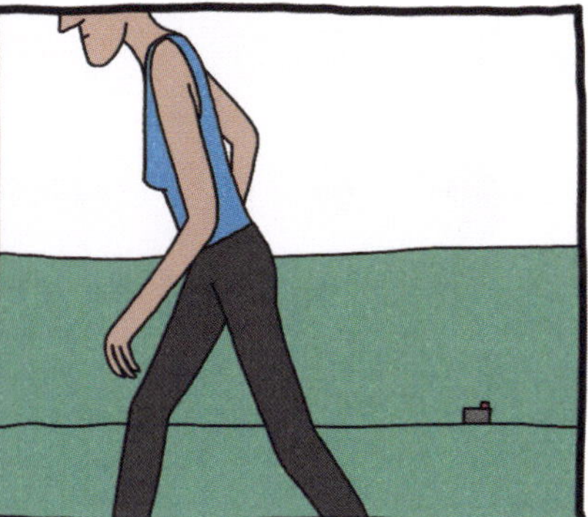

2 Gewaltloser Widerstand ist erfolgreicher

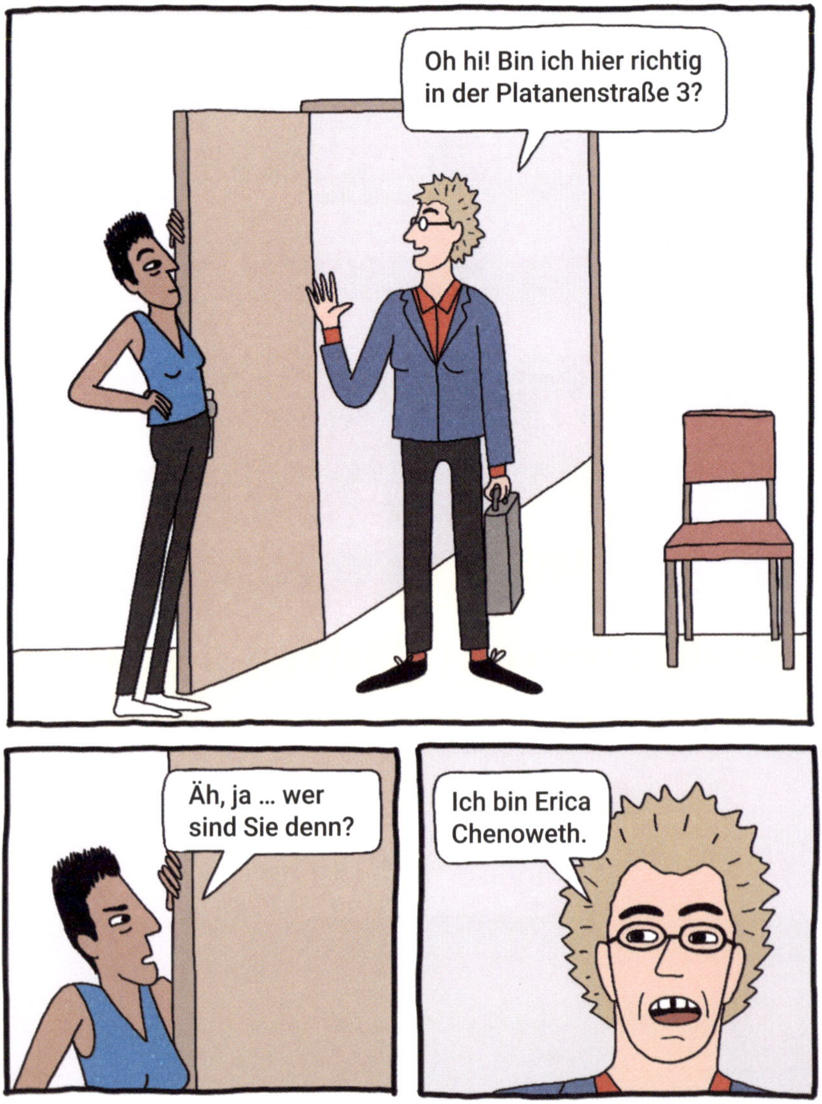

Oh hi! Bin ich hier richtig in der Platanenstraße 3?

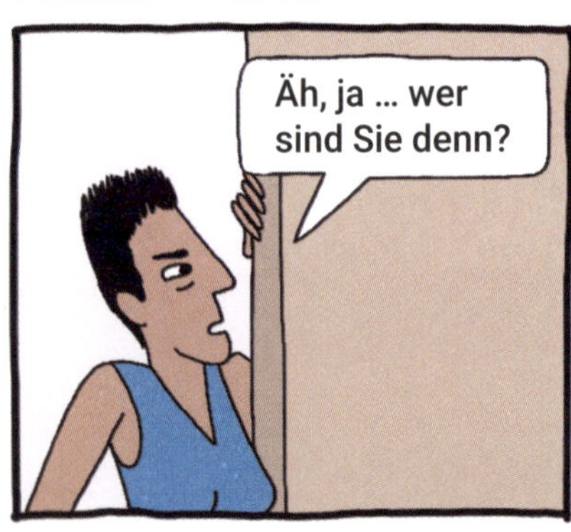

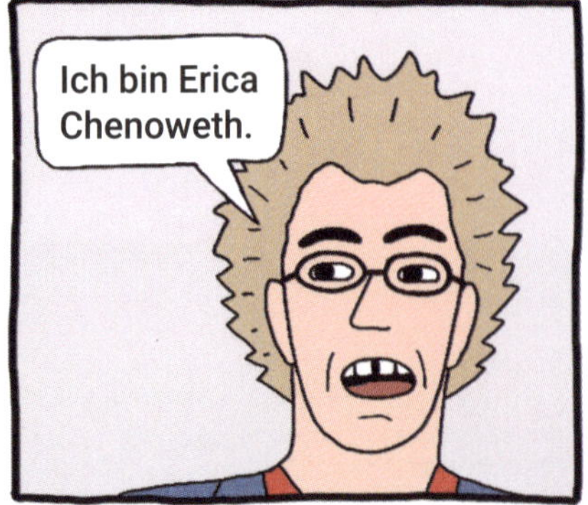

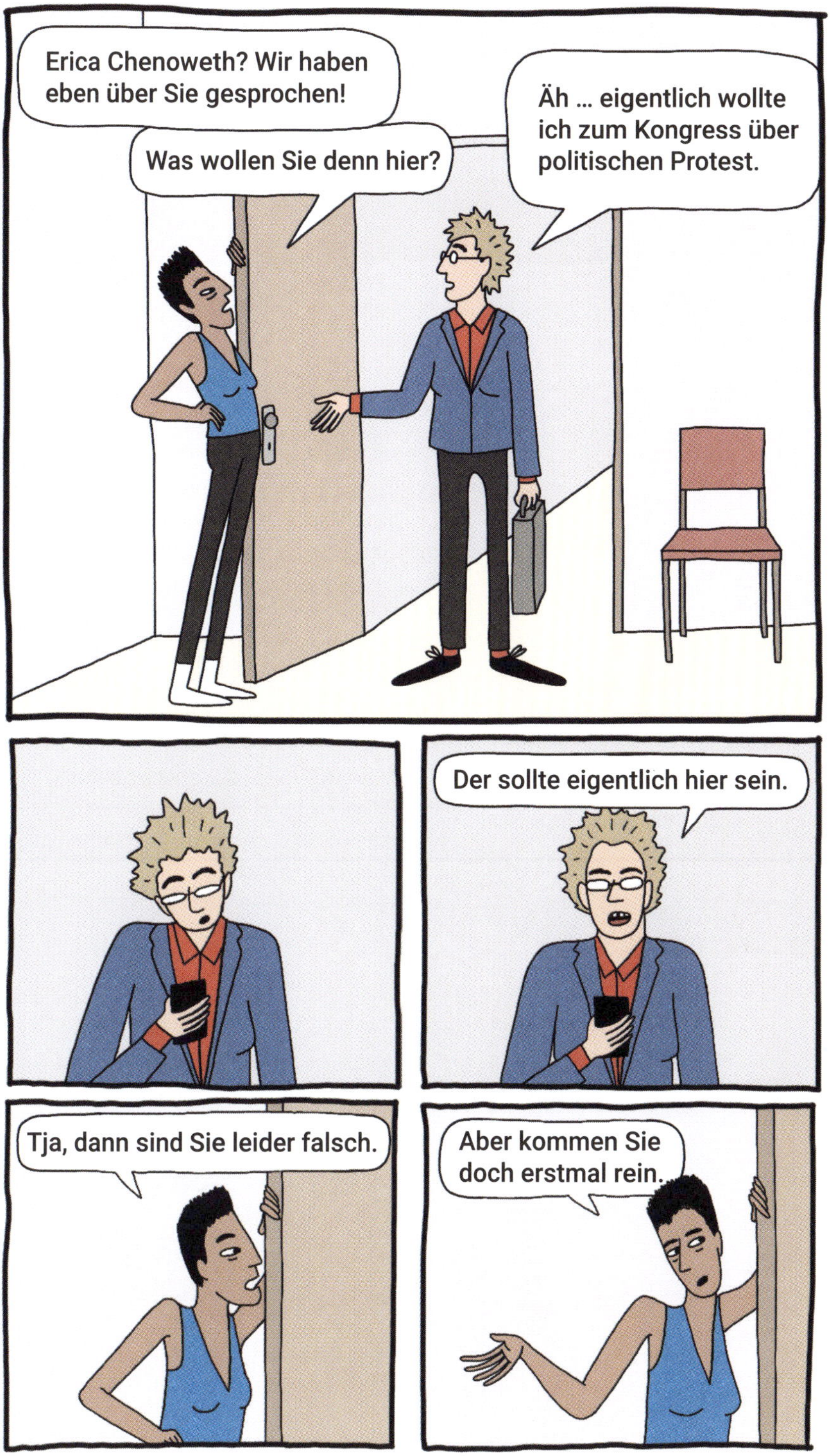

Erica Chenoweth? Wir haben eben über Sie gesprochen!
Was wollen Sie denn hier?
Äh … eigentlich wollte ich zum Kongress über politischen Protest.

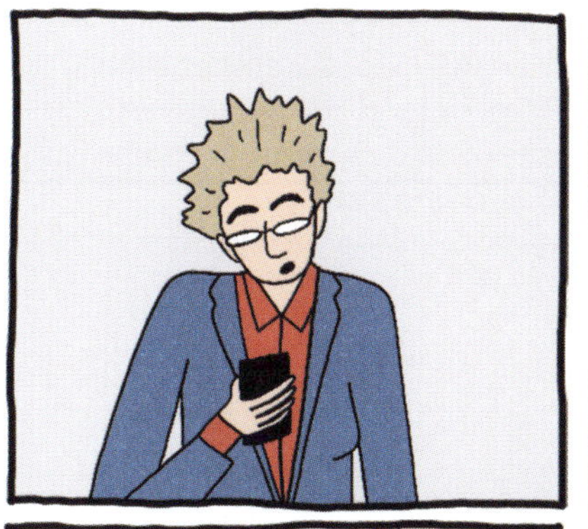

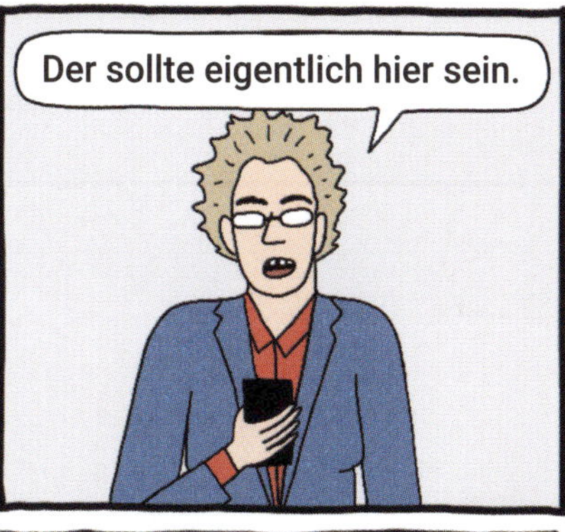

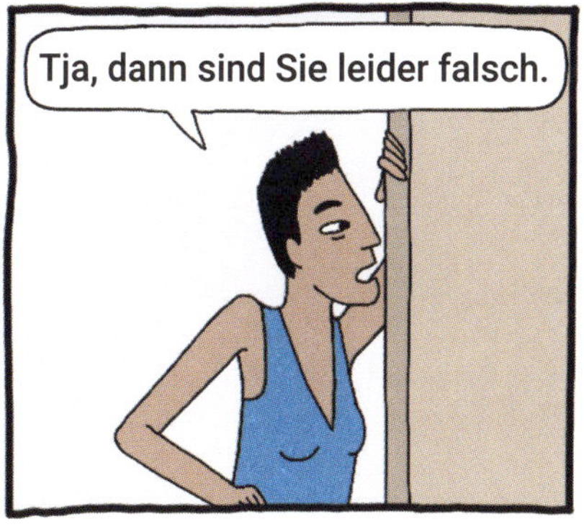

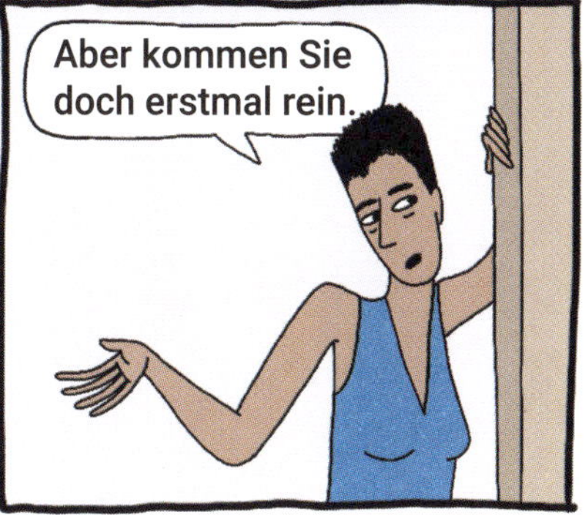

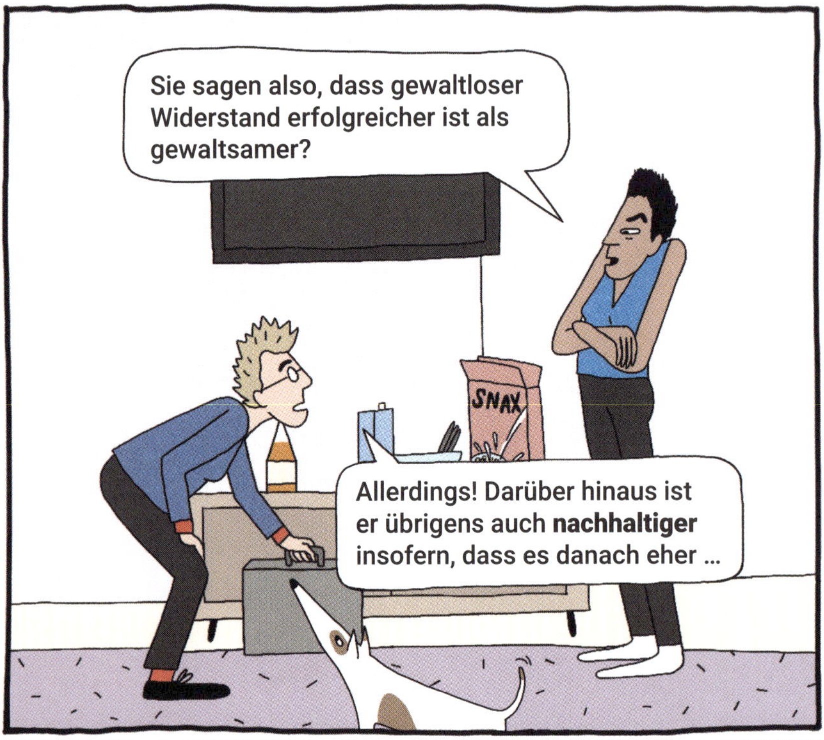

Sie sagen also, dass gewaltloser Widerstand erfolgreicher ist als gewaltsamer?

Allerdings! Darüber hinaus ist er übrigens auch **nachhaltiger** insofern, dass es danach eher …

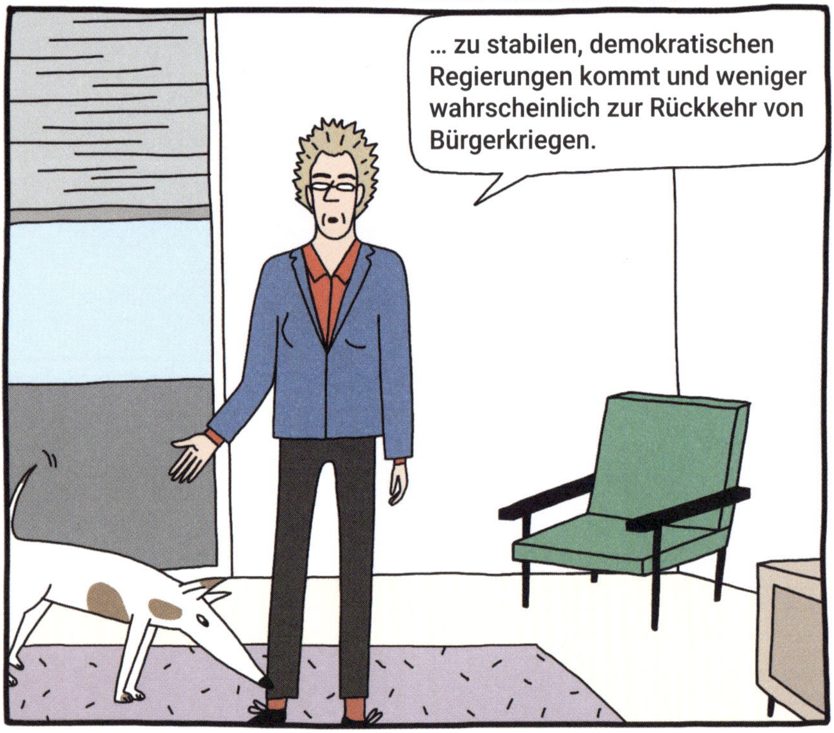

SNAX

… zu stabilen, demokratischen Regierungen kommt und weniger wahrscheinlich zur Rückkehr von Bürgerkriegen.

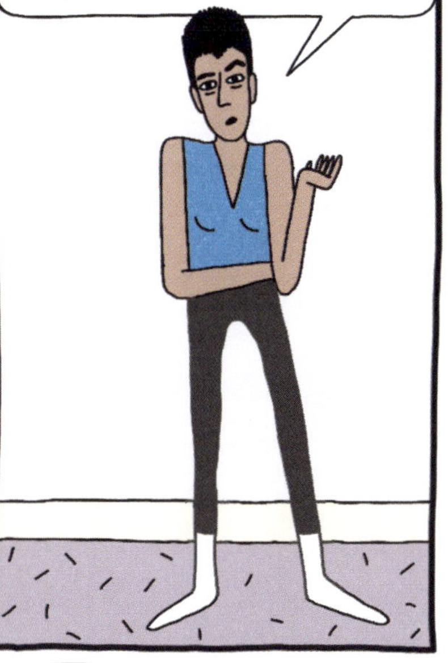
Gewaltlose Bewegungen sind doch nur deshalb erfolgreicher, weil sie da entstehen, wo die Gegner schwach sind.

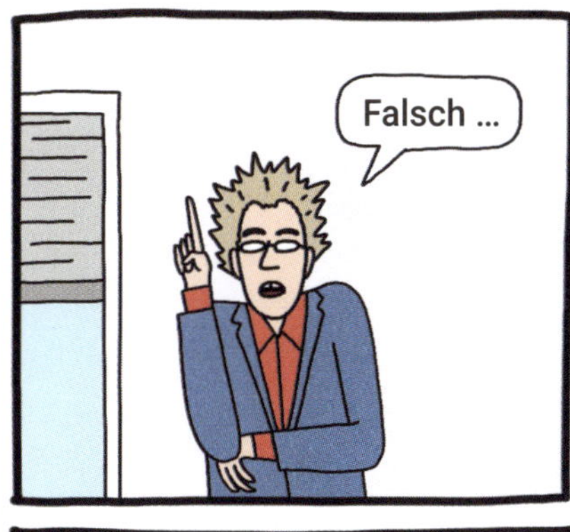
Falsch …

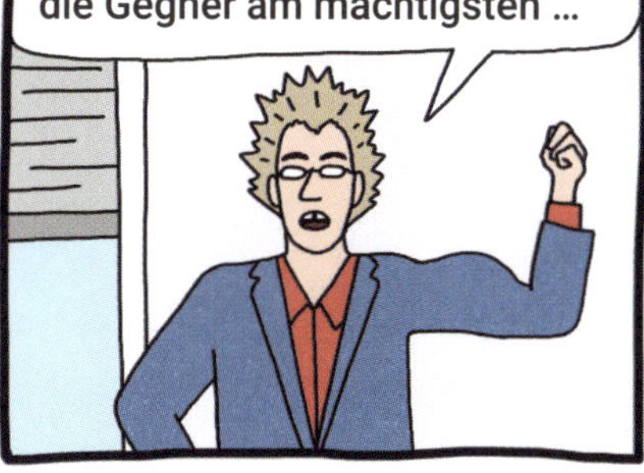
Sie entstehen genauso dort, wo die Gegner am mächtigsten …

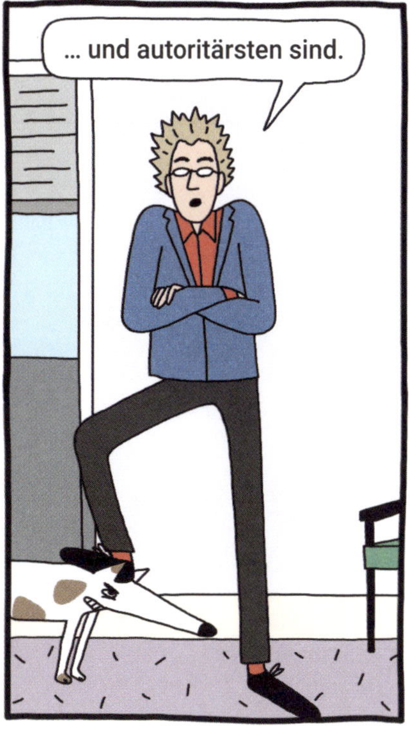
… und autoritärsten sind.

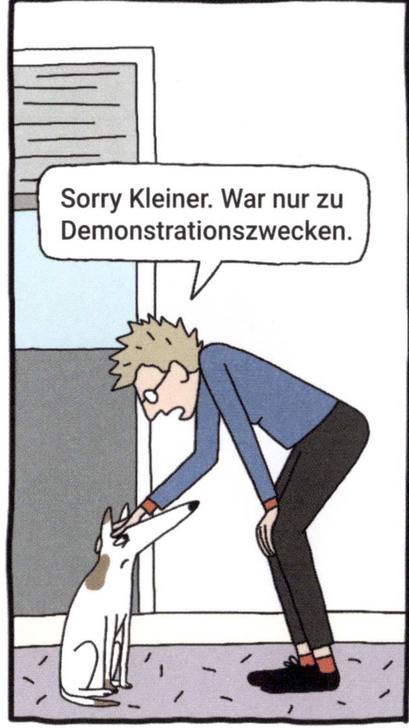
Sorry Kleiner. War nur zu Demonstrationszwecken.

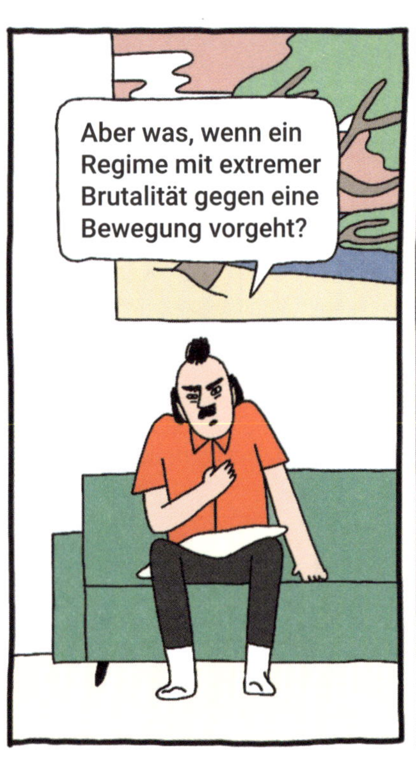
Aber was, wenn ein Regime mit extremer Brutalität gegen eine Bewegung vorgeht?

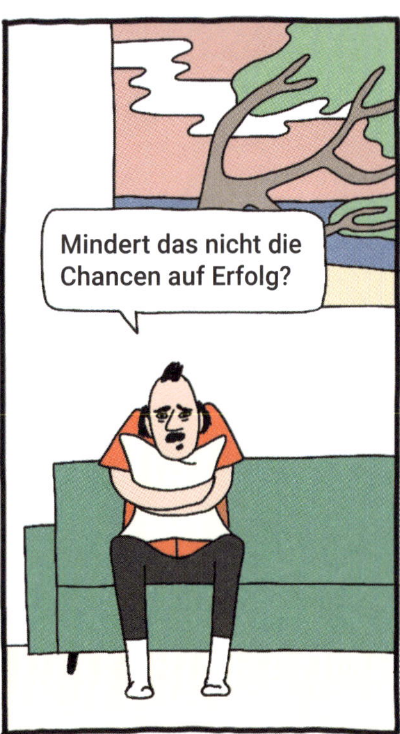
Mindert das nicht die Chancen auf Erfolg?

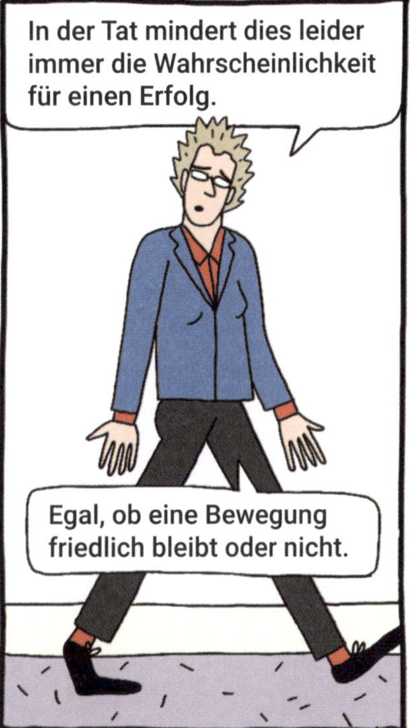
In der Tat mindert dies leider immer die Wahrscheinlichkeit für einen Erfolg.
Egal, ob eine Bewegung friedlich bleibt oder nicht.

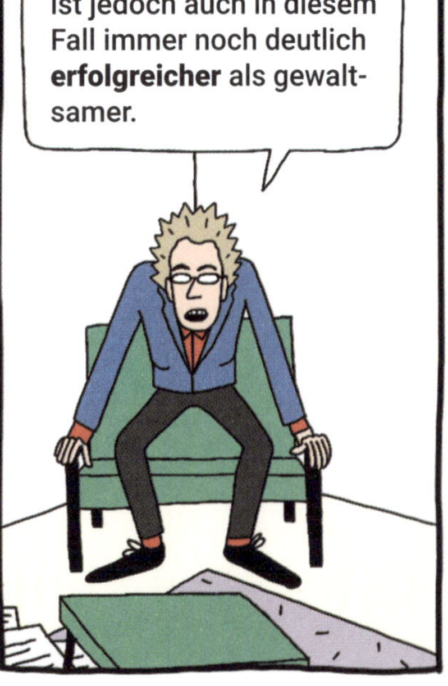
Gewaltloser Widerstand ist jedoch auch in diesem Fall immer noch deutlich **erfolgreicher** als gewaltsamer.

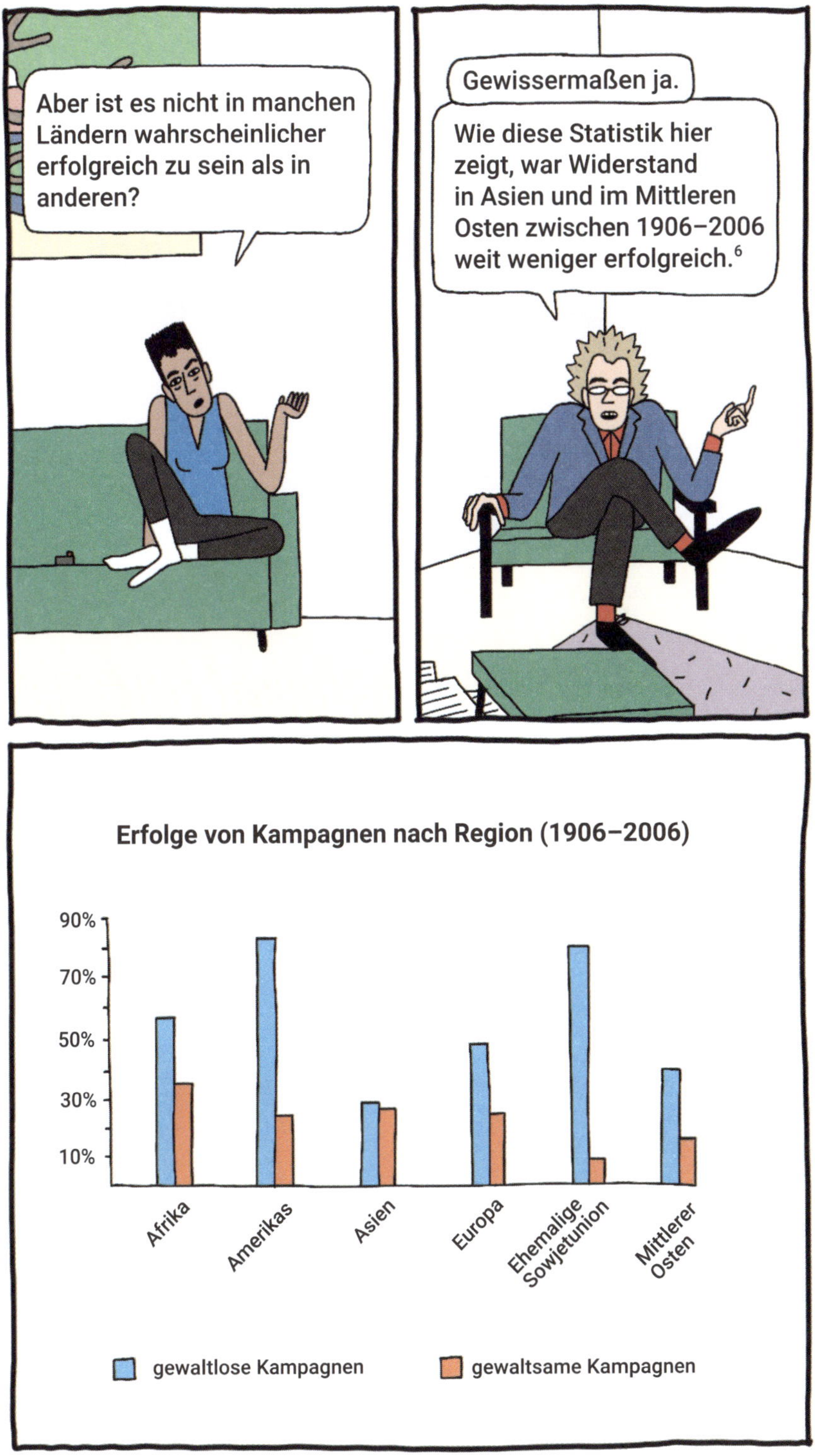

Aber ist es nicht in manchen Ländern wahrscheinlicher erfolgreich zu sein als in anderen?

Gewissermaßen ja.

Wie diese Statistik hier zeigt, war Widerstand in Asien und im Mittleren Osten zwischen 1906–2006 weit weniger erfolgreich.[6]

Erfolge von Kampagnen nach Region (1906–2006)

90%
70%
50%
30%
10%

Afrika
Amerikas
Asien
Europa
Ehemalige Sowjetunion
Mittlerer Osten

gewaltlose Kampagnen
gewaltsame Kampagnen

6 Chenoweth und Stephan 2011.
Anmerkung: Die Zahlen haben sich seitdem sicherlich verändert.

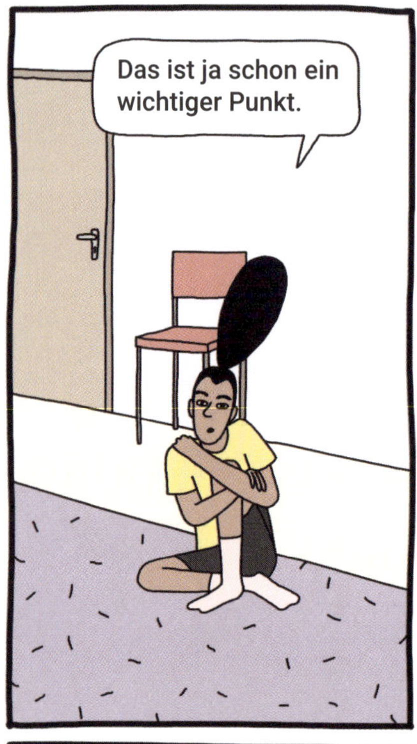
Das ist ja schon ein wichtiger Punkt.

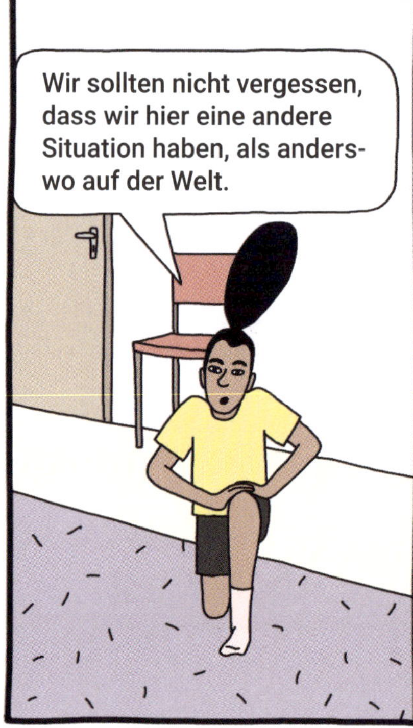
Wir sollten nicht vergessen, dass wir hier eine andere Situation haben, als anderswo auf der Welt.

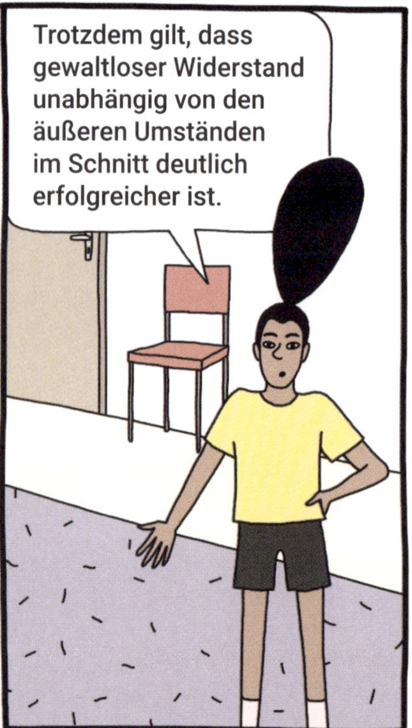
Trotzdem gilt, dass gewaltloser Widerstand unabhängig von den äußeren Umständen im Schnitt deutlich erfolgreicher ist.

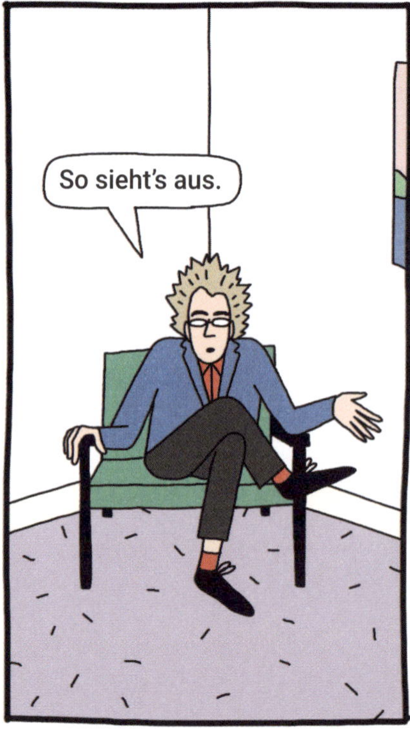
So sieht's aus.

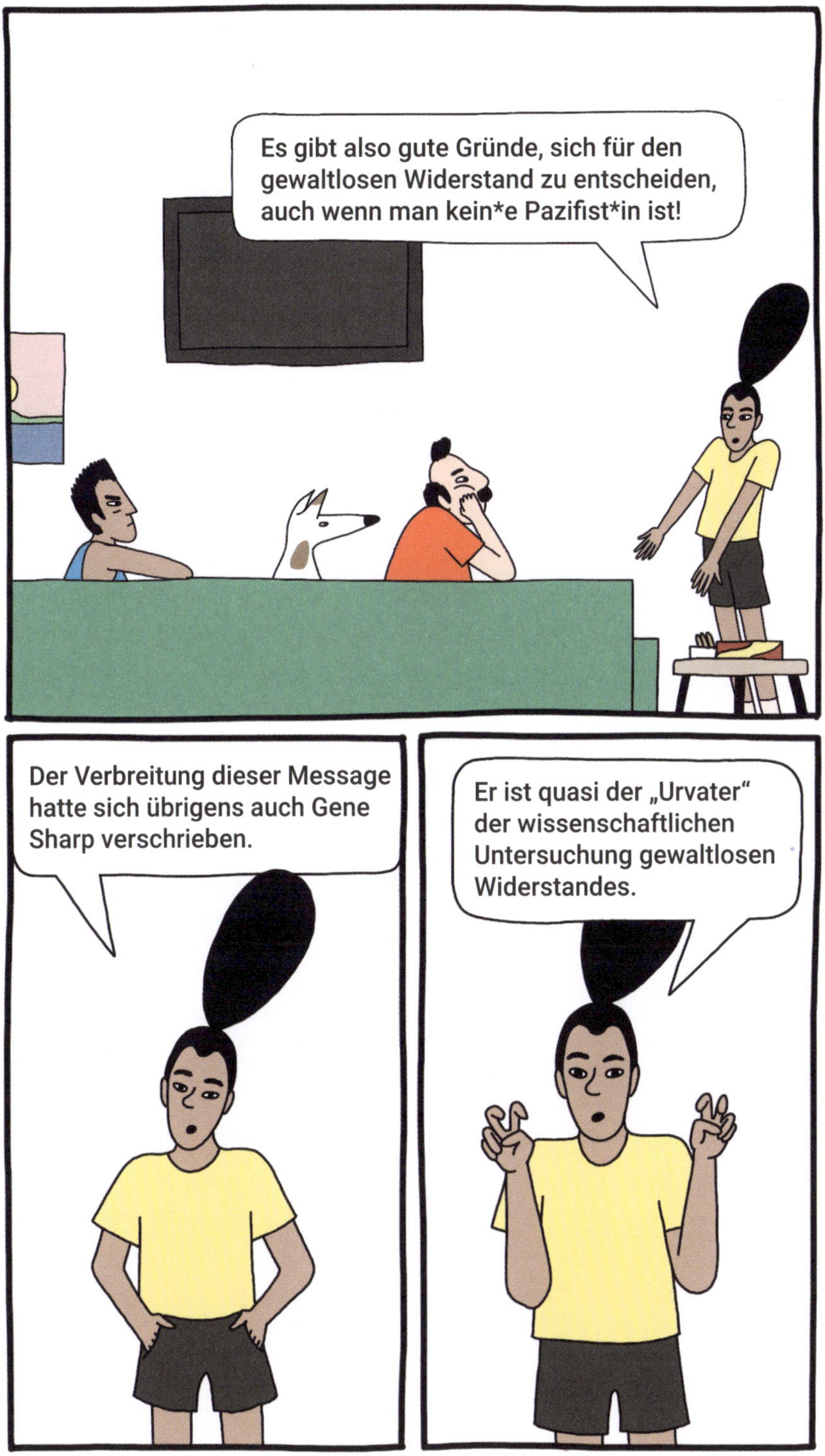

Es gibt also gute Gründe, sich für den gewaltlosen Widerstand zu entscheiden, auch wenn man kein*e Pazifist*in ist!

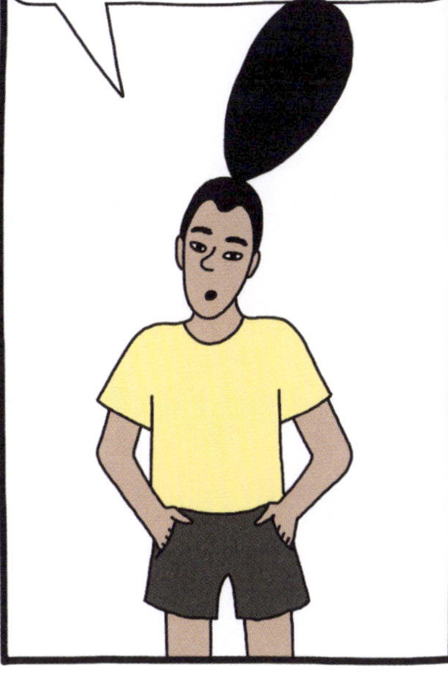

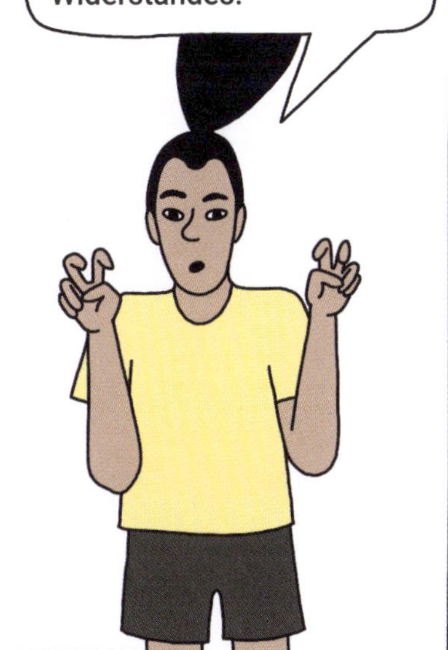

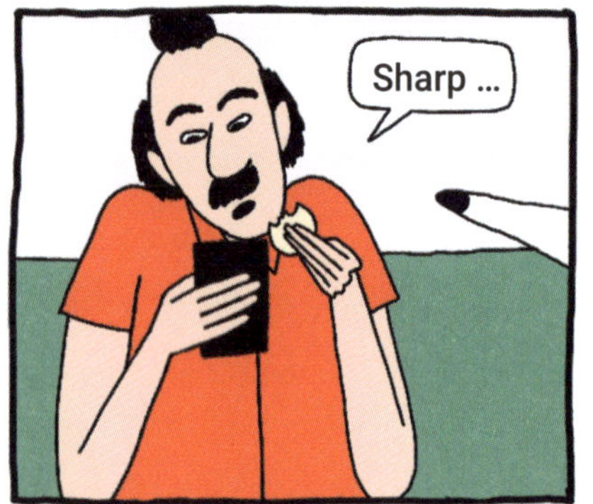

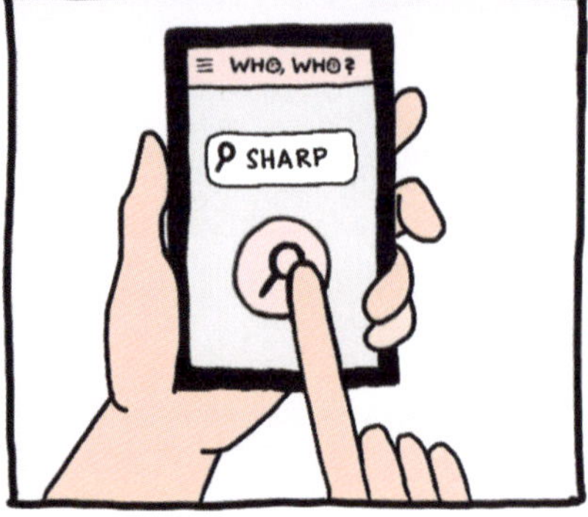

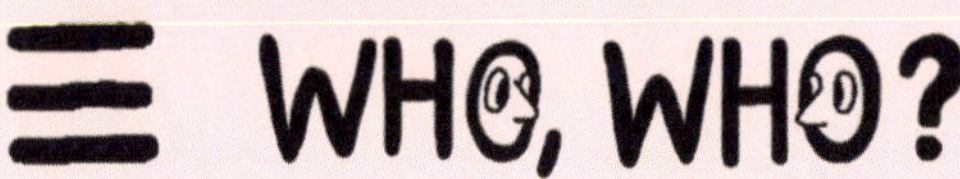

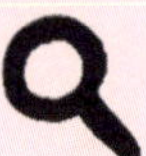

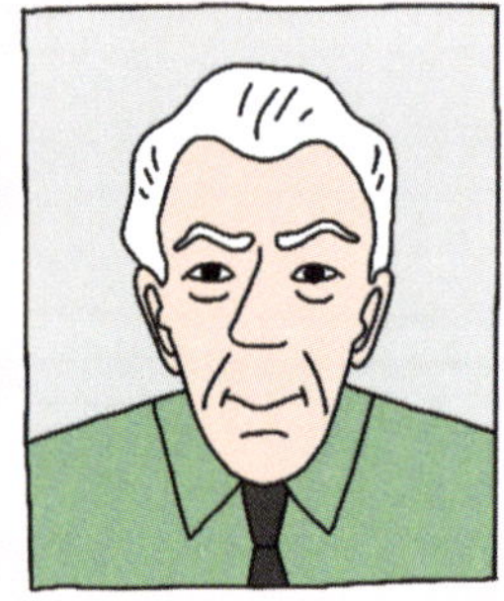

Gene Sharp

1928–2018, war ein US-amerikanischer Politikwissenschaftler, der sein Leben der wissenschaftlichen Auseinandersetzung mit dem Thema des gewaltlosen Widerstands widmete. In seinen zahlreichen Schriften beschrieb er die Kernprinzipien und Strategien gewaltlosen Widerstands. Sein bekanntestes Buch *Von der Diktatur zur Demokratie* inspirierte zahlreiche Widerstandsbewegungen weltweit.

- **Biografie**
- **Wirken**
- **Albert Einstein Institution**
- **Werke**

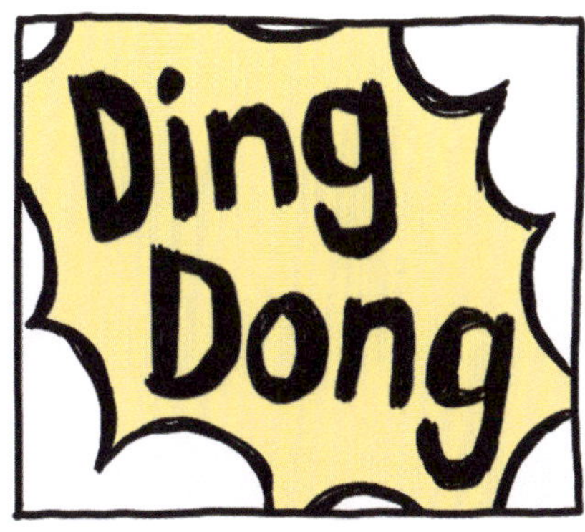
Ding
Dong

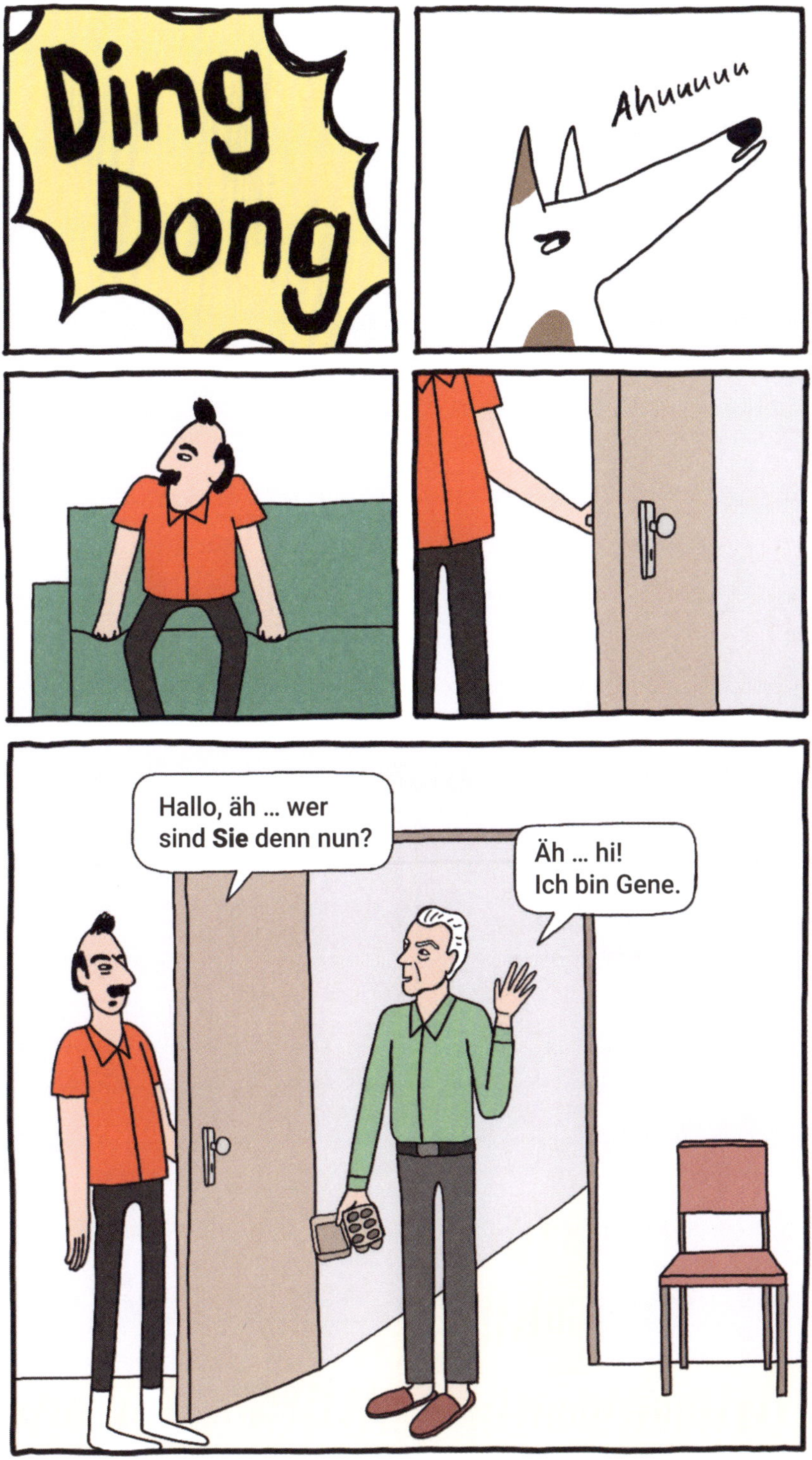

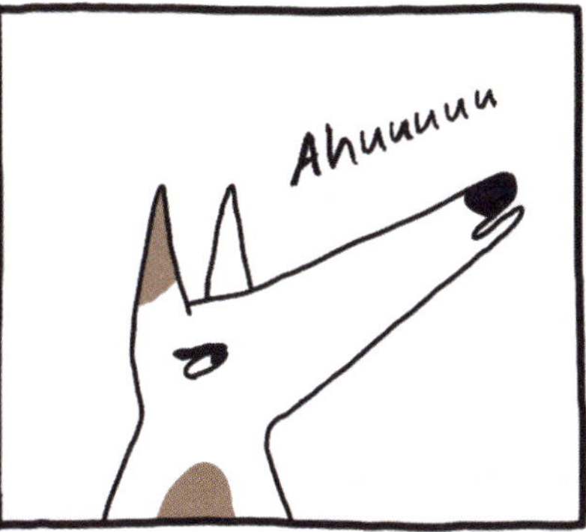
Ahuuuuu

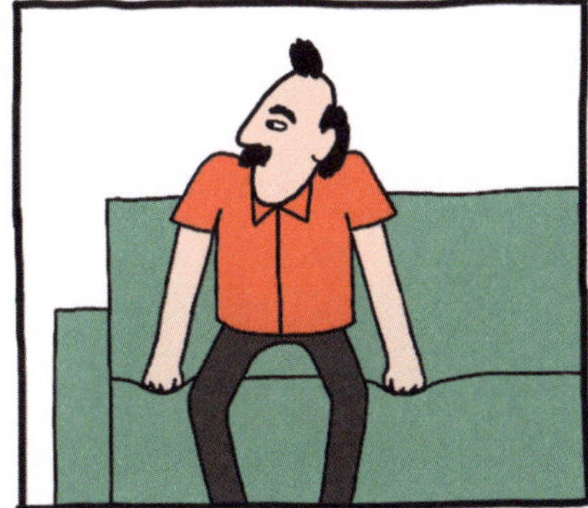

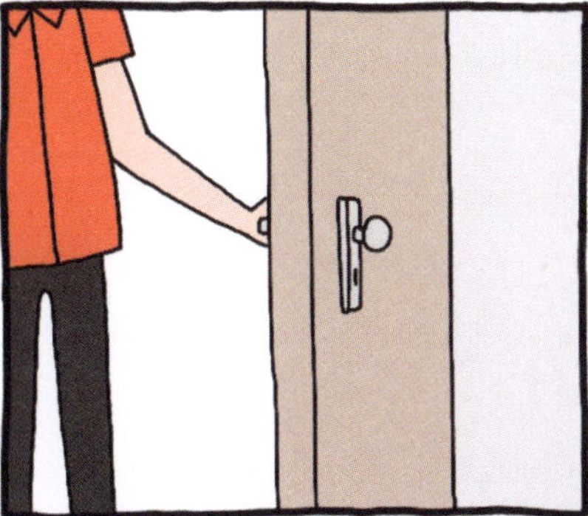

Hallo, äh … wer sind **Sie** denn nun?
Äh … hi! Ich bin Gene.

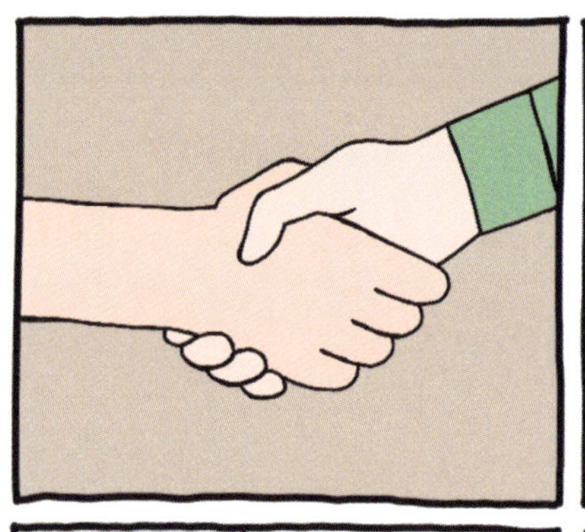

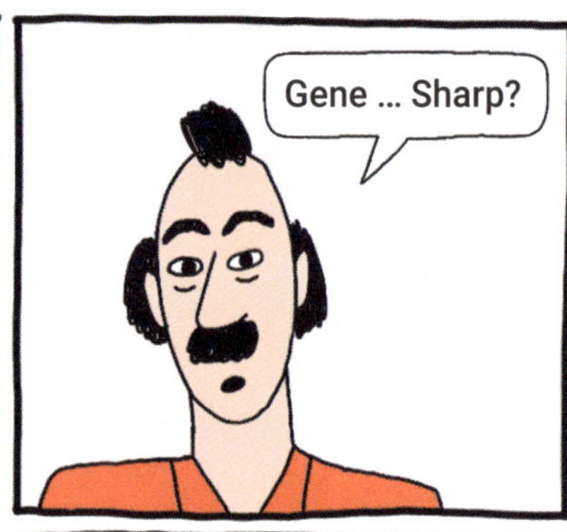

Gene ... Sharp?

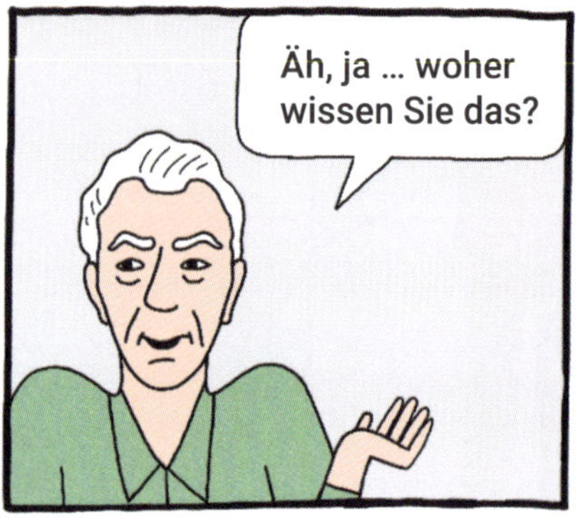

Äh, ja ... woher
wissen Sie das?

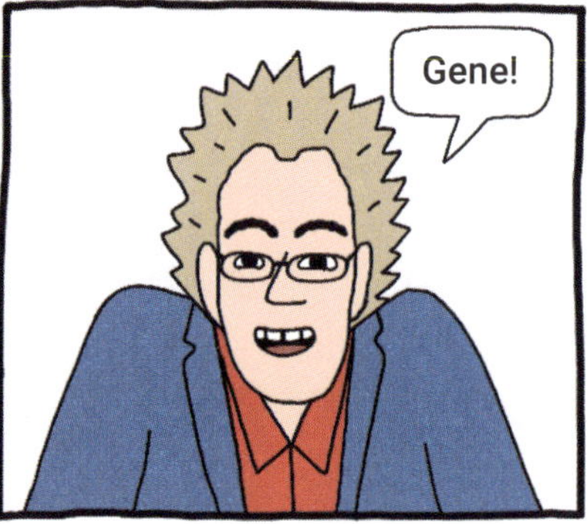

Gene!

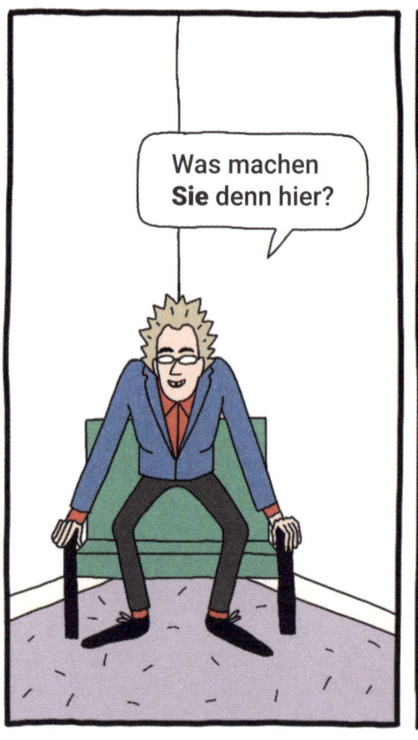

Was machen
Sie denn hier?

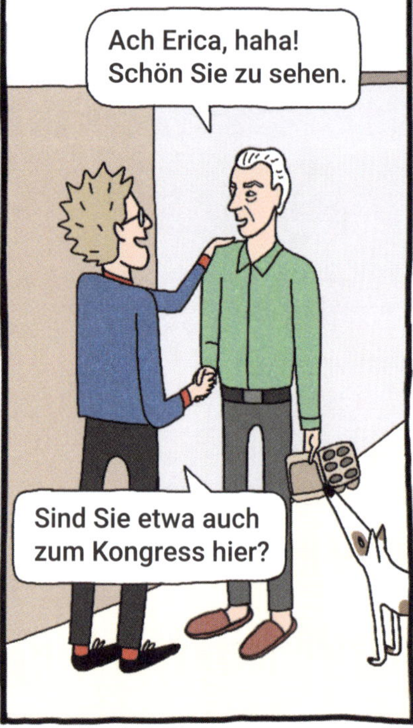

Ach Erica, haha!
Schön Sie zu sehen.
Sind Sie etwa auch
zum Kongress hier?

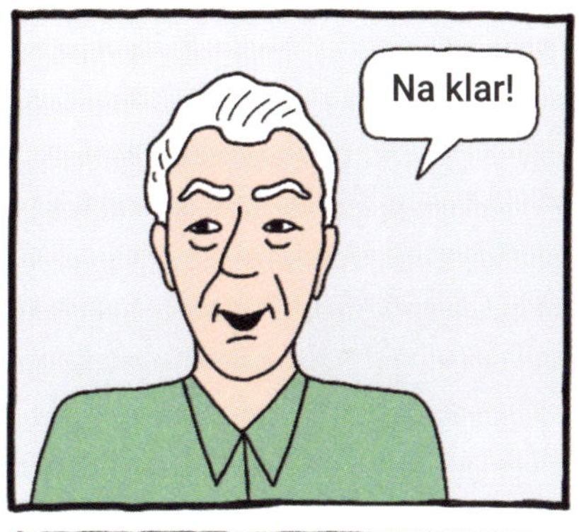
Na klar!

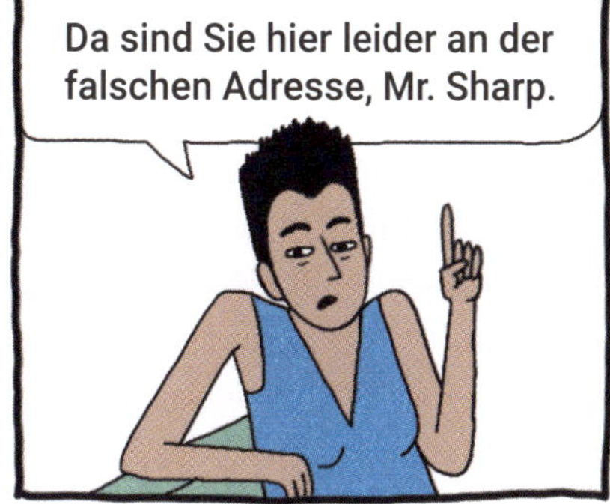
Da sind Sie hier leider an der
falschen Adresse, Mr. Sharp.

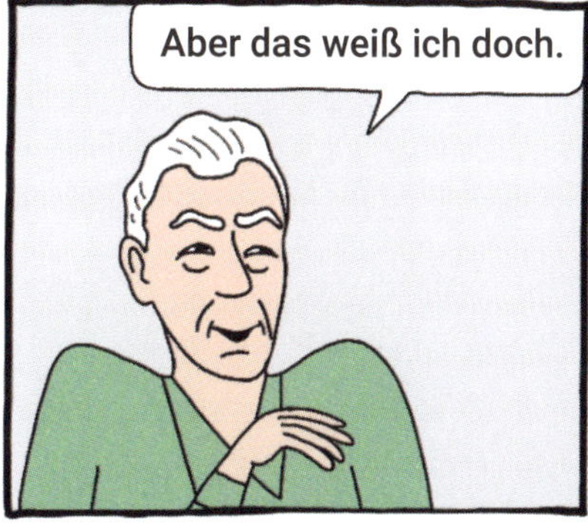
Aber das weiß ich doch.

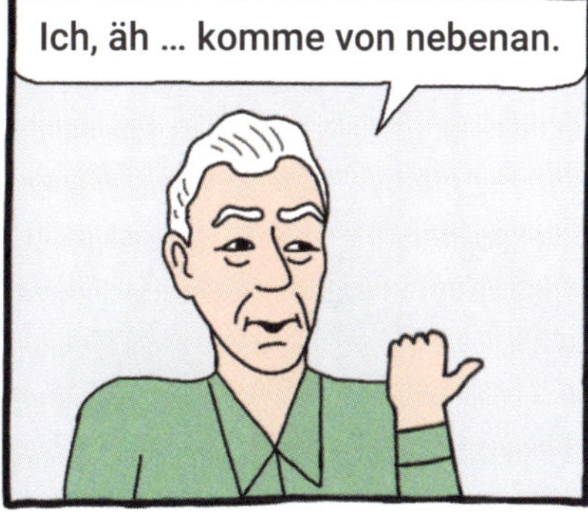
Ich, äh … komme von nebenan.

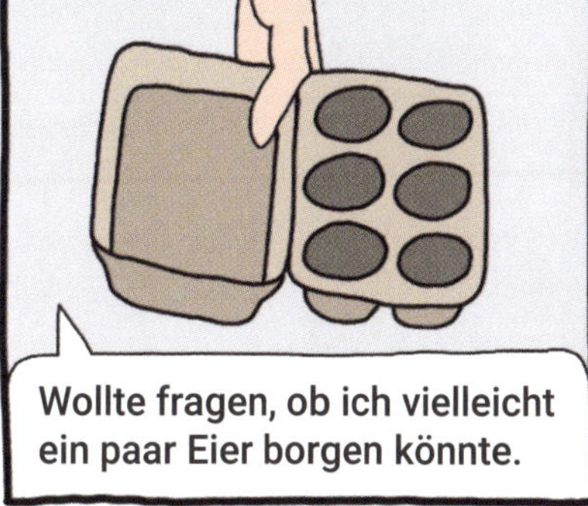
Wollte fragen, ob ich vielleicht
ein paar Eier borgen könnte.

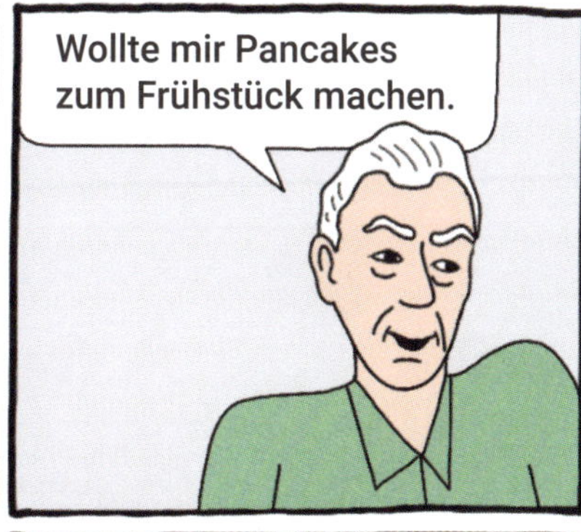
Wollte mir Pancakes
zum Frühstück machen.

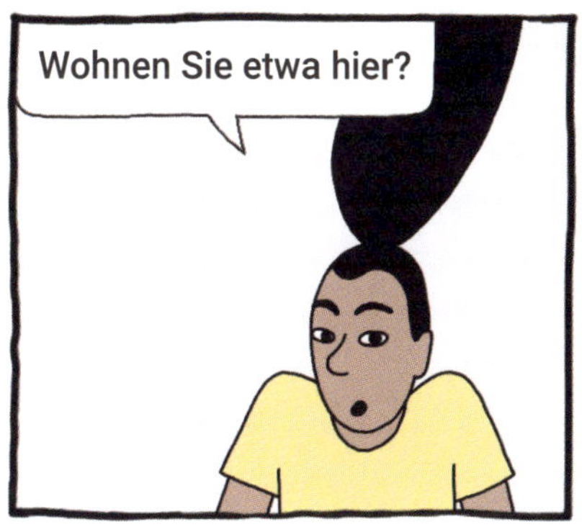
Wohnen Sie etwa hier?

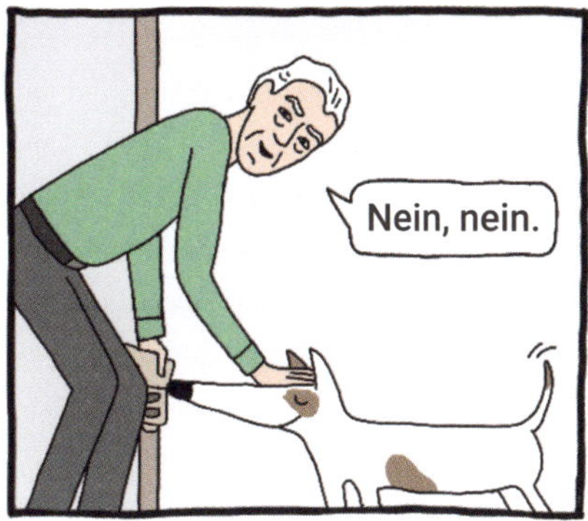
Nein, nein.

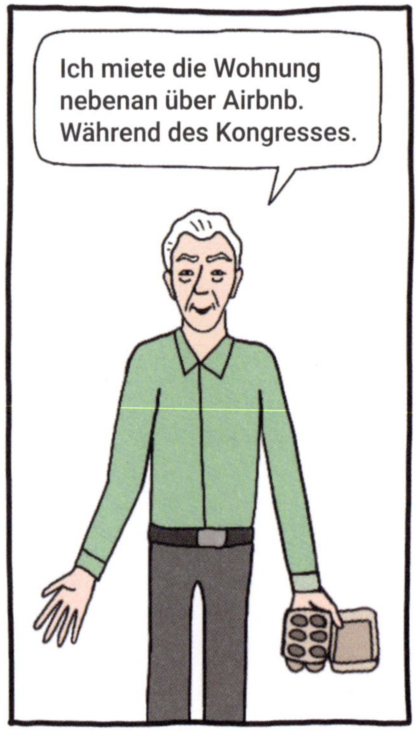
Ich miete die Wohnung nebenan über Airbnb. Während des Kongresses.

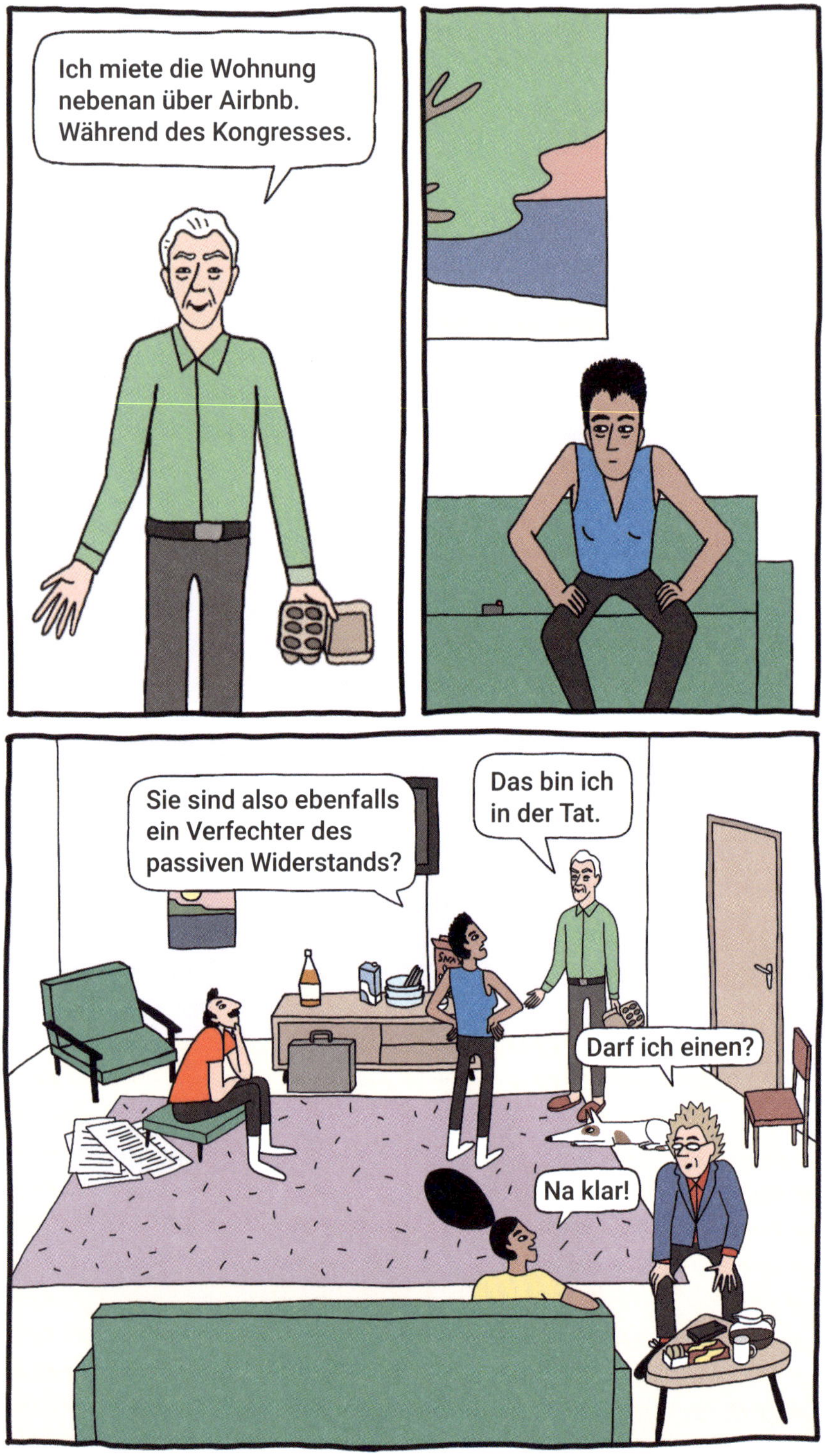

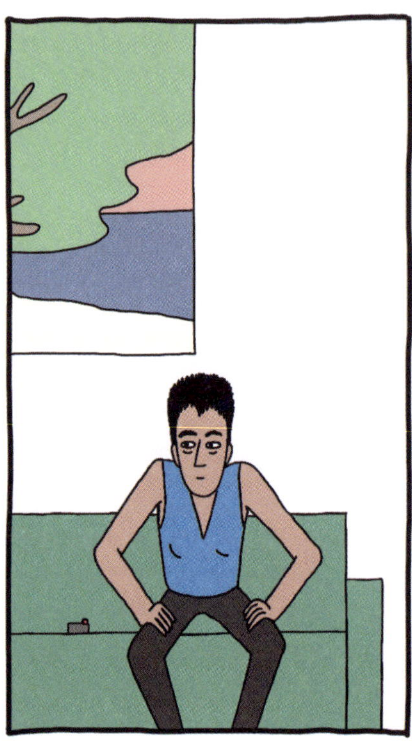

Sie sind also ebenfalls ein Verfechter des passiven Widerstands?
Das bin ich in der Tat.
Darf ich einen?
Na klar!

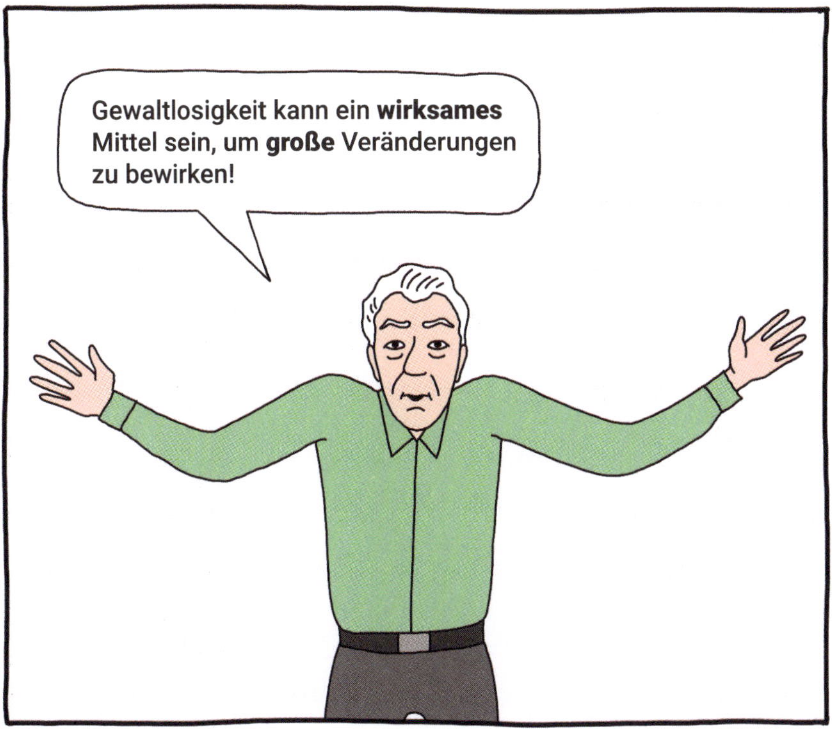

Gewaltlosigkeit kann ein **wirksames** Mittel sein, um **große** Veränderungen zu bewirken!

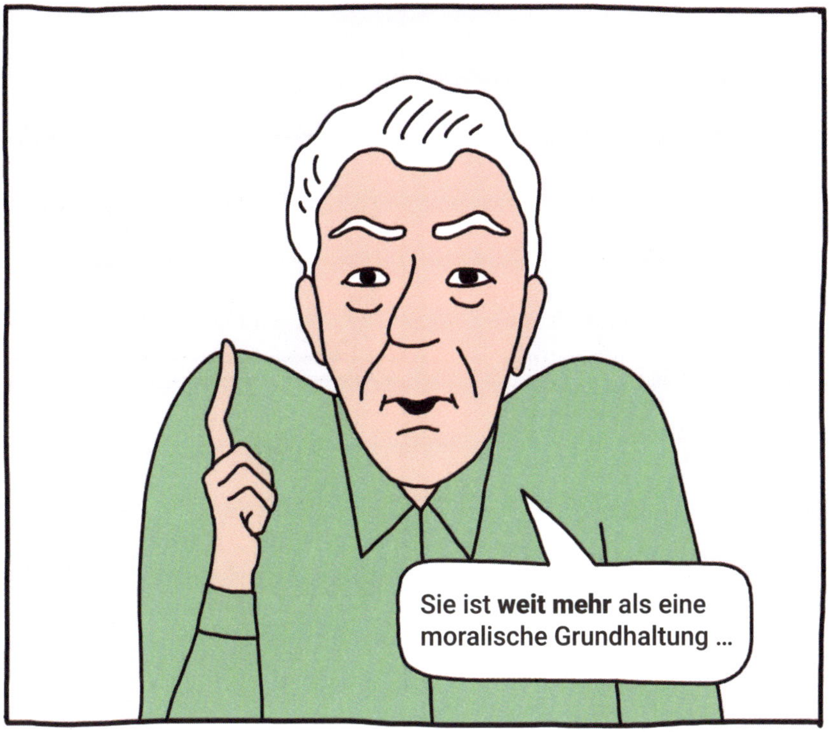

Sie ist **weit mehr** als eine moralische Grundhaltung …

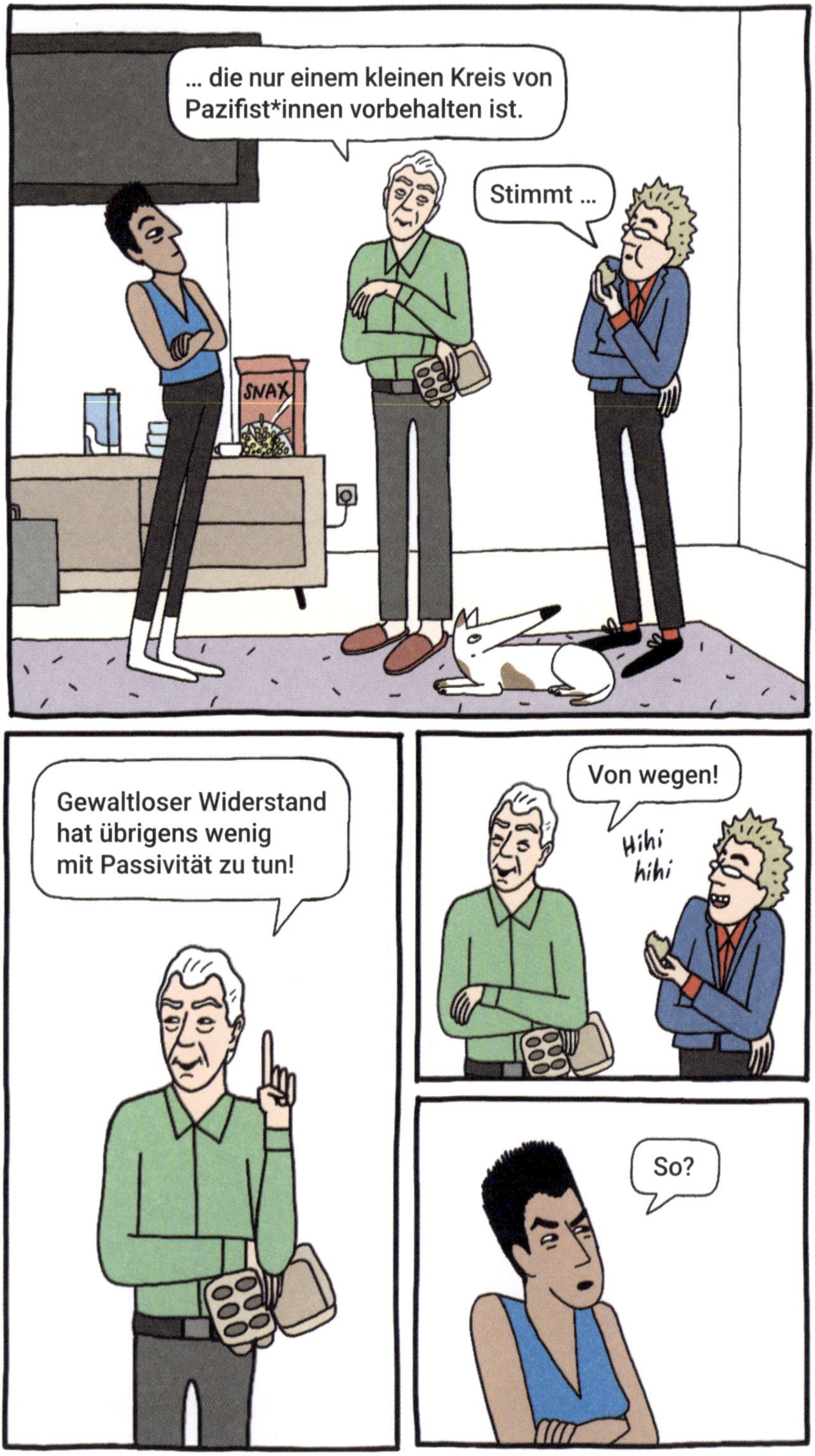

... die nur einem kleinen Kreis von Pazifist*innen vorbehalten ist.

Stimmt ...

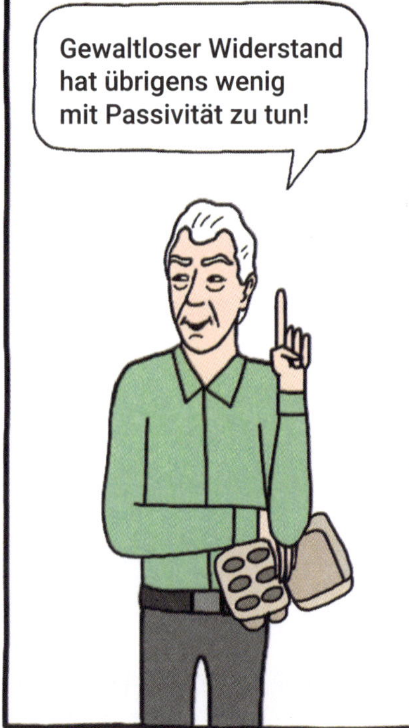

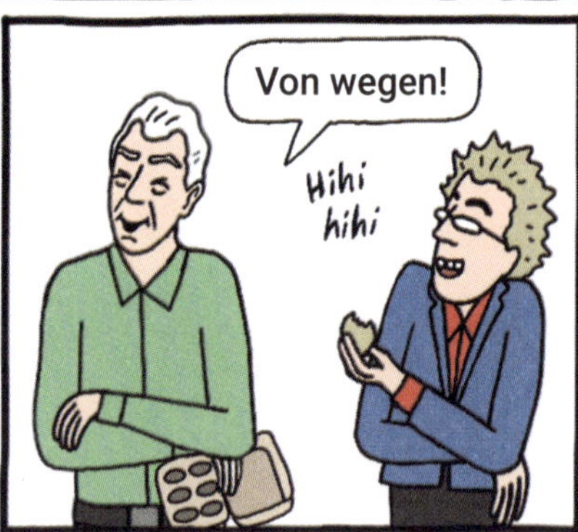

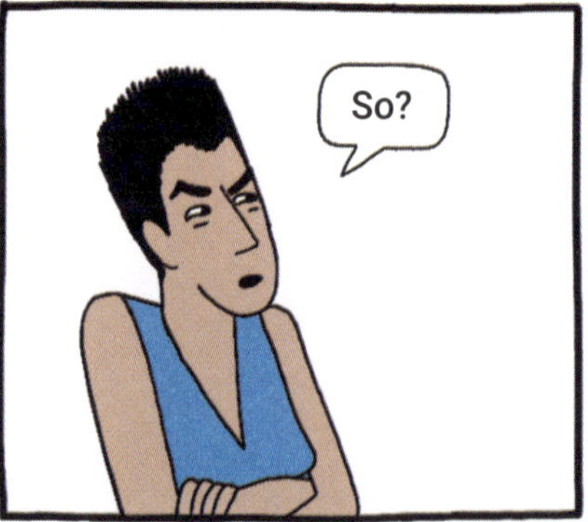

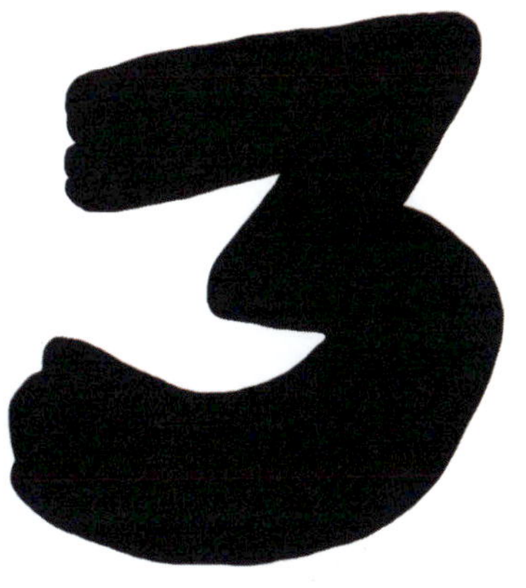

Wie funktioniert politische Macht?

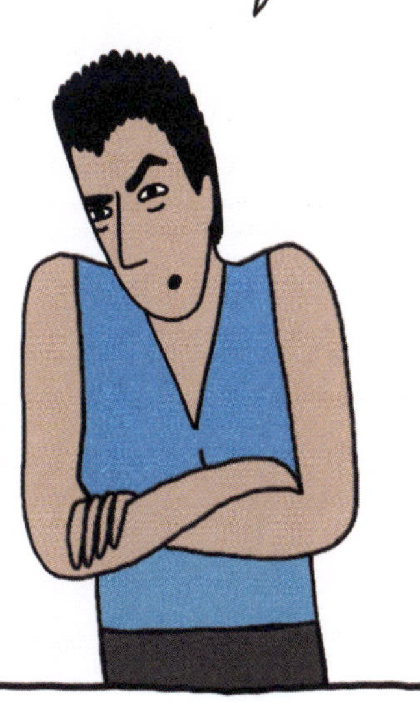

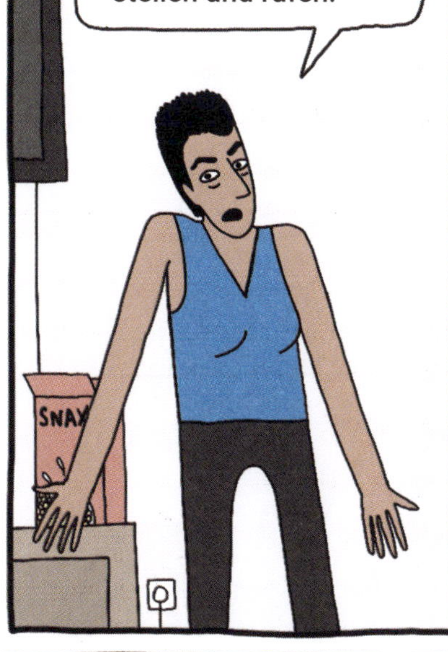

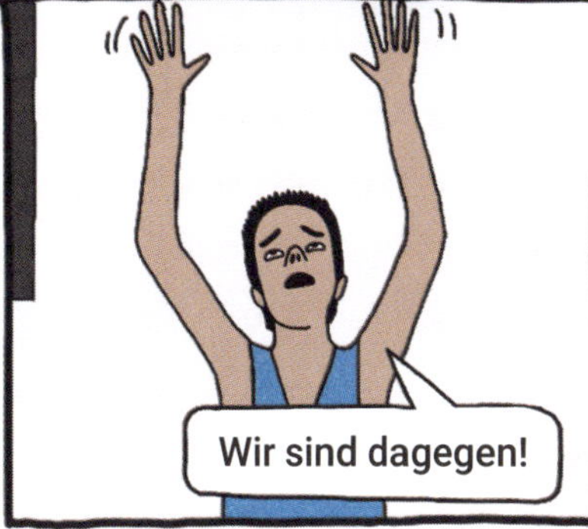

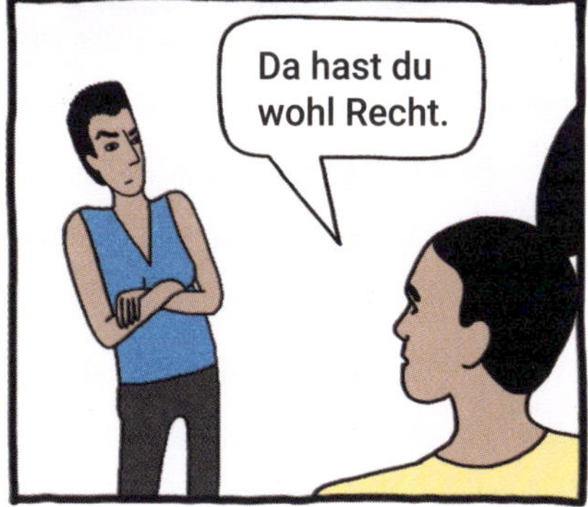

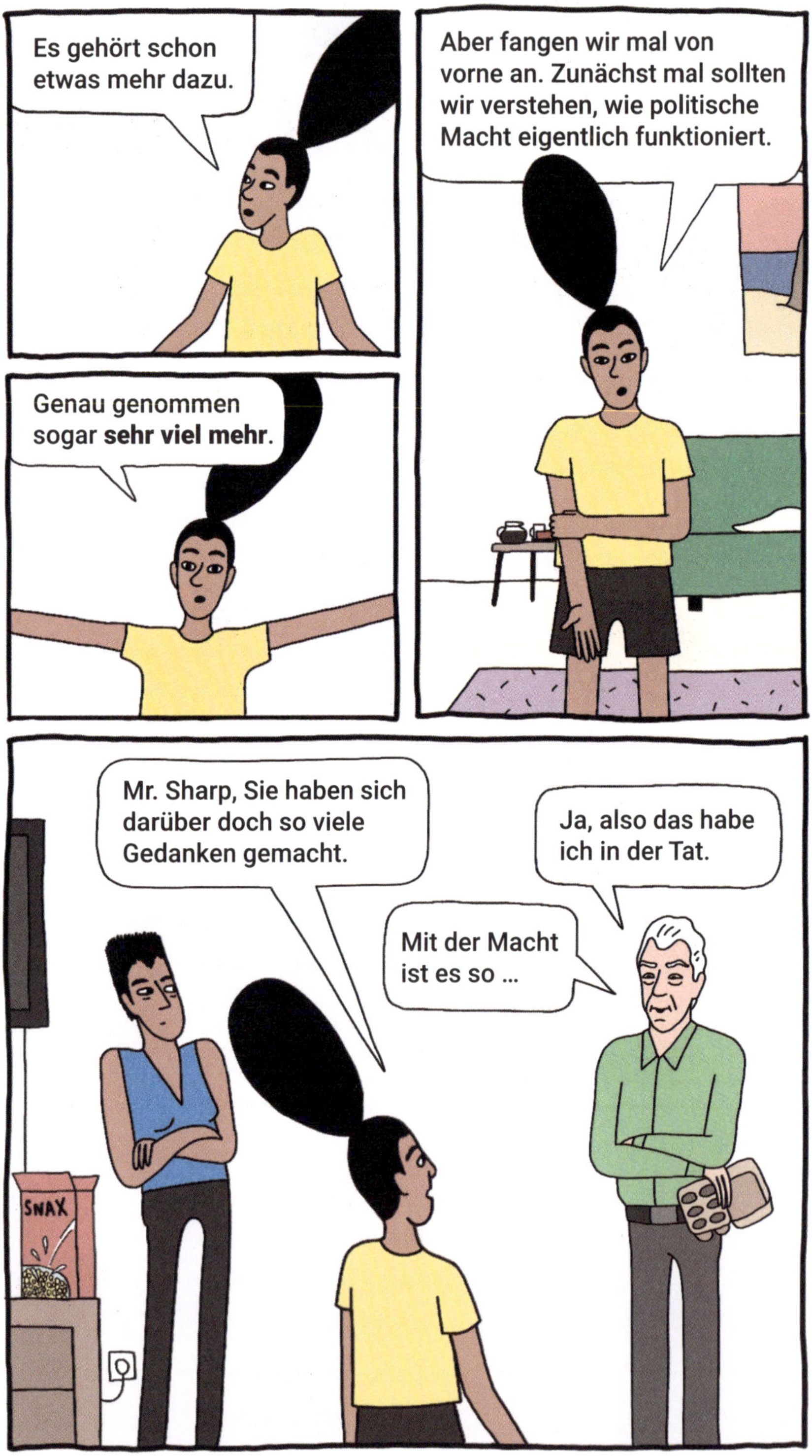

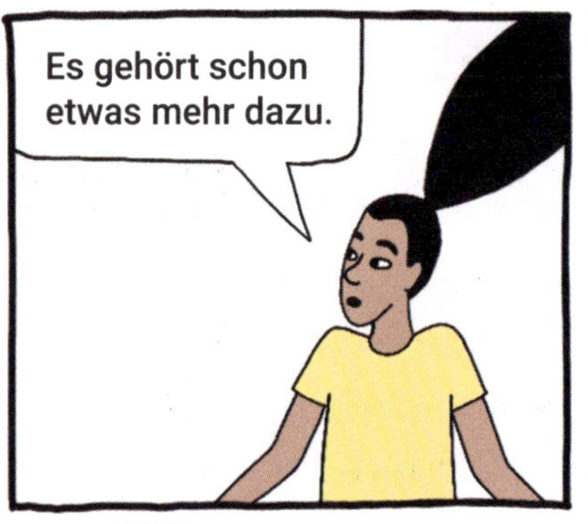

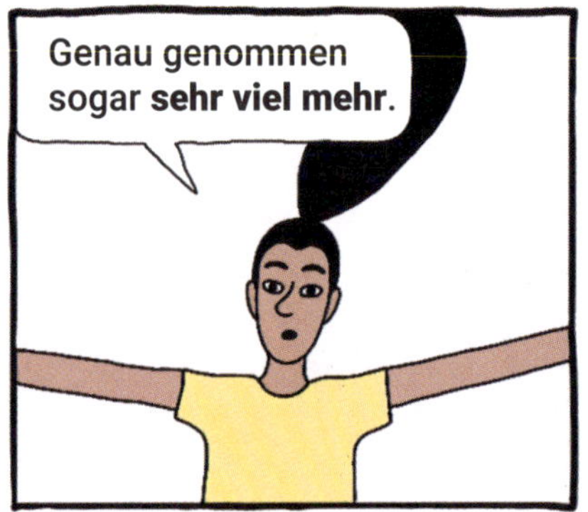

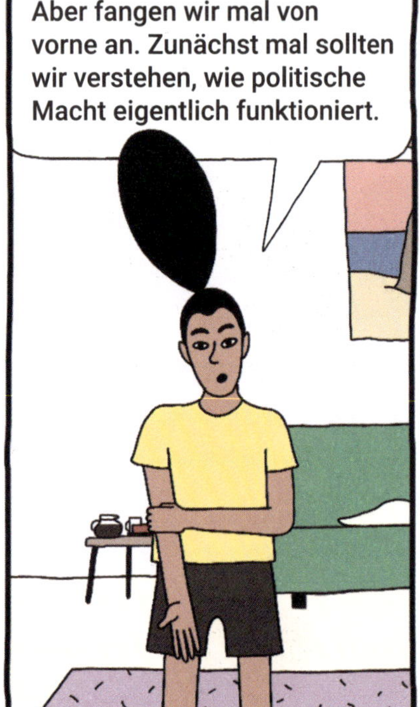

Mr. Sharp, Sie haben sich darüber doch so viele Gedanken gemacht.

Ja, also das habe ich in der Tat.

Mit der Macht ist es so …

SNAX

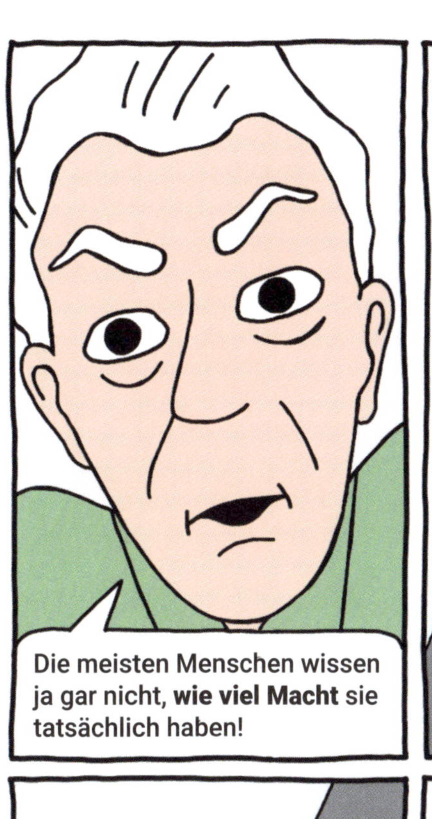
Die meisten Menschen wissen ja gar nicht, **wie viel Macht** sie tatsächlich haben!

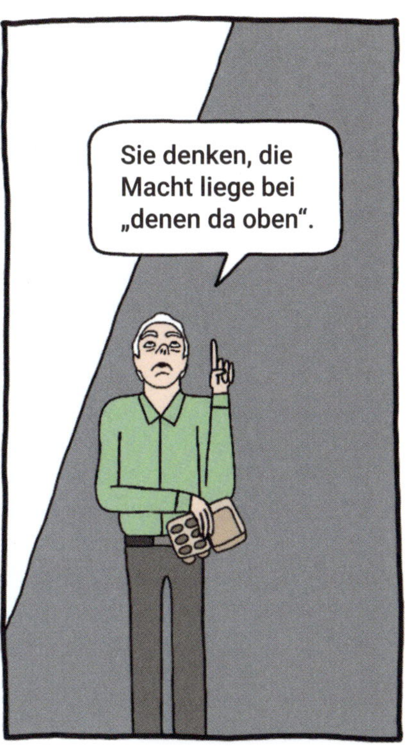
Sie denken, die Macht liege bei „denen da oben“.

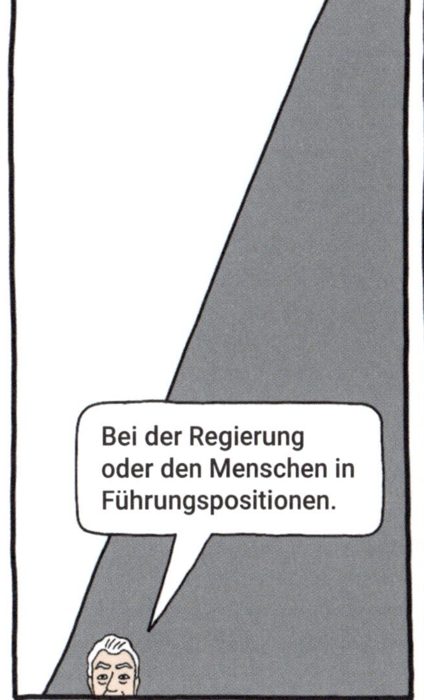
Bei der Regierung oder den Menschen in Führungspositionen.

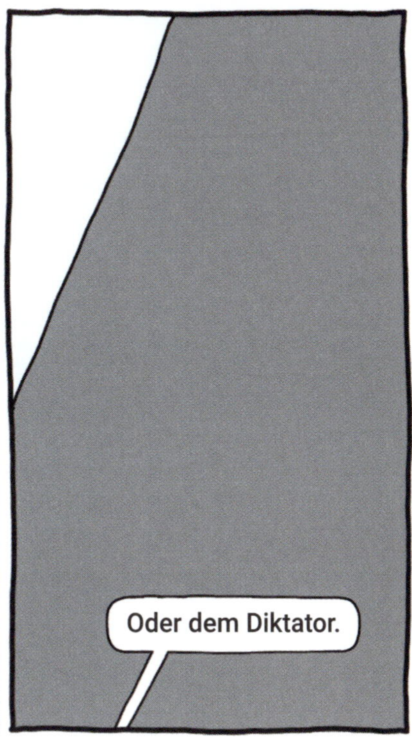
Oder dem Diktator.

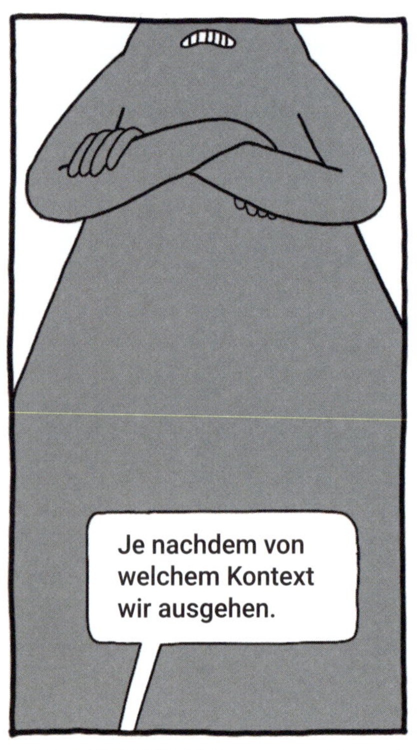

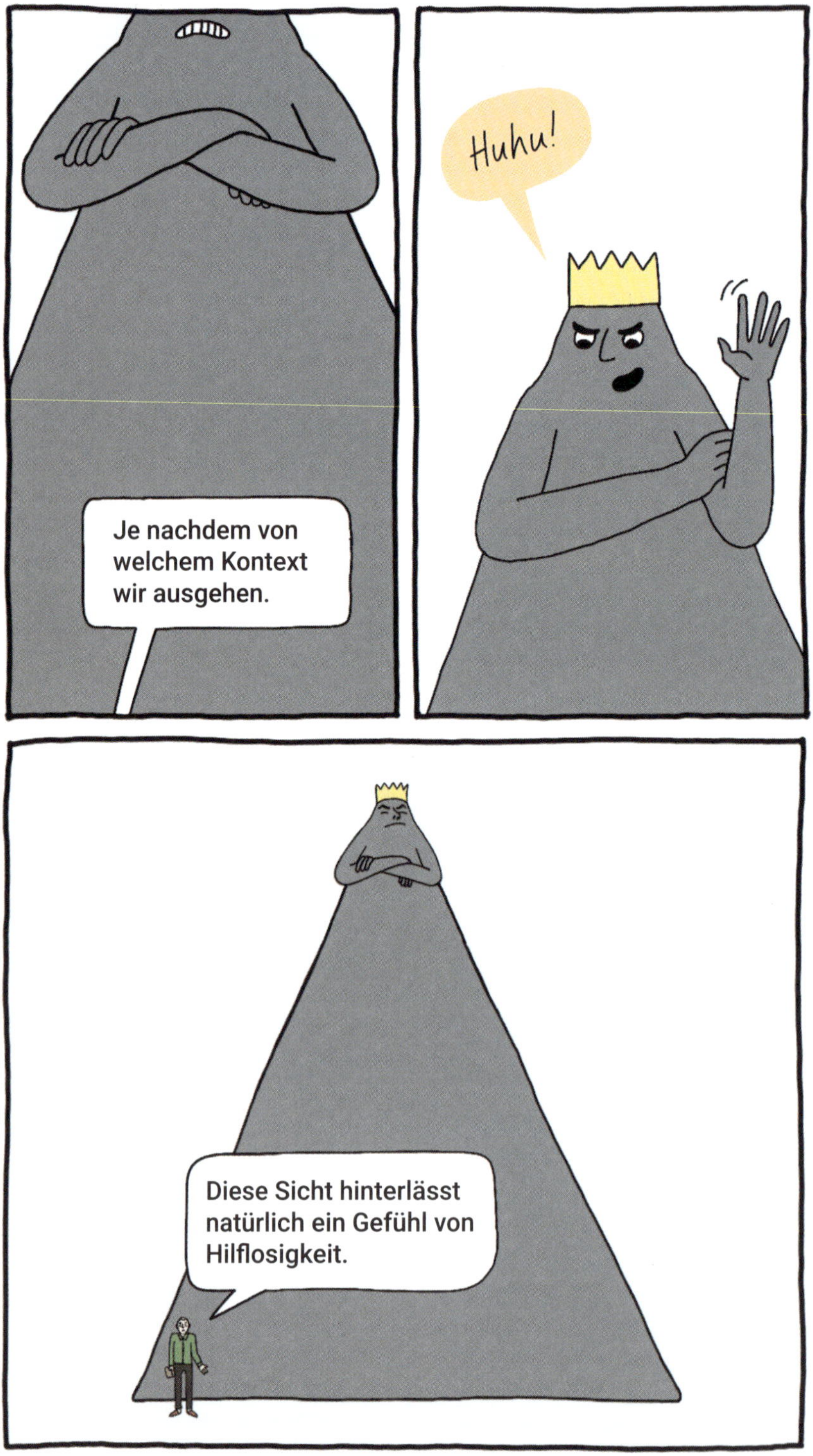

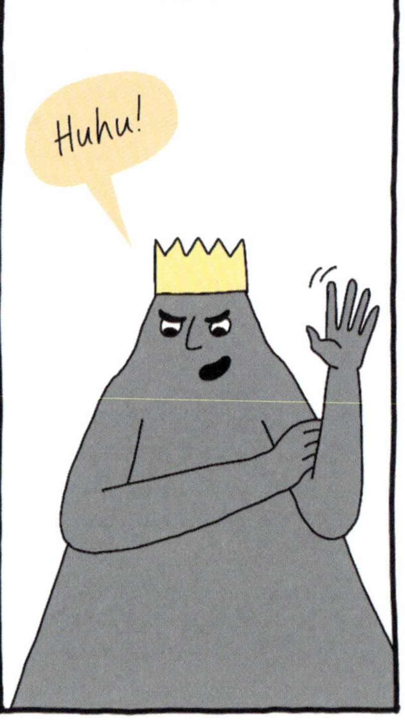

Diese Sicht hinterlässt natürlich ein Gefühl von Hilflosigkeit.

Wer an der Spitze ist, entscheidet und befiehlt. Alle anderen müssen sich beugen.

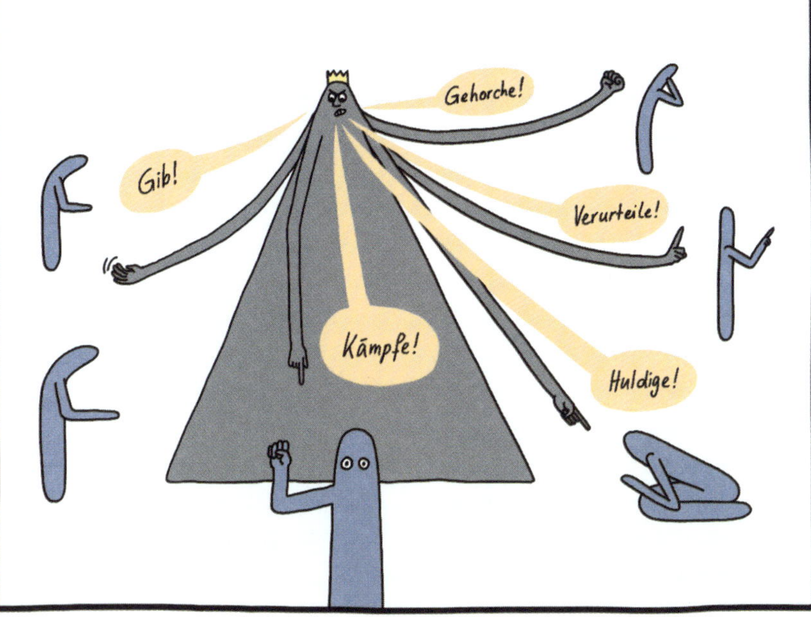

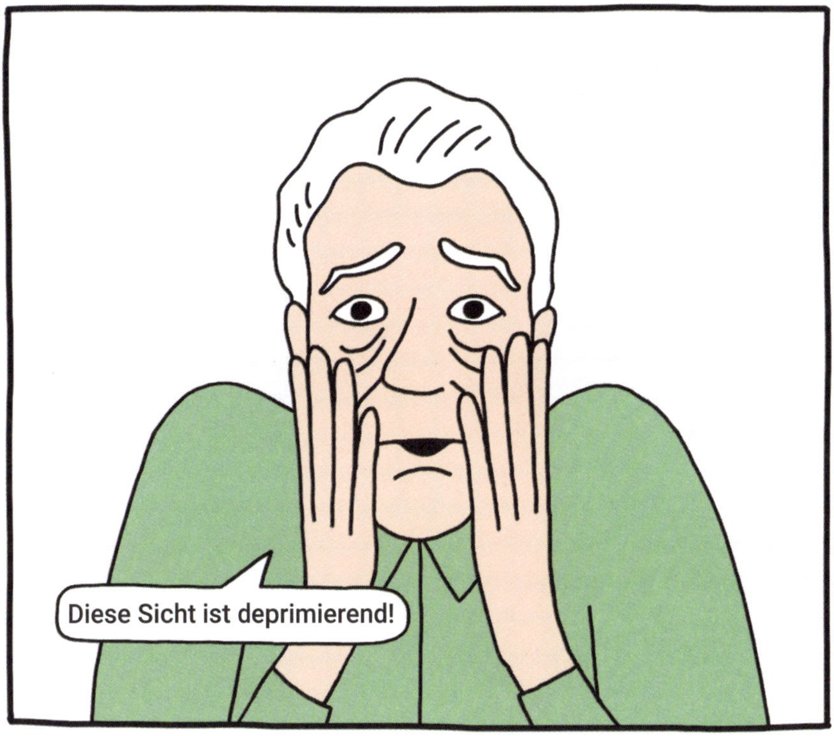

Diese Sicht ist deprimierend!

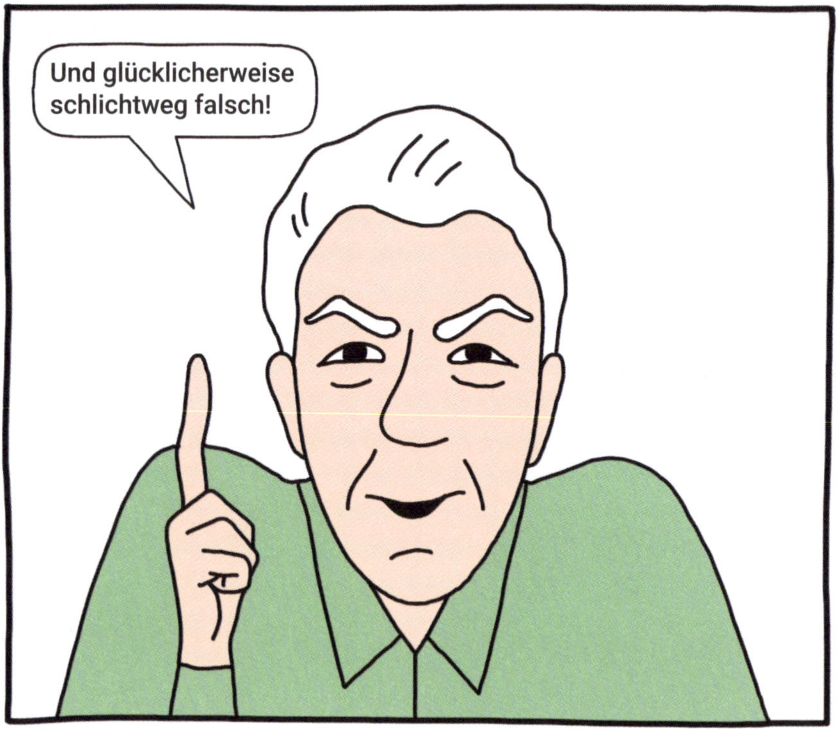

Und glücklicherweise schlichtweg falsch!

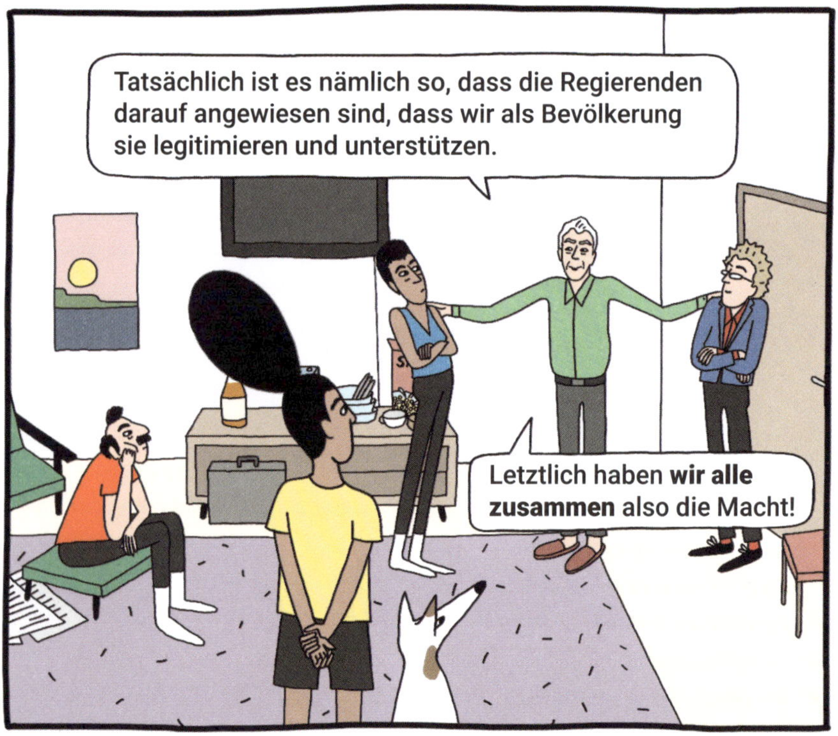

Tatsächlich ist es nämlich so, dass die Regierenden darauf angewiesen sind, dass wir als Bevölkerung sie legitimieren und unterstützen.

Letztlich haben **wir alle zusammen** also die Macht!

Man kann sich das so vorstellen, dass ein politisches System von mehreren Säulen getragen wird. Diese Säulen stehen für verschiedene Institutionen.

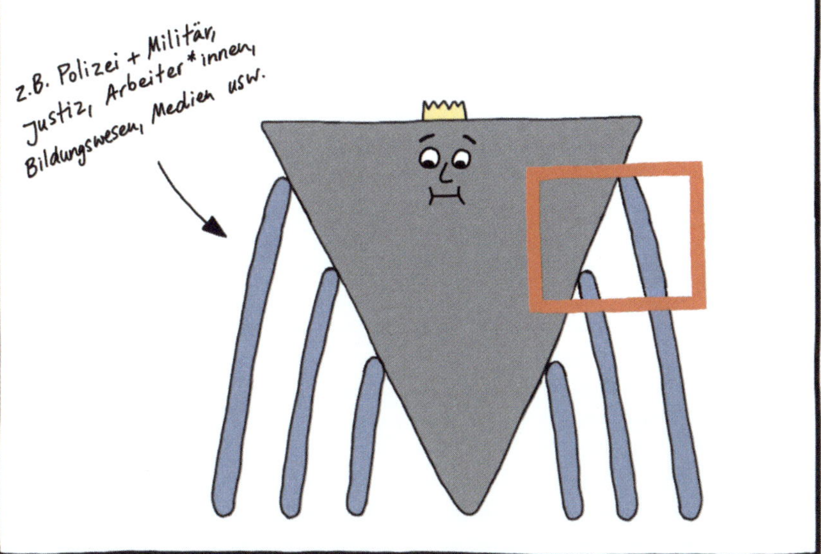

Die Institutionen wiederum bestehen natürlich aus vielen Menschen.

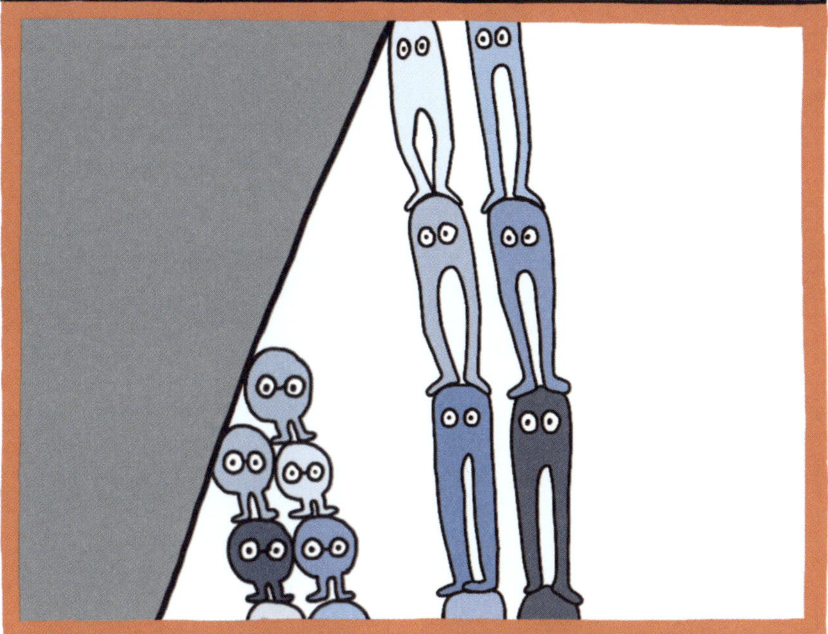

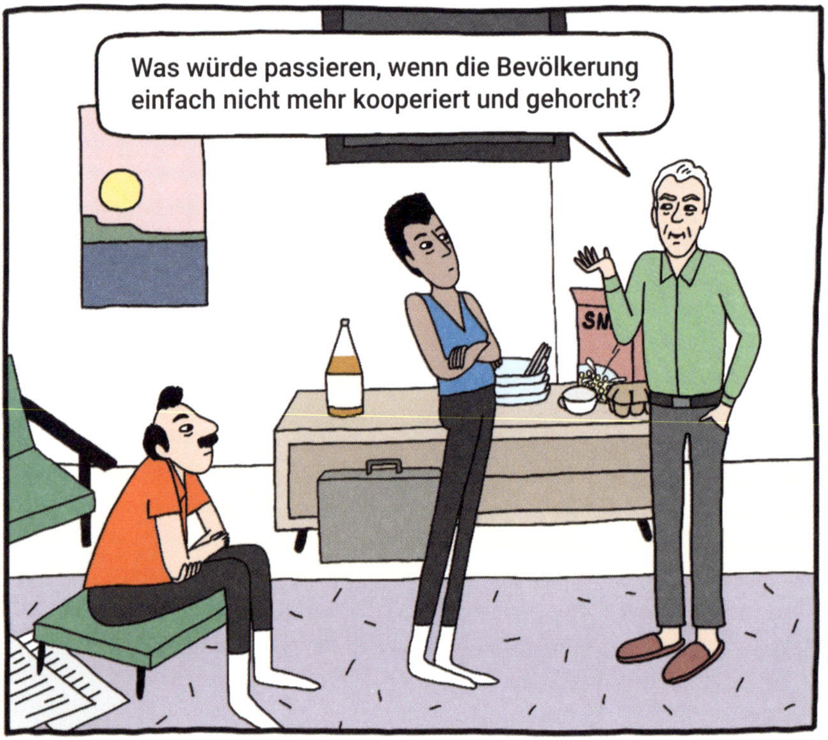

Was würde passieren, wenn die Bevölkerung einfach nicht mehr kooperiert und gehorcht?

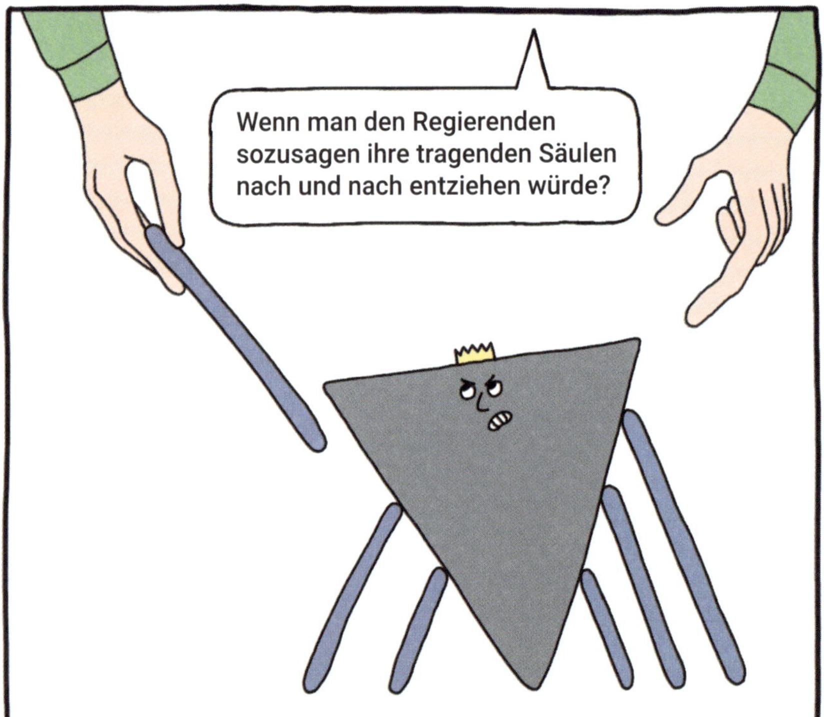

Wenn man den Regierenden sozusagen ihre tragenden Säulen nach und nach entziehen würde?

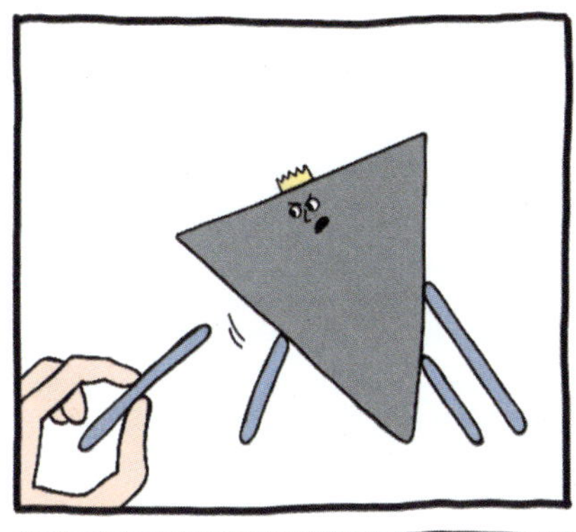

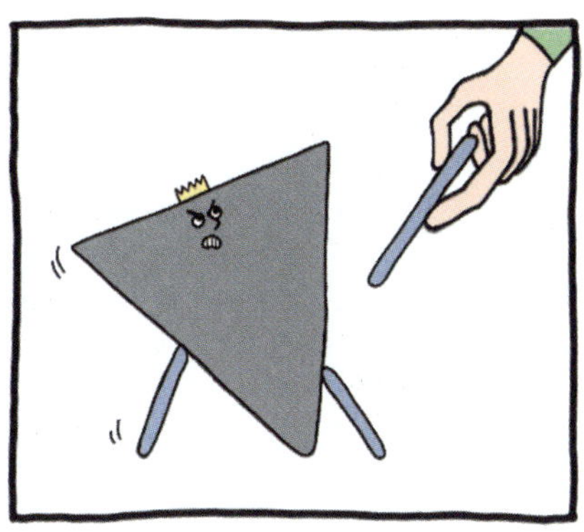

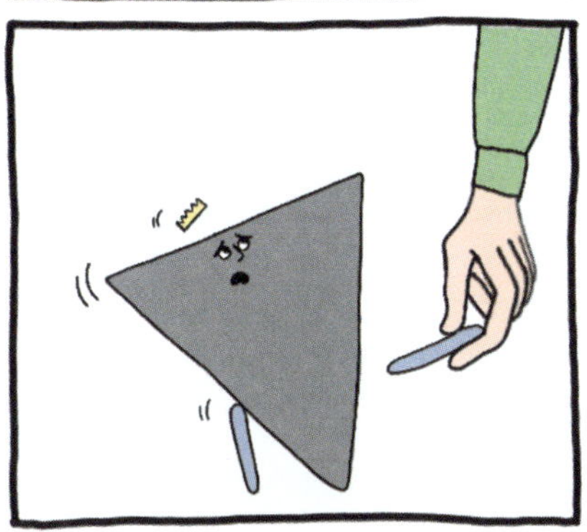

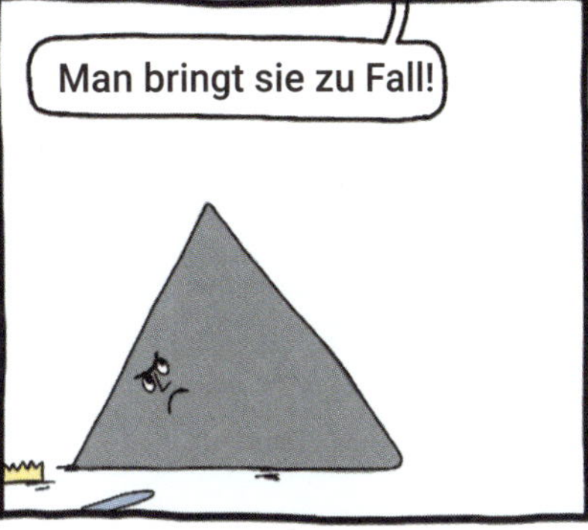
Man bringt sie zu Fall!

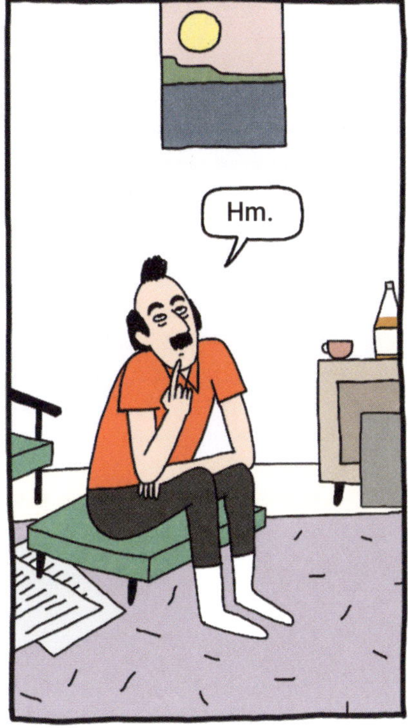
Hm.

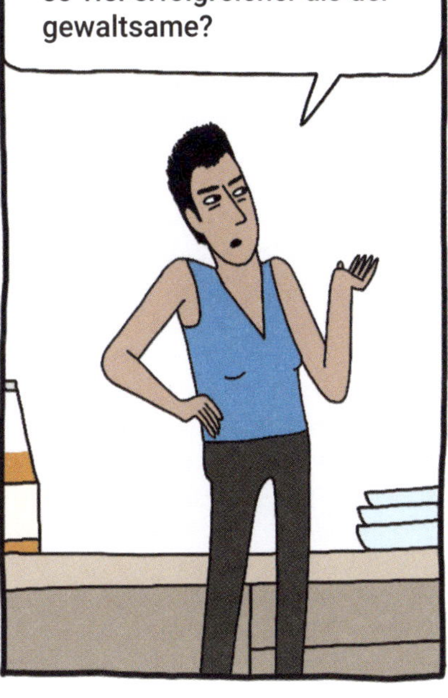
Aber warum genau ist jetzt der gewaltlose Widerstand so viel erfolgreicher als der gewaltsame?

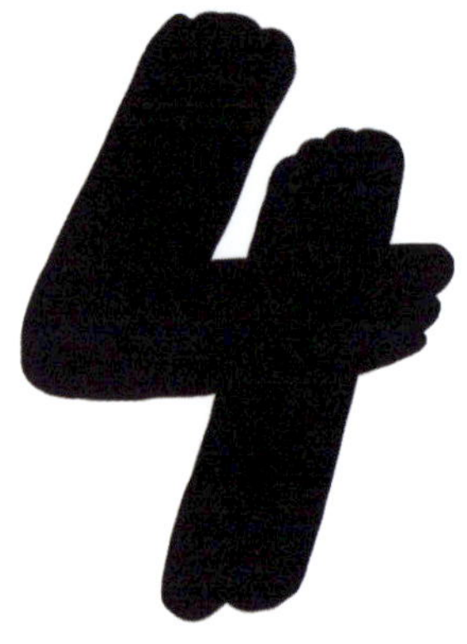

Warum ist gewaltloser Widerstand erfolgreicher?

Also dazu habe **ich** mir einige Gedanken gemacht.

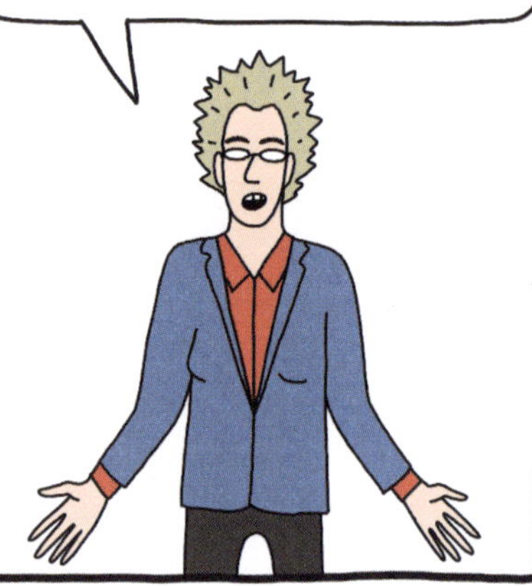

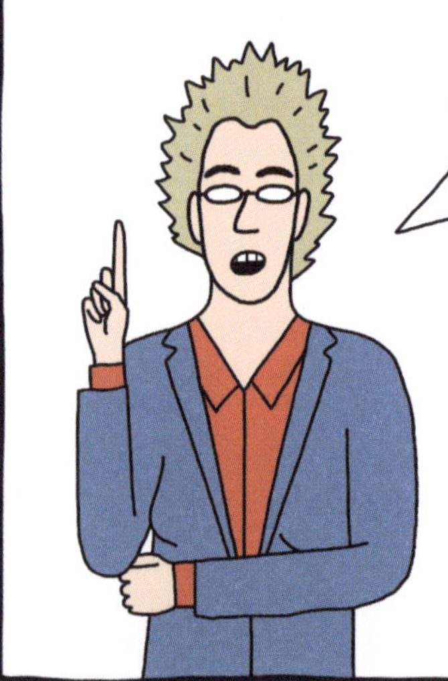

Die Geschichte zeigt, dass es in der Regel reicht, wenn nur 3,5% der Bevölkerung **aktiven gewaltlosen Widerstand** leisten, um eine Diktatur zu stürzen!

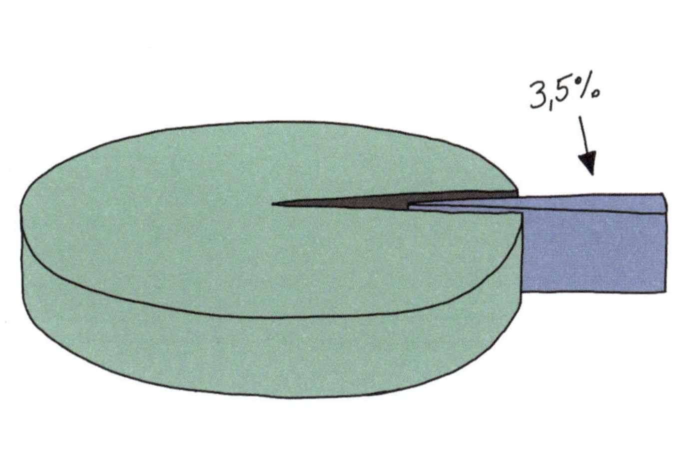

Doch es kommt nicht nur auf die Größe einer Bewegung an, sondern auch auf die Diversität![7]

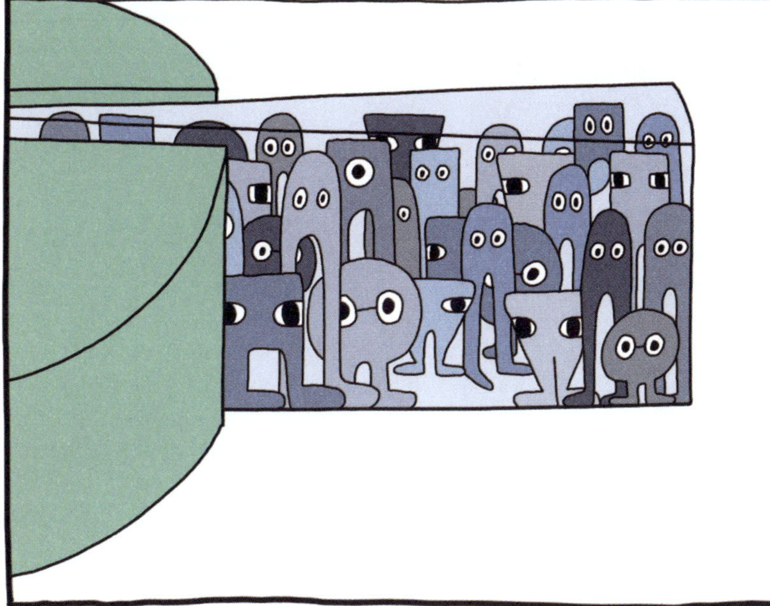

[7] Eine „diverse“ Bewegung zeichnet sich dadurch aus, dass Menschen aller Gesellschaftsschichten und Berufsfelder, Altersklassen, Geschlechter, Religionszugehörigkeiten usw. an ihr teilnehmen.

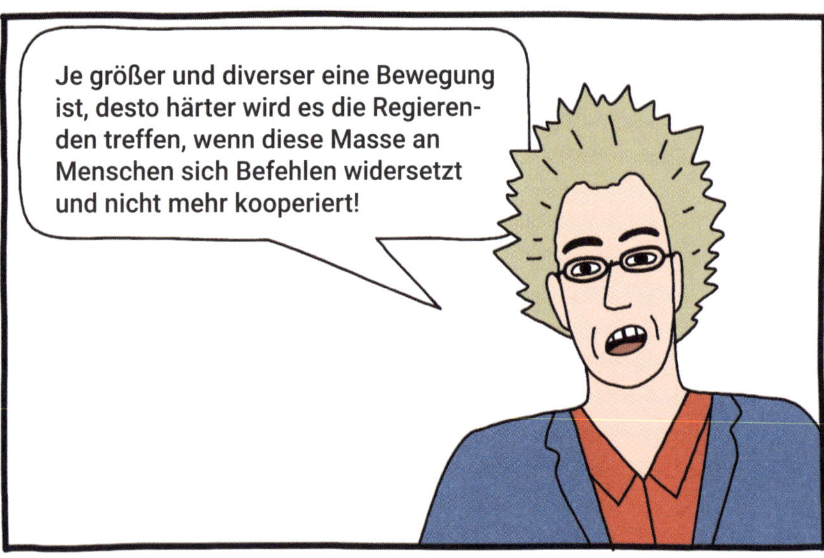

Je diverser eine Masse ist, umso besser ist sie vernetzt und umso wahrscheinlicher ist es, dass auch Unterstützer*innen des Regimes früher oder später beginnen, mit der Bewegung zu sympathisieren.

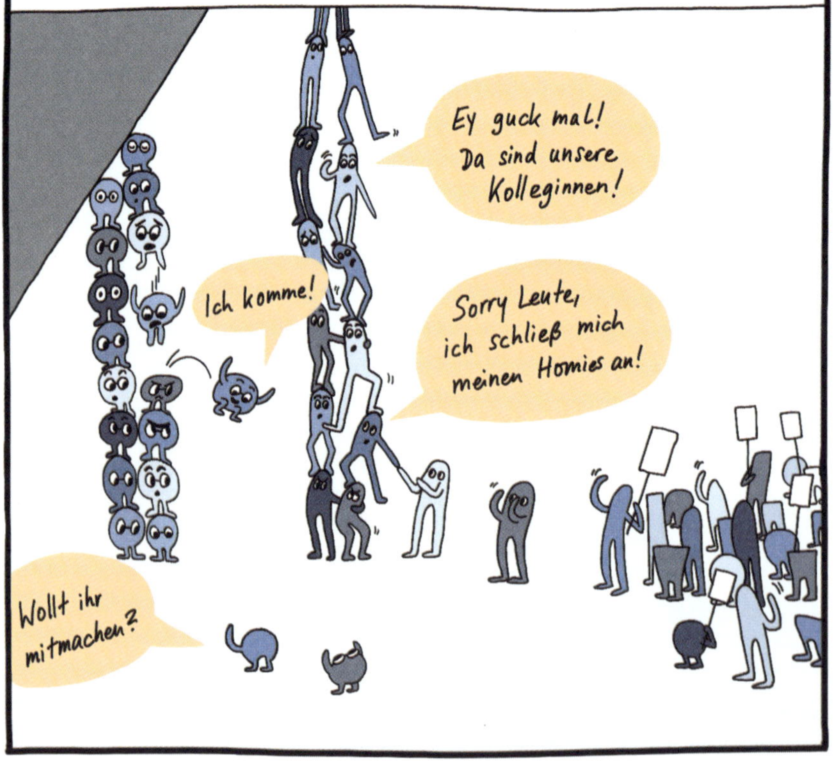

In einer diversen Bewegung finden sich Menschen mit diversen Fähigkeiten und Kenntnissen, wodurch immer wieder neue Taktiken entwickelt werden können und die Bewegung **anpassungsfähiger** und **widerstandsfähiger** ist, wenn sie Repressionen erfährt.

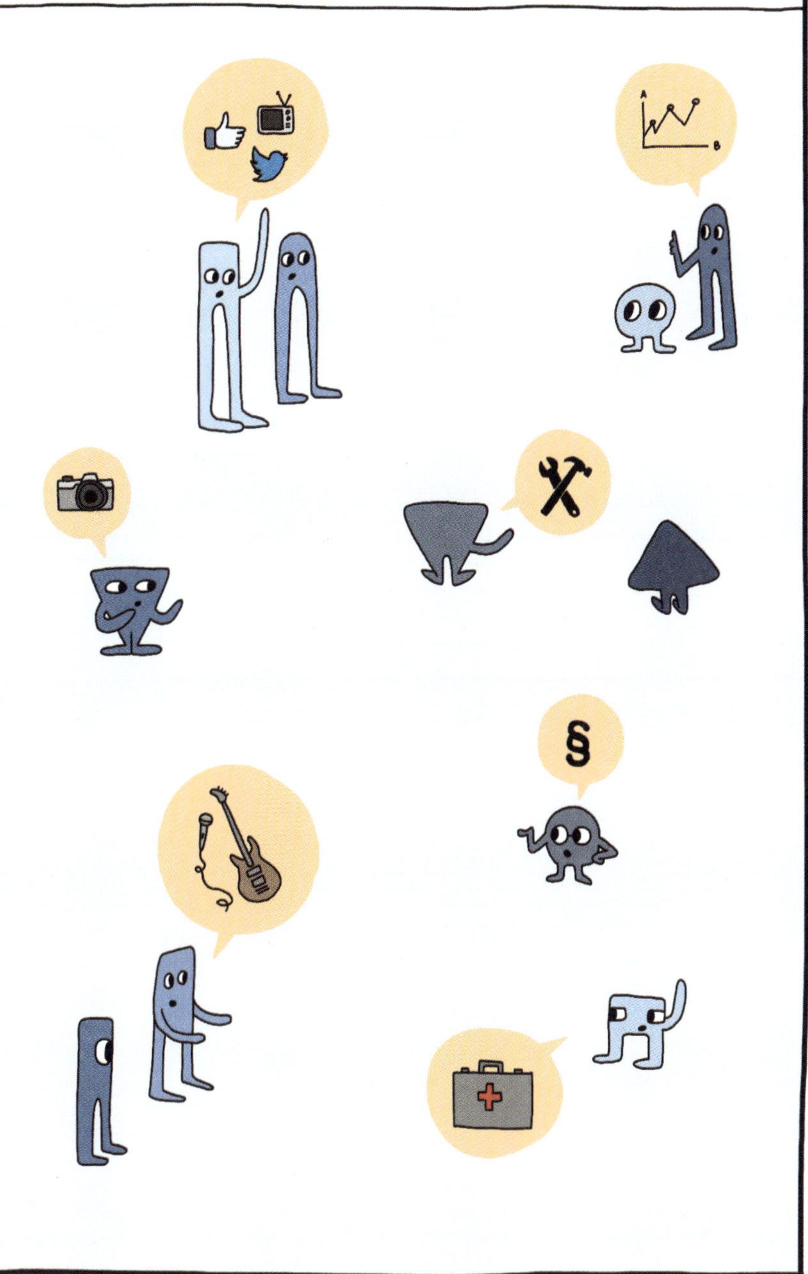

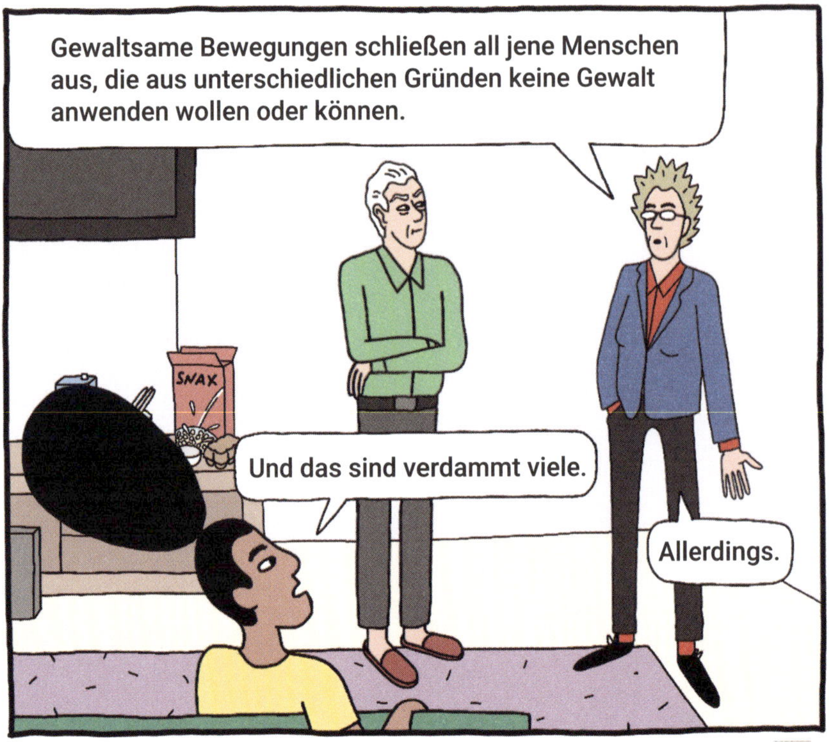

Gewaltsame Bewegungen schließen all jene Menschen aus, die aus unterschiedlichen Gründen keine Gewalt anwenden wollen oder können.

SNAX

Und das sind verdammt viele.

Allerdings.

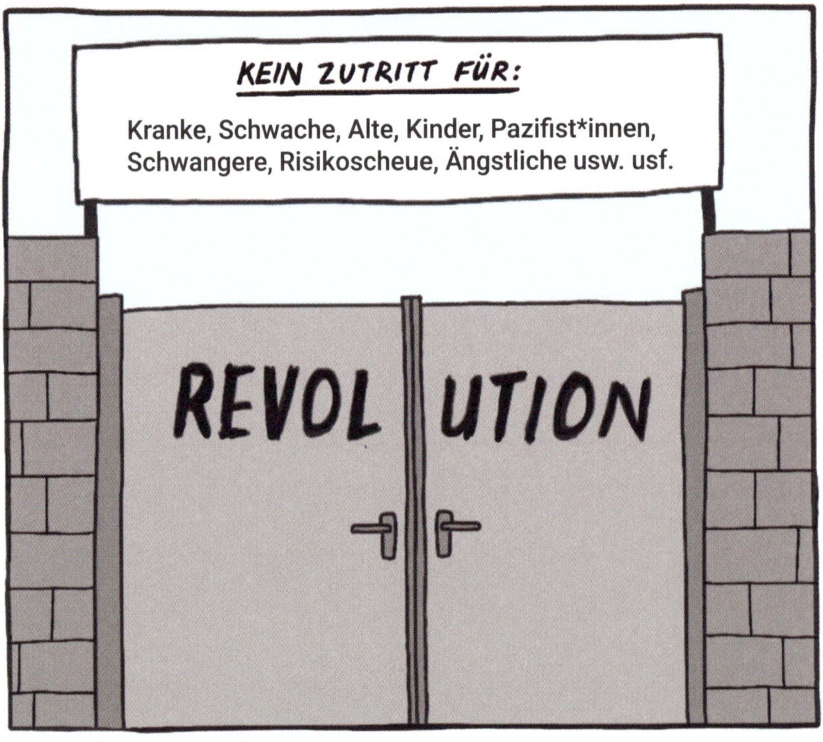

KEIN ZUTRITT FÜR:

Kranke, Schwache, Alte, Kinder, Pazifist*innen, Schwangere, Risikoscheue, Ängstliche usw. usf.

REVOL UTION

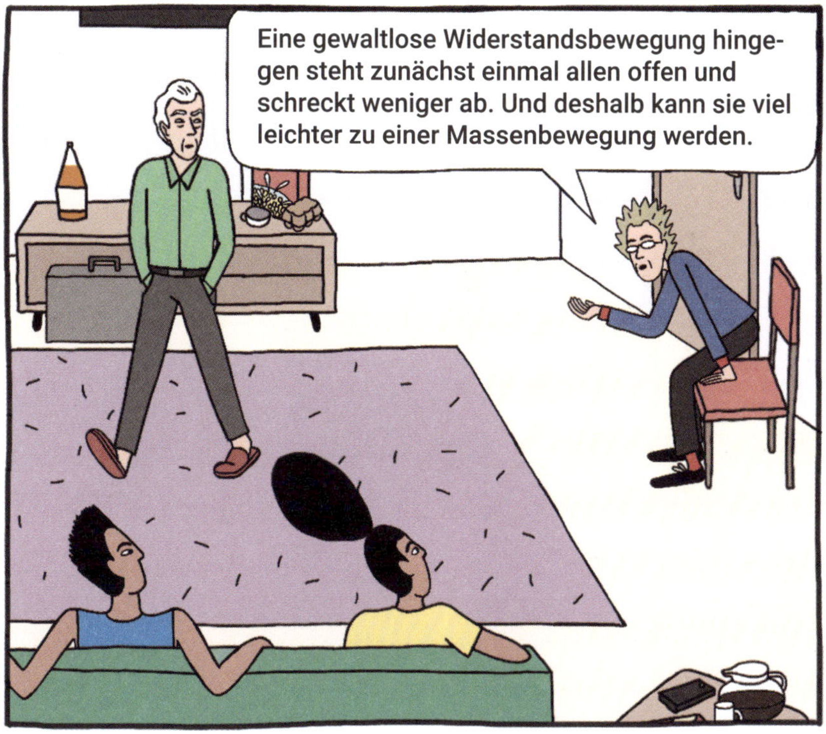

Eine gewaltlose Widerstandsbewegung hingegen steht zunächst einmal allen offen und schreckt weniger ab. Und deshalb kann sie viel leichter zu einer Massenbewegung werden.

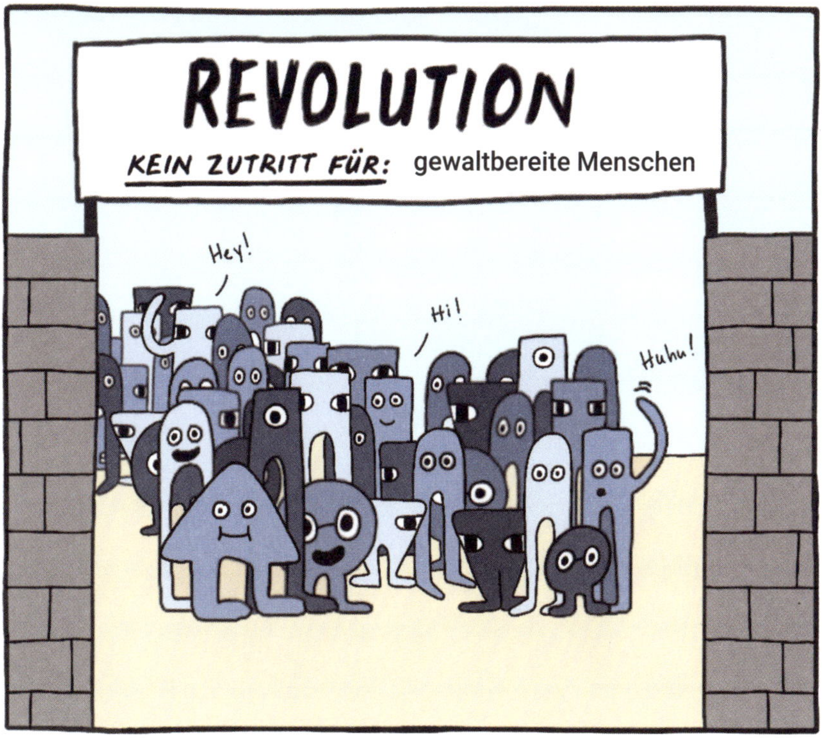

REVOLUTION

KEIN ZUTRITT FÜR: gewaltbereite Menschen

Hey!

Hi!

Huhu!

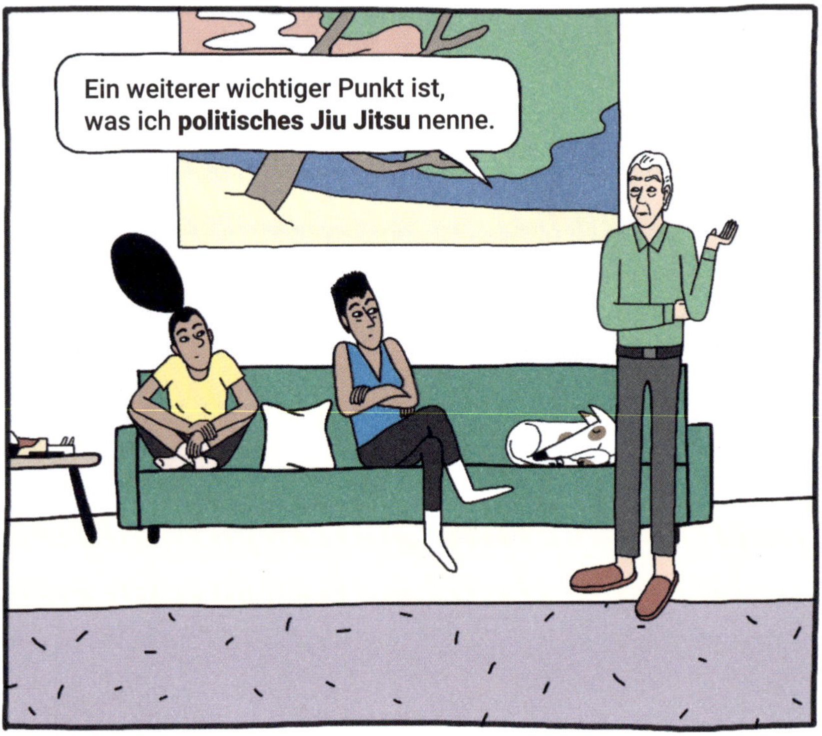

Ein weiterer wichtiger Punkt ist,
was ich **politisches Jiu Jitsu** nenne.

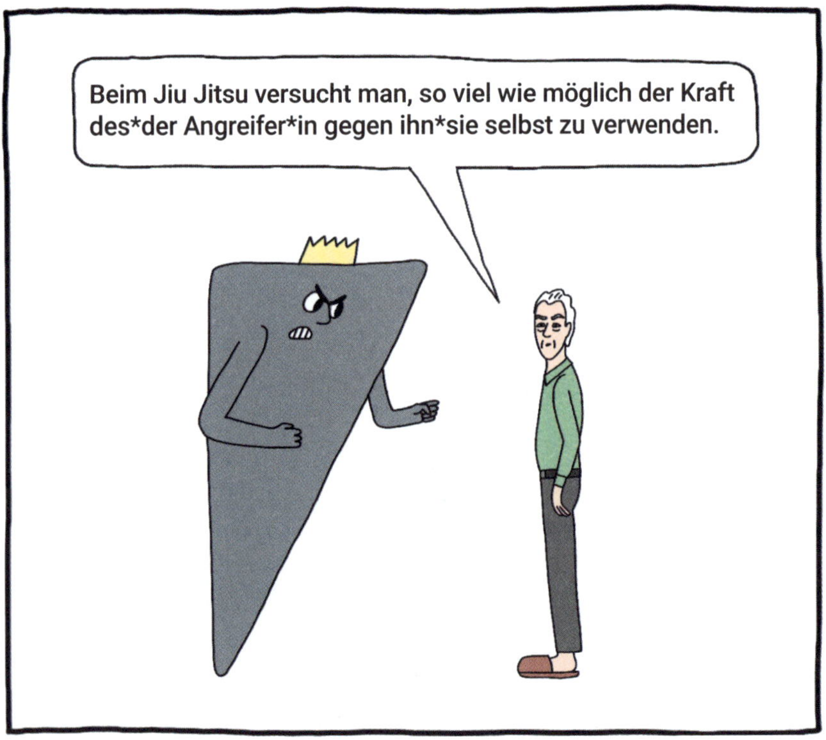

Beim Jiu Jitsu versucht man, so viel wie möglich der Kraft
des*der Angreifer*in gegen ihn*sie selbst zu verwenden.

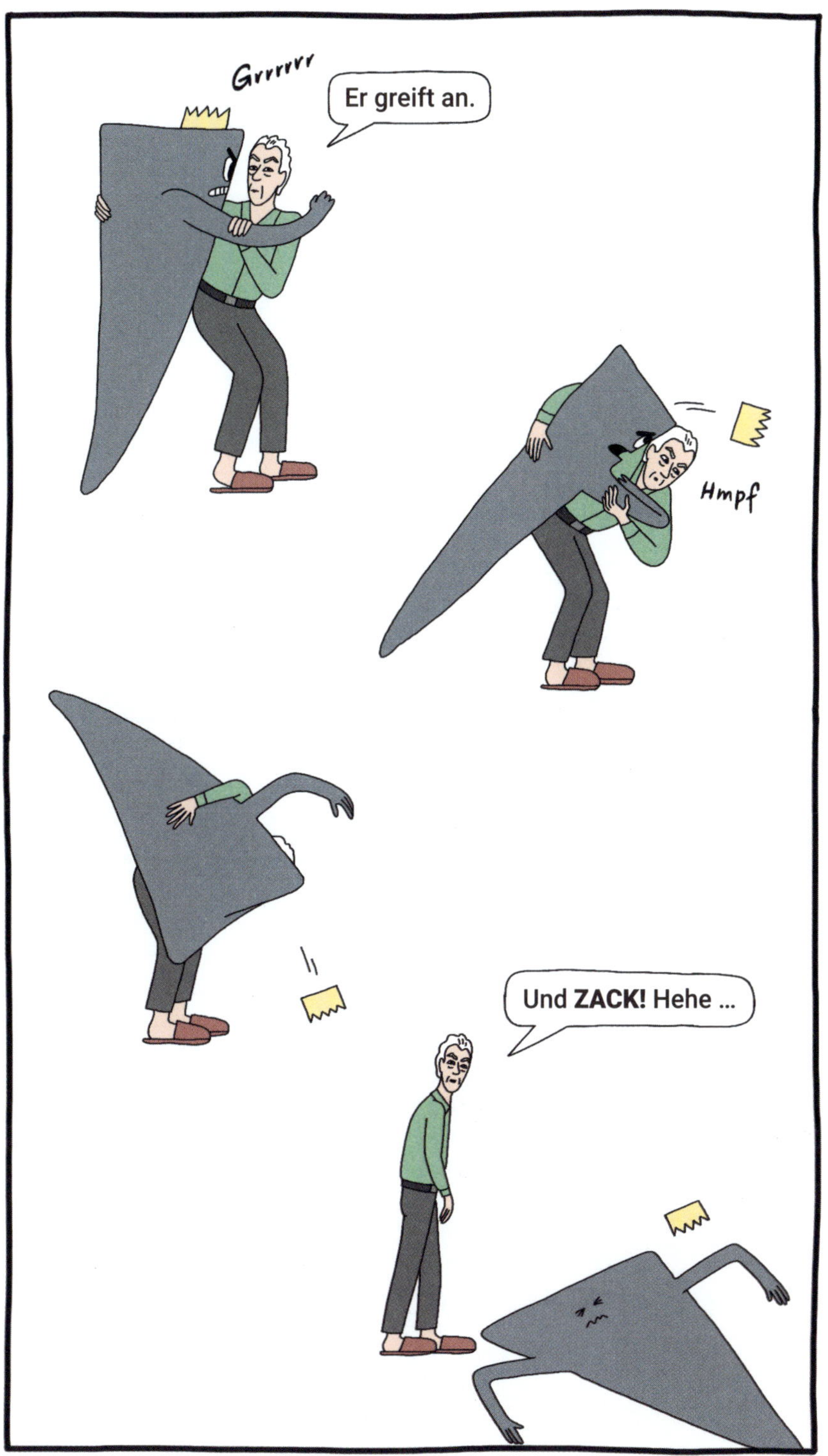
Grrrrrr
Er greift an.
Hmpf
Und **ZACK!** Hehe ...

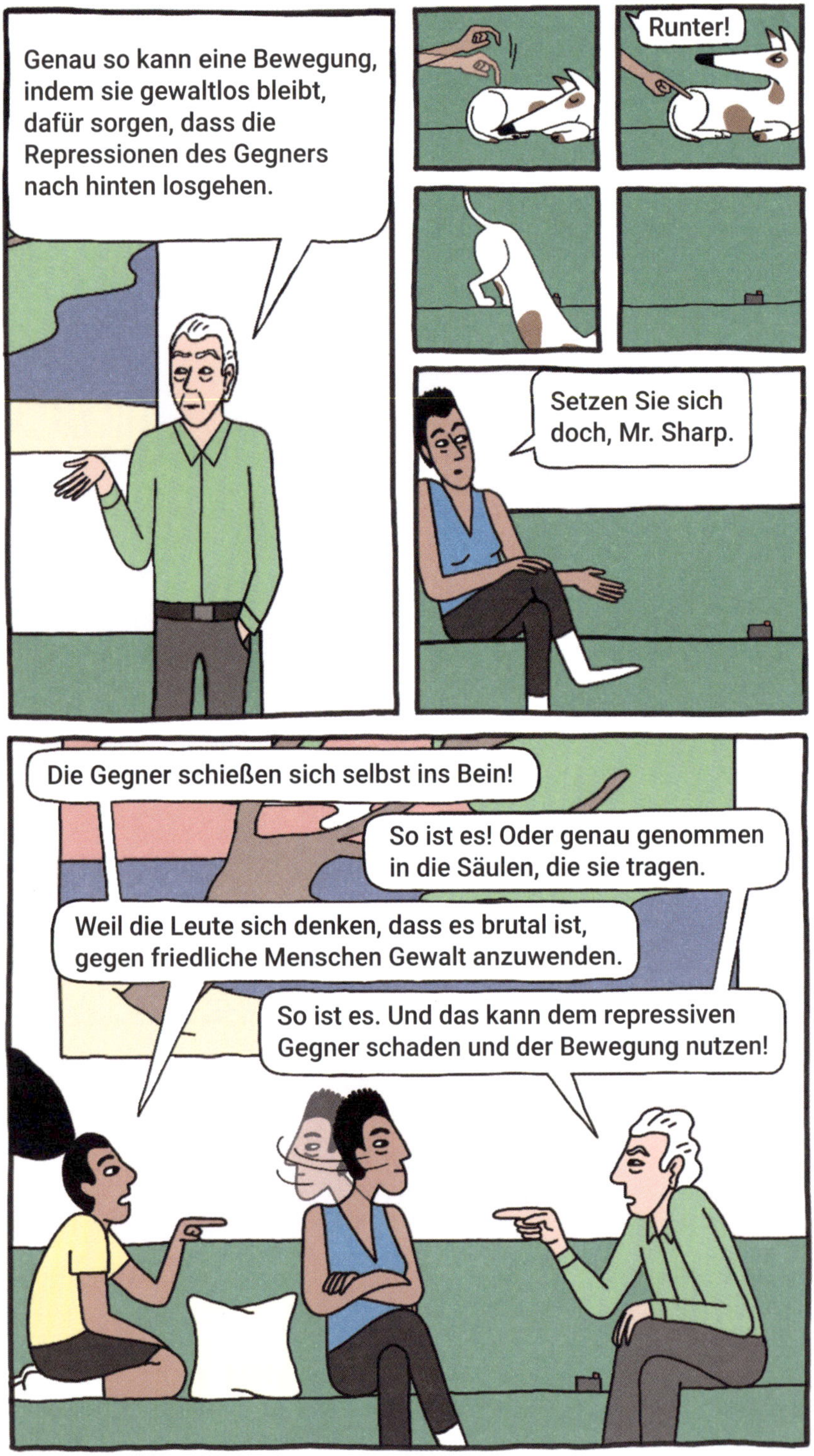

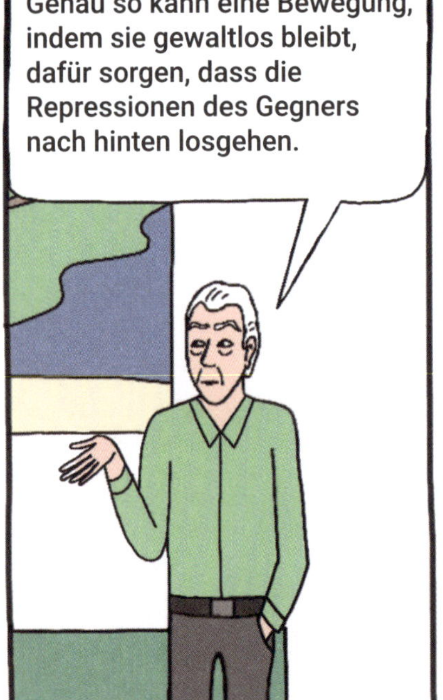

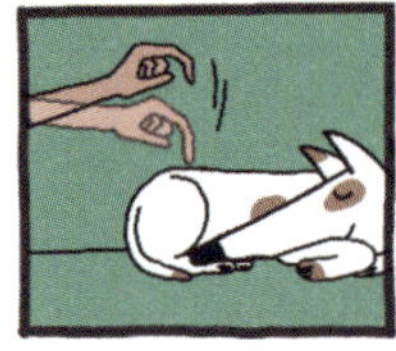

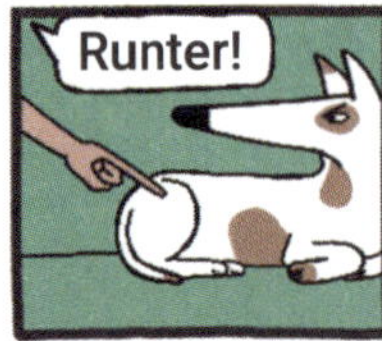

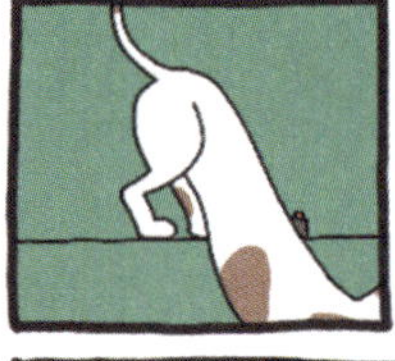

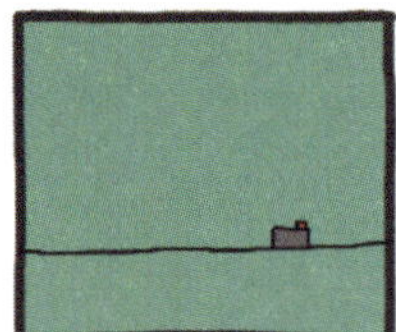

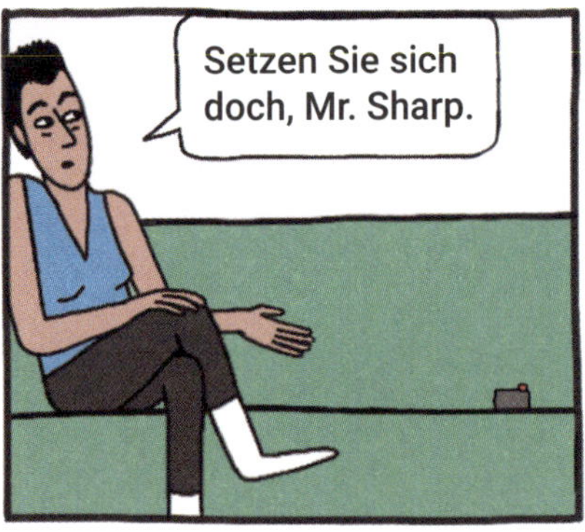

Die Gegner schießen sich selbst ins Bein!

So ist es! Oder genau genommen in die Säulen, die sie tragen.

Weil die Leute sich denken, dass es brutal ist, gegen friedliche Menschen Gewalt anzuwenden.

So ist es. Und das kann dem repressiven Gegner schaden und der Bewegung nutzen!

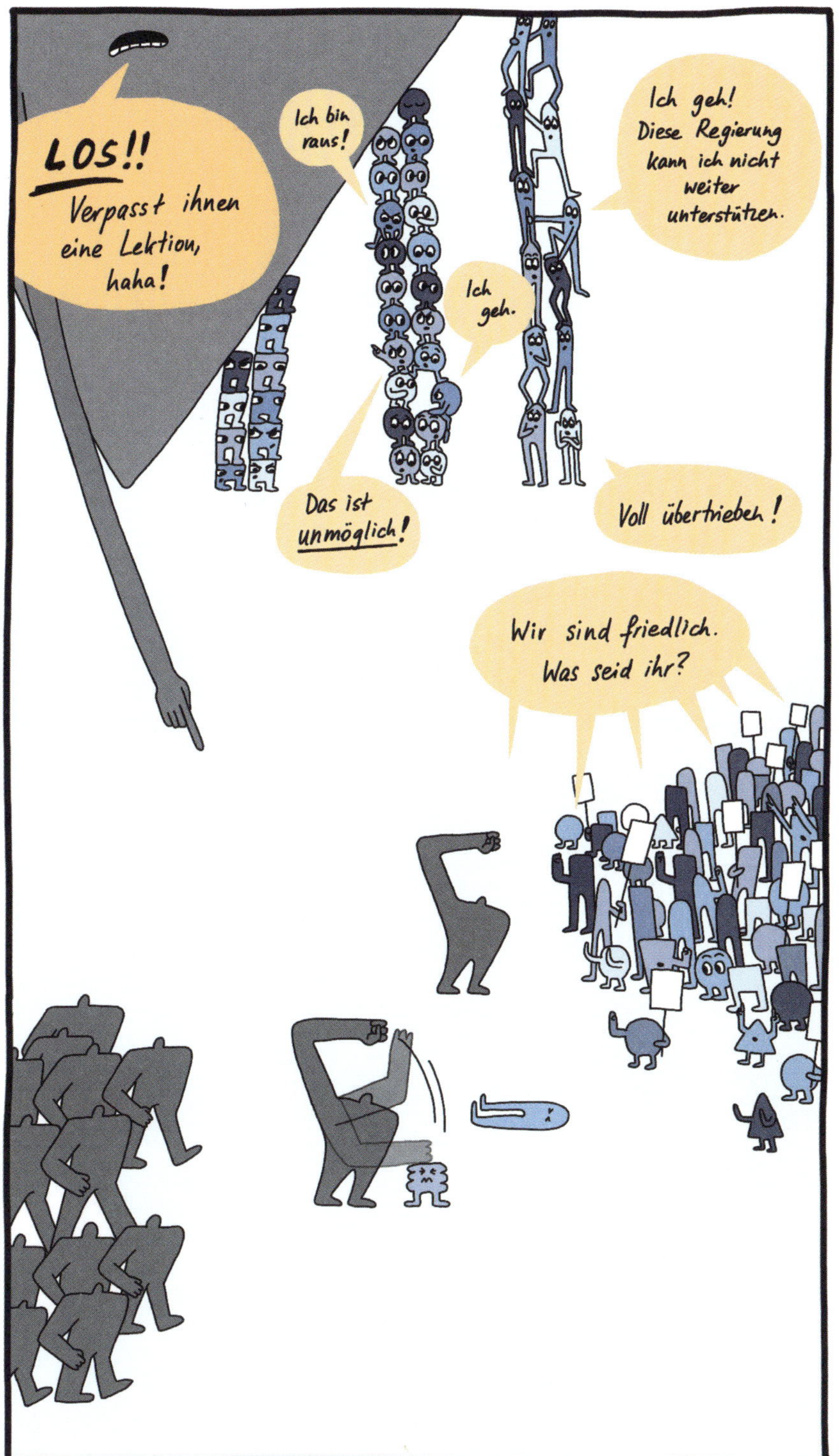
LOS!!
Verpasst ihnen eine Lektion, haha!
Ich bin raus!
Ich geh!
Diese Regierung kann ich nicht weiter unterstützen.
Ich geh.
Das ist unmöglich!
Voll übertrieben!
Wir sind friedlich.
Was seid ihr?

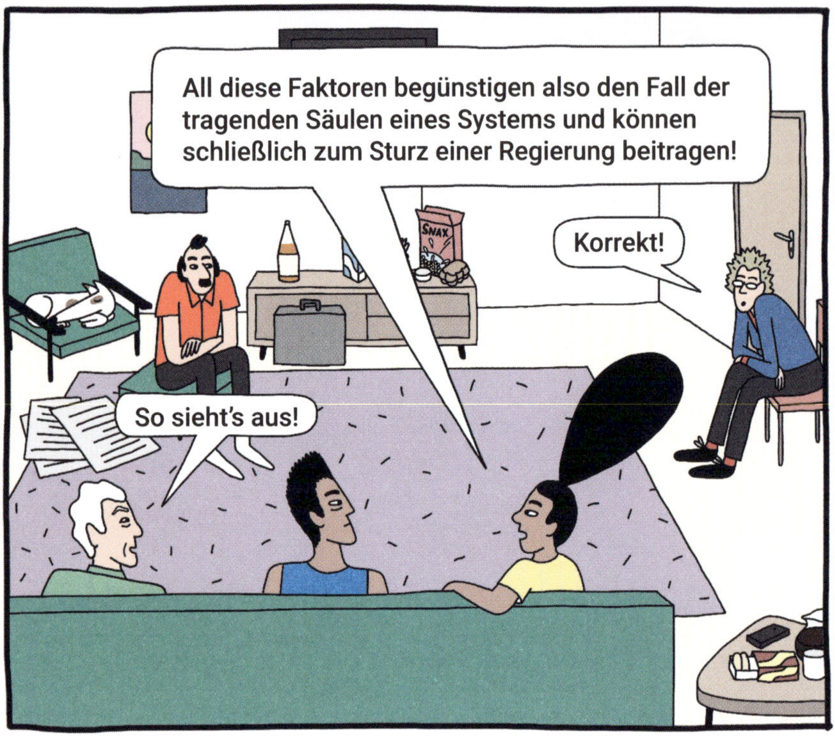

All diese Faktoren begünstigen also den Fall der tragenden Säulen eines Systems und können schließlich zum Sturz einer Regierung beitragen!

Korrekt!

So sieht's aus!

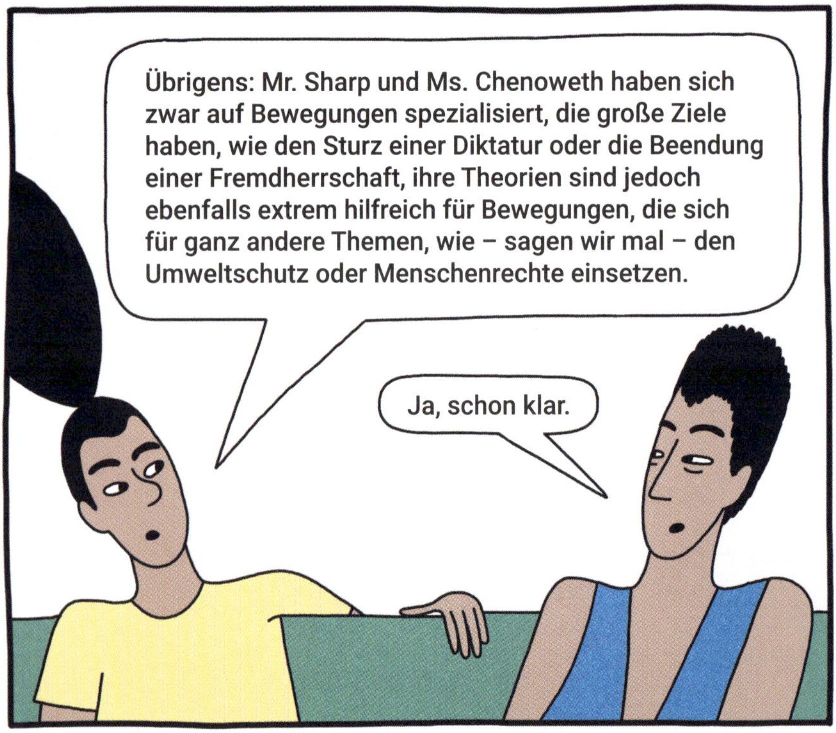

Übrigens: Mr. Sharp und Ms. Chenoweth haben sich zwar auf Bewegungen spezialisiert, die große Ziele haben, wie den Sturz einer Diktatur oder die Beendung einer Fremdherrschaft, ihre Theorien sind jedoch ebenfalls extrem hilfreich für Bewegungen, die sich für ganz andere Themen, wie – sagen wir mal – den Umweltschutz oder Menschenrechte einsetzen.

Ja, schon klar.

5 Spontan oder organisiert?

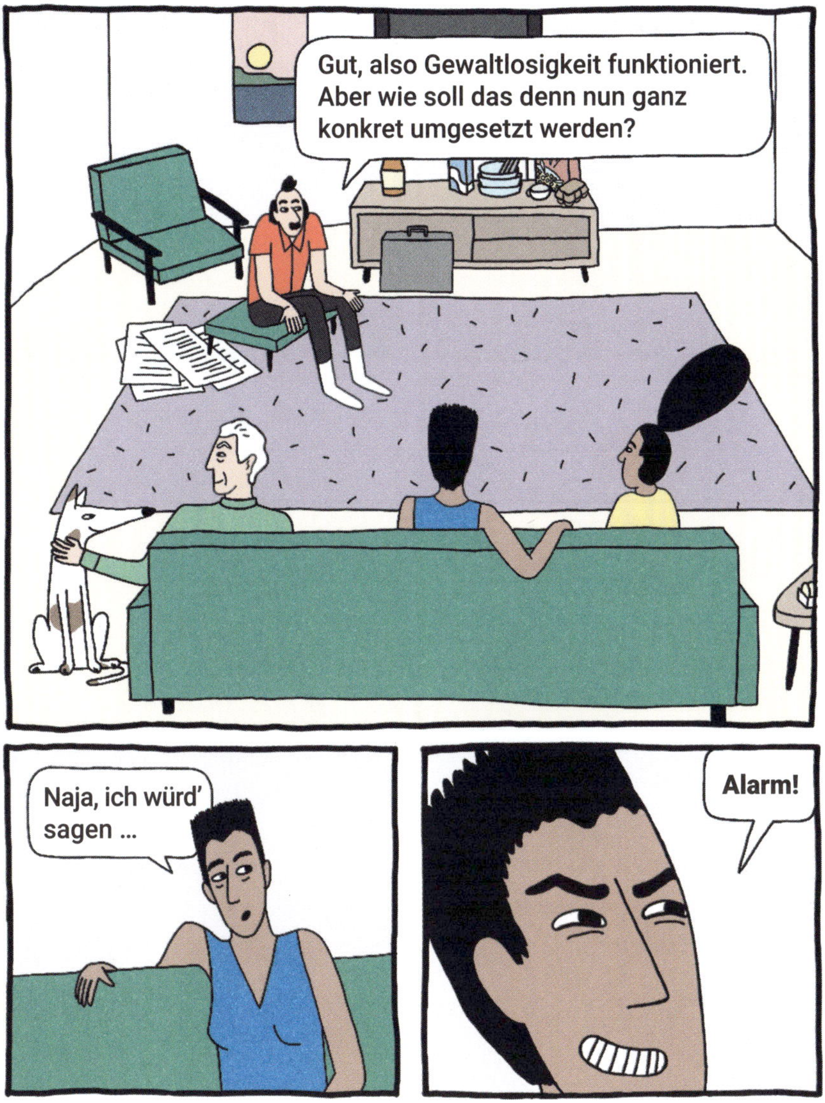

Gut, also Gewaltlosigkeit funktioniert. Aber wie soll das denn nun ganz konkret umgesetzt werden?

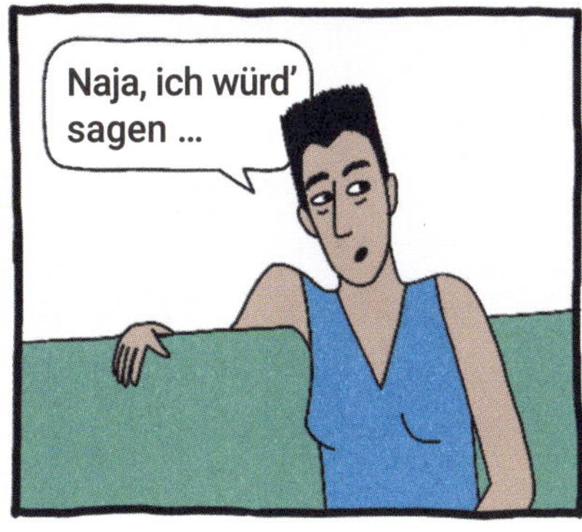

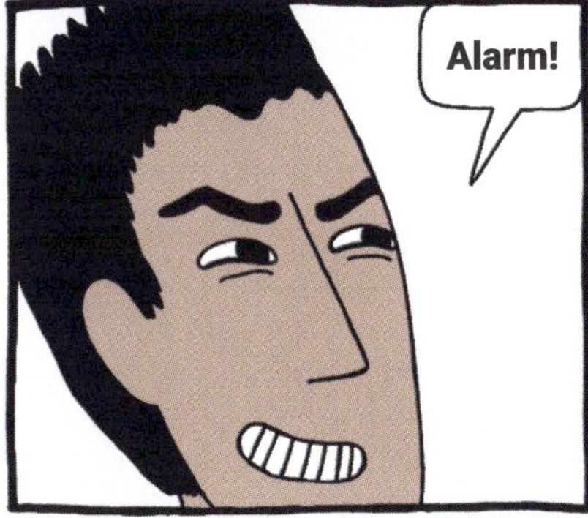

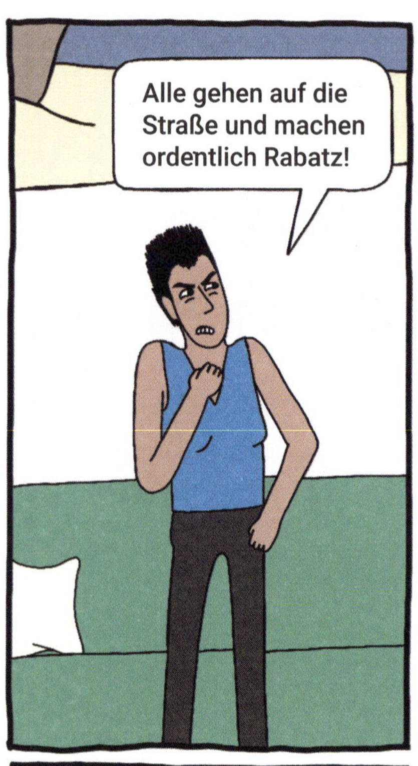
Alle gehen auf die Straße und machen ordentlich Rabatz!

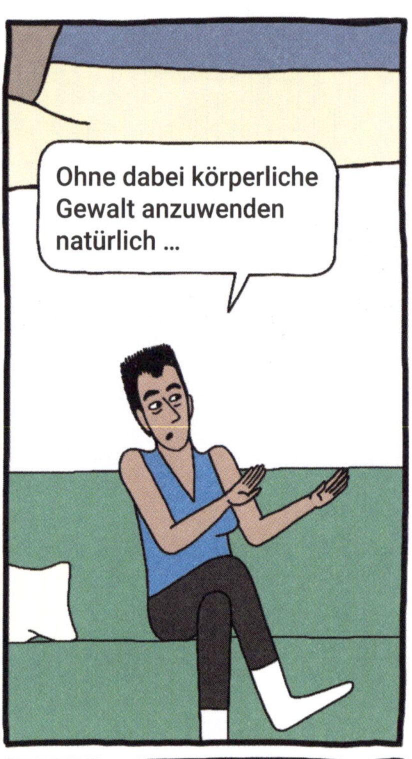
Ohne dabei körperliche Gewalt anzuwenden natürlich ...

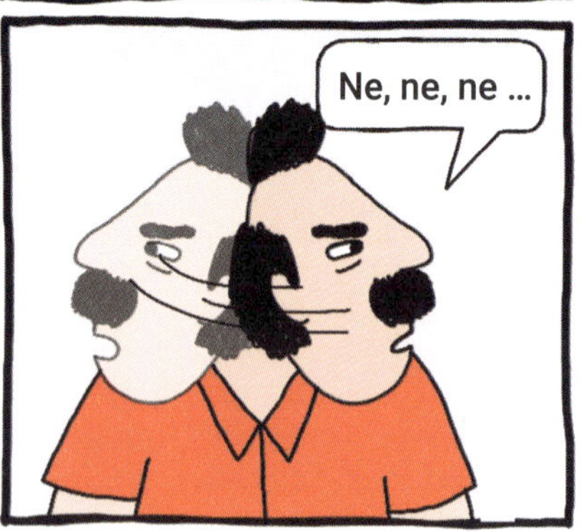
Ne, ne, ne ...

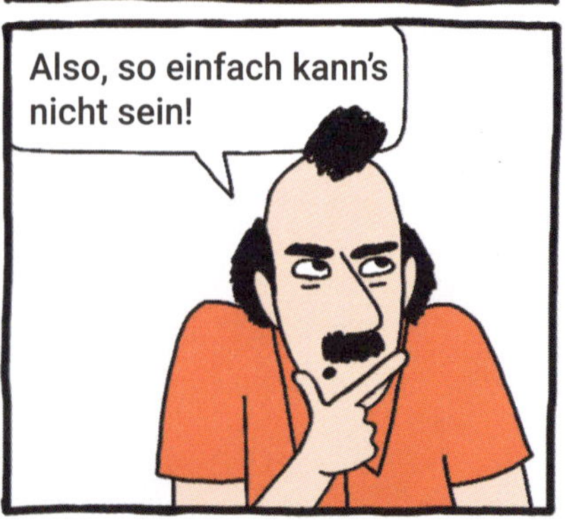
Also, so einfach kann's nicht sein!

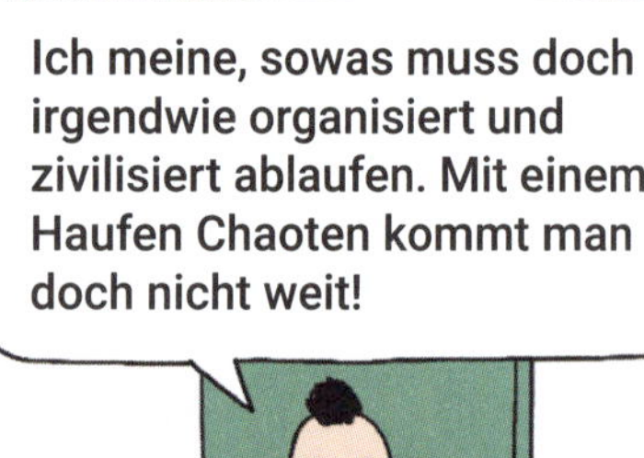
Ich meine, sowas muss doch irgendwie organisiert und zivilisiert ablaufen. Mit einem Haufen Chaoten kommt man doch nicht weit!

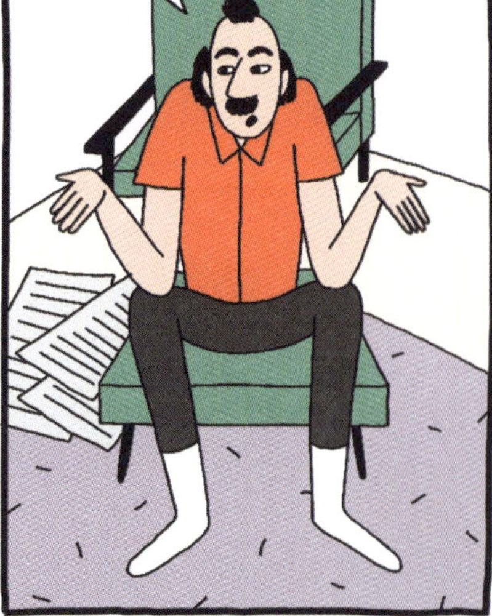

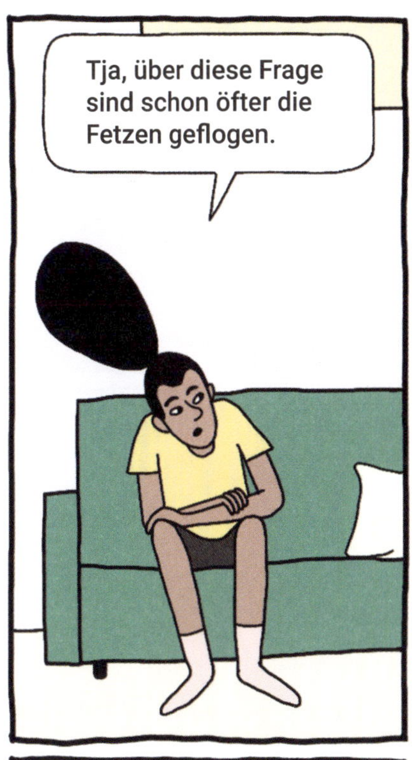
Tja, über diese Frage sind schon öfter die Fetzen geflogen.

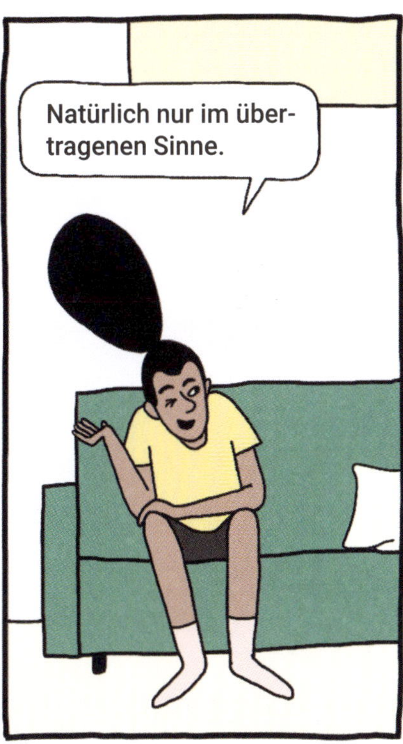
Natürlich nur im übertragenen Sinne.

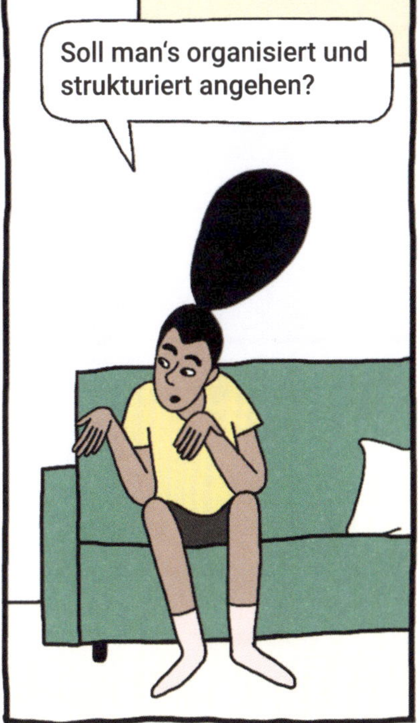
Soll man‘s organisiert und strukturiert angehen?

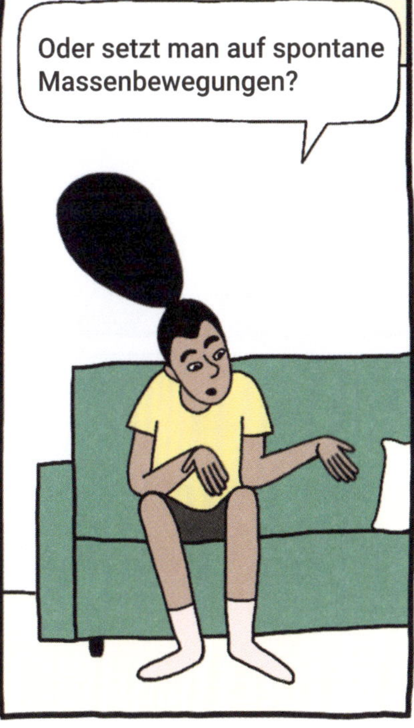
Oder setzt man auf spontane Massenbewegungen?

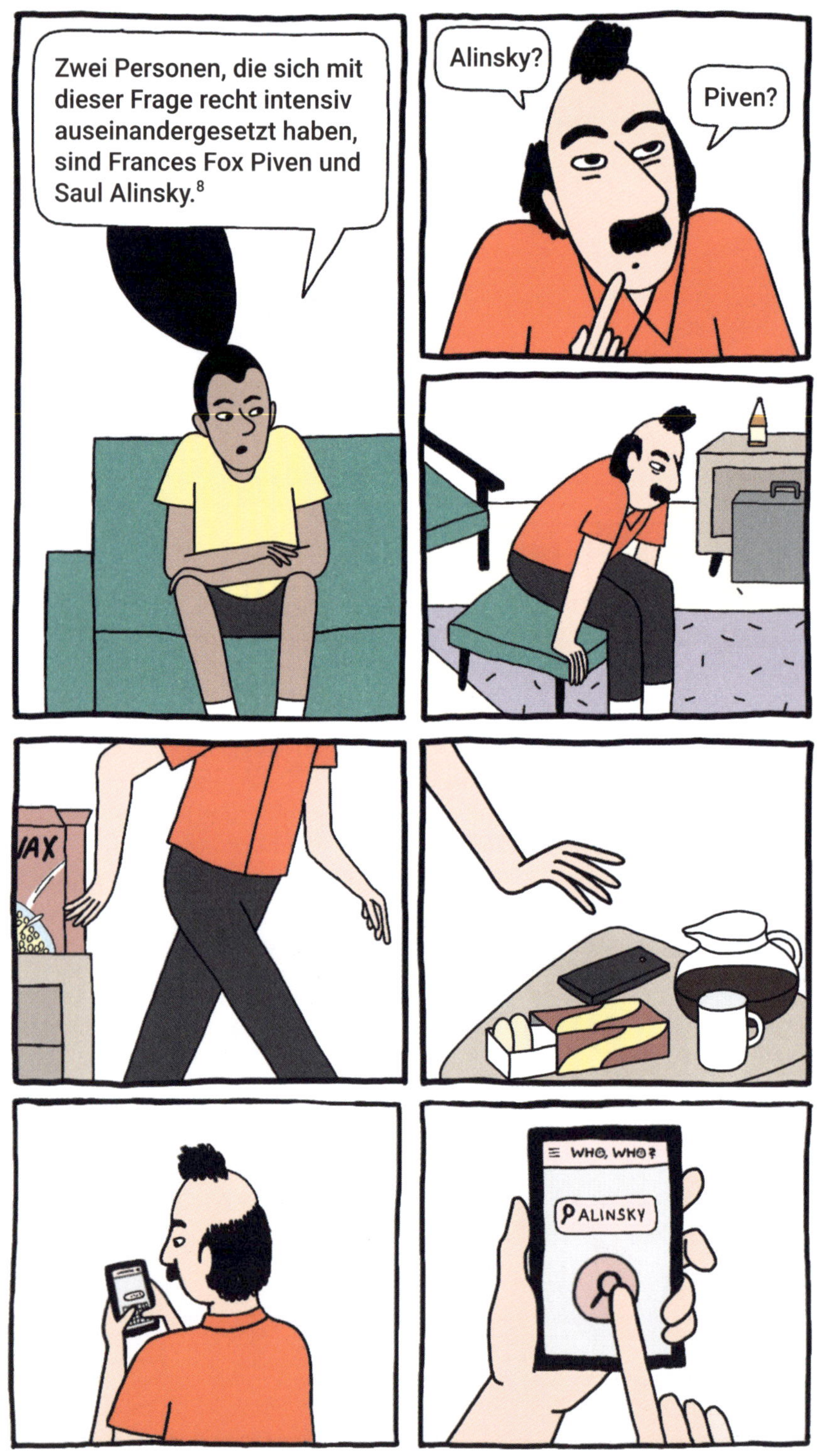

8 Für eine ausführliche Gegenüberstellung der unterschiedlichen Positionen von Alinsky und Piven; siehe Engler und Engler 2016.

WHO, WHO?

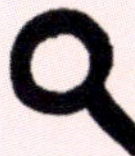

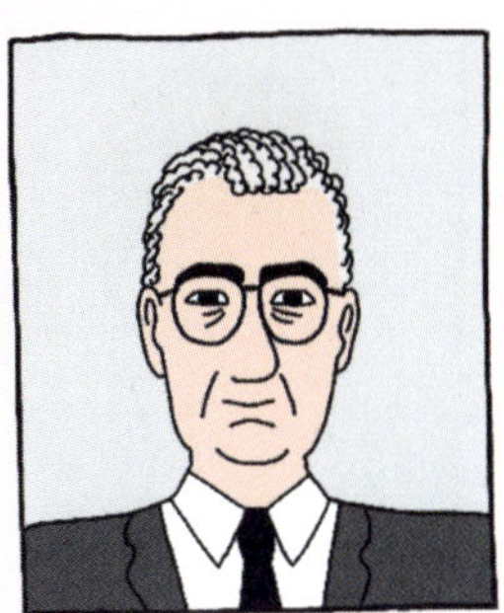

Saul Alinsky

1909–1972, war ein US-amerikanischer Bürgerrechtler und Autor des Buches *Rules for Radicals*. Er gilt als Wegbereiter des *Community Organizing*, einer Methode, mit der Menschen, die wenig Einfluss haben, bemächtigt werden sollen, Probleme, die sie persönlich betreffen, gemeinsam anzugehen und Veränderungen zu bewirken.
Alinsky plädierte für das Bilden stabiler, langlebiger Organisationen, die auf lokaler Ebene konkrete und realistische Ziele verfolgen. Massenbewegungen stand er kritisch gegenüber.

- **Biografie**
- **Community Organizing**

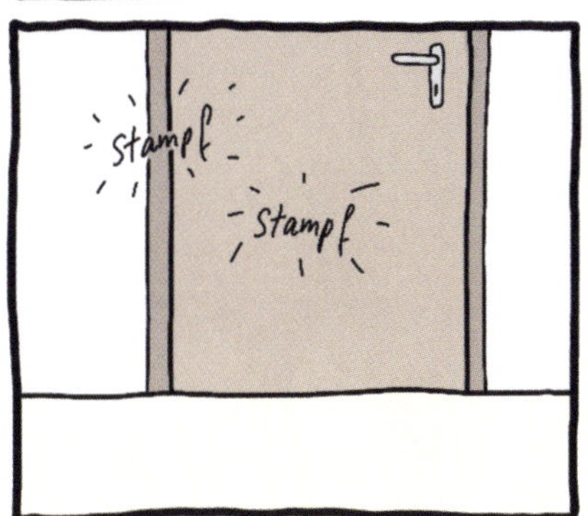

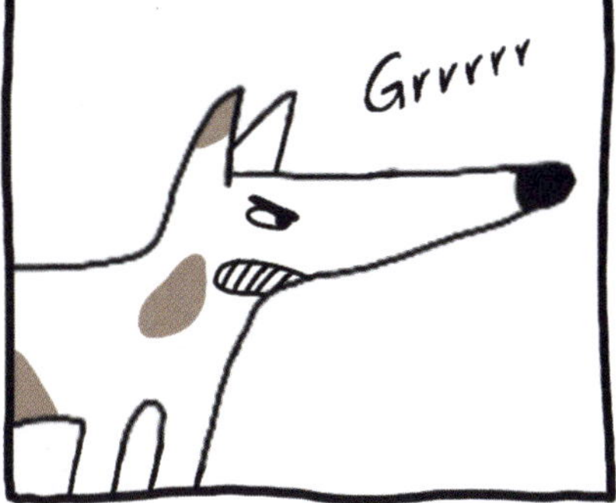

☰ WHO, WHO? 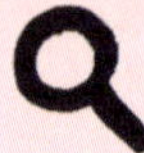

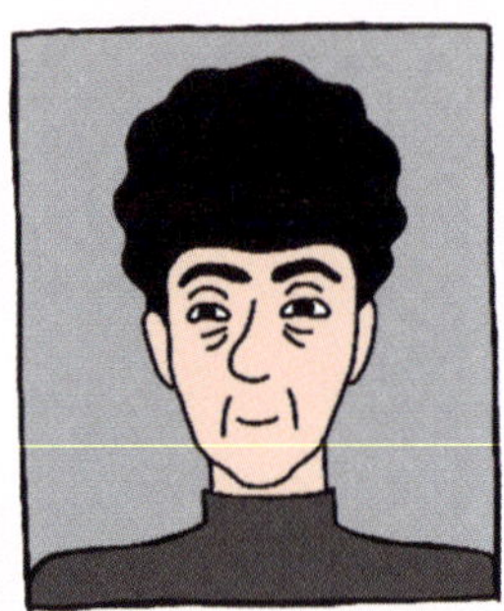

Frances Fox Piven

geb. 1932, ist eine kanadische Aktivistin und Professorin für Politikwissenschaften und Soziologie. Auch sie beschäftigt sich mit der Frage, wie arme Menschen politischen Einfluss ausüben können, um ihre Lage zu verbessern. Anders als Alinsky geht sie davon aus, dass große Veränderungen nicht durch langwierige Bemühungen organisierter Gruppen, sondern durch kurz anhaltende, durch Massenbewegungen erzeugte *„Big Bang"-Momente* entstehen.

▸ **Biografie**

▾ **Werke**

Why Americans Don't Vote
Poor People's Movements: Why they Succeed, How they Fail

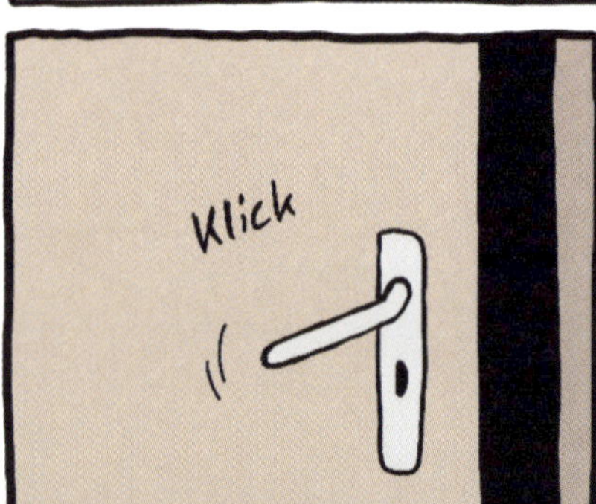

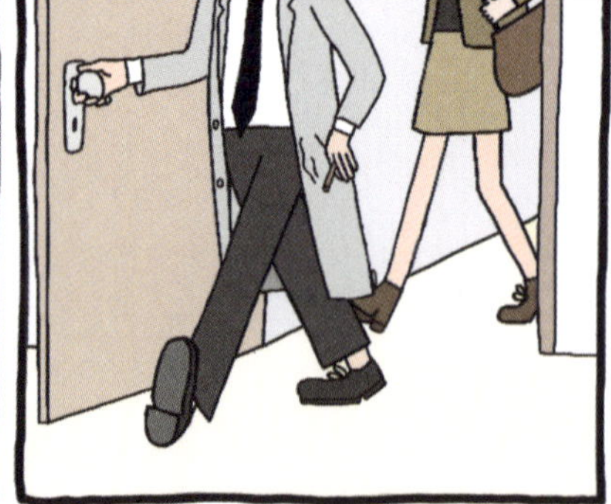

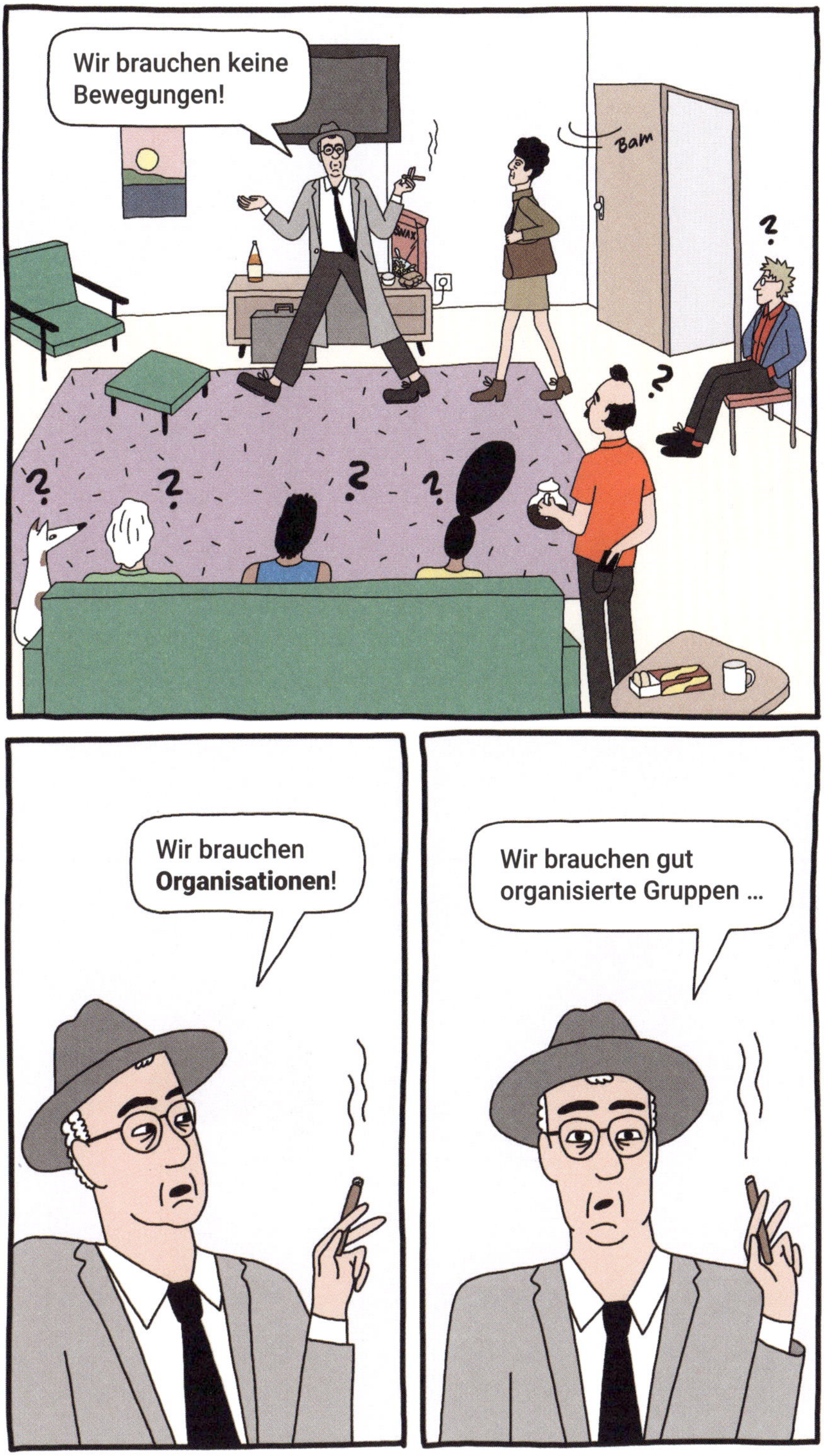

Wir brauchen keine Bewegungen!
Bam
SNAX

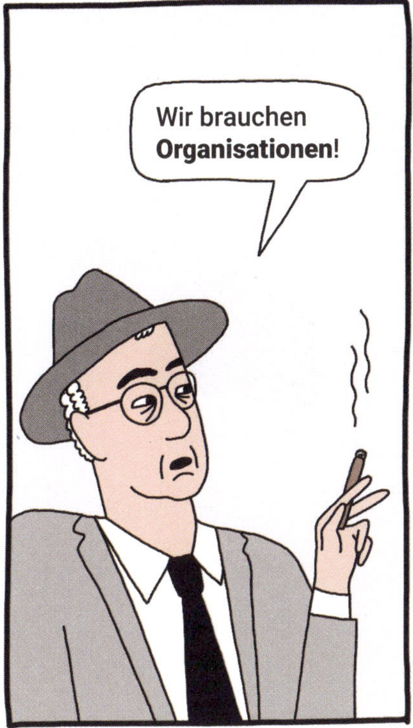
Wir brauchen **Organisationen**!

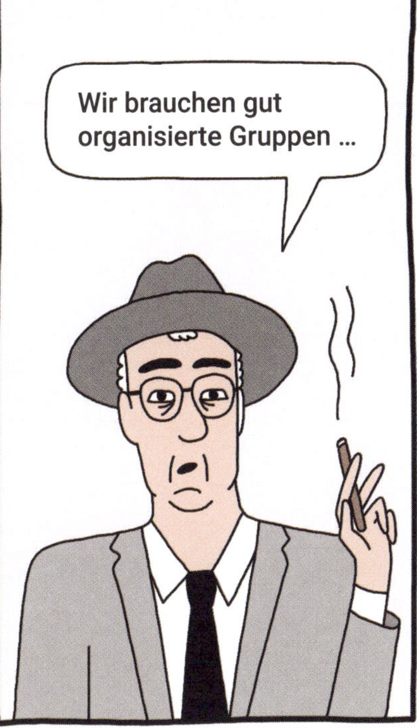
Wir brauchen gut organisierte Gruppen …

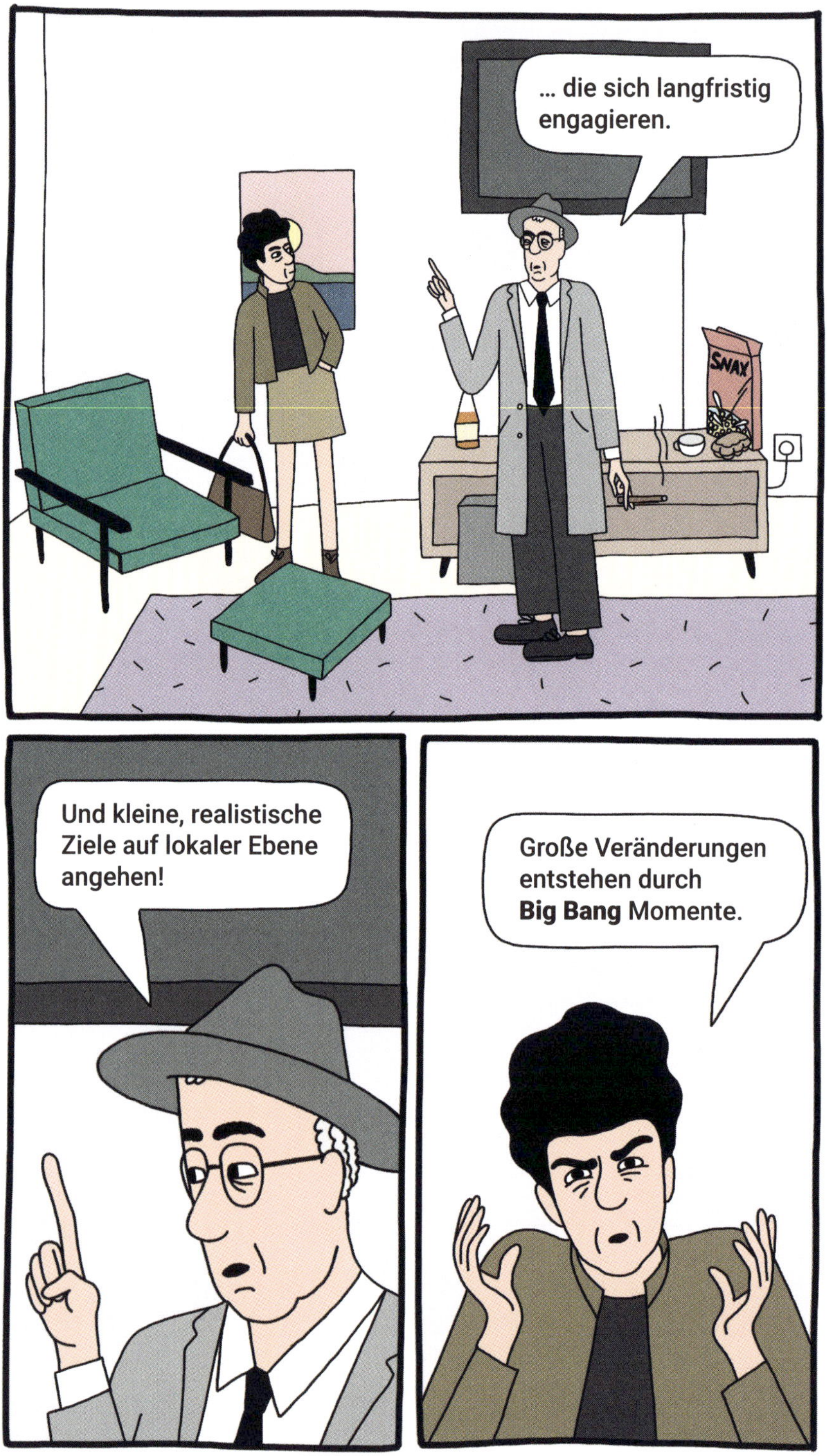

... die sich langfristig
engagieren.

SNAX

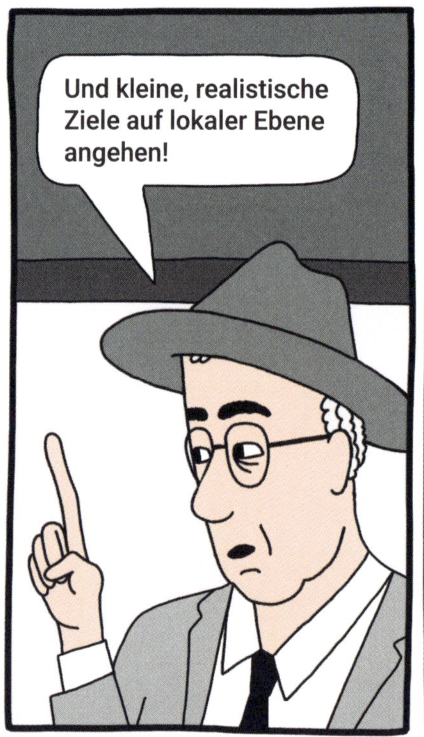

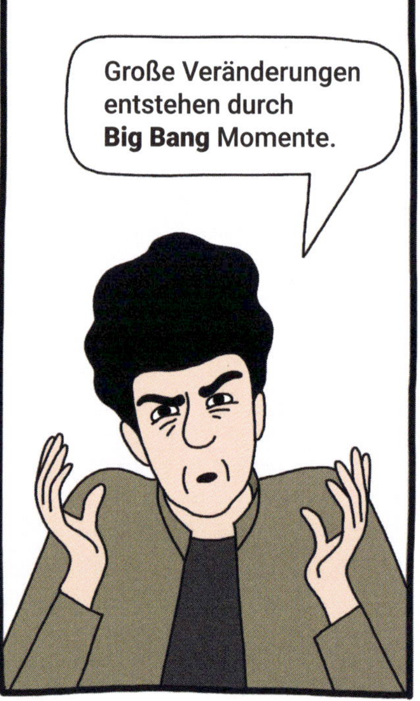

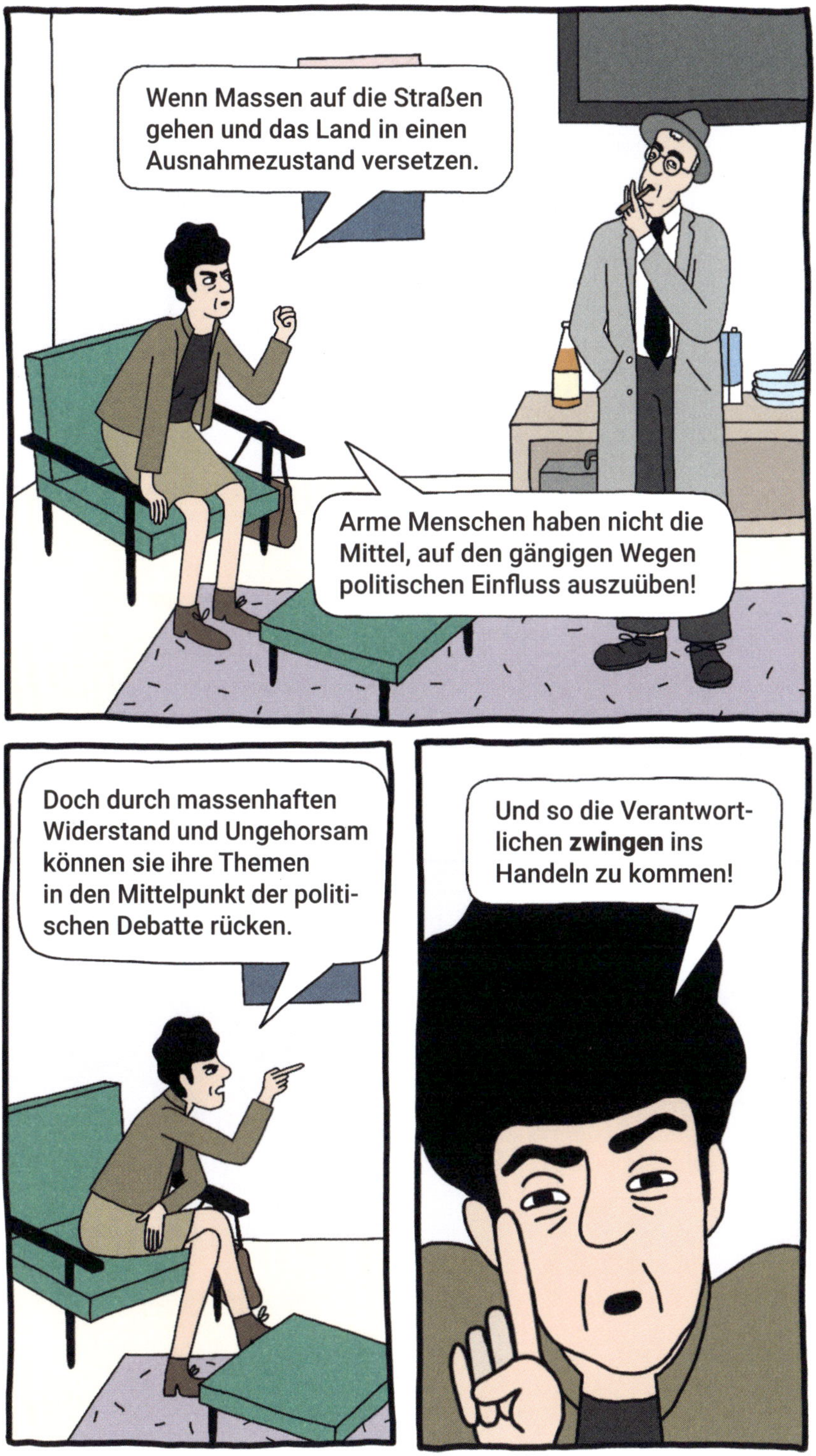

Wenn Massen auf die Straßen gehen und das Land in einen Ausnahmezustand versetzen.

Arme Menschen haben nicht die Mittel, auf den gängigen Wegen politischen Einfluss auszuüben!

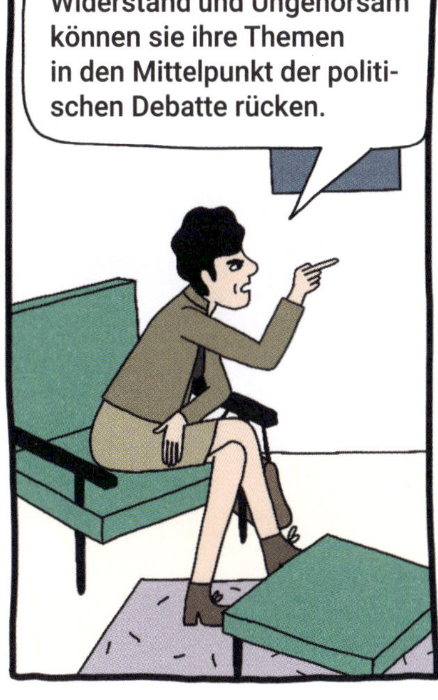

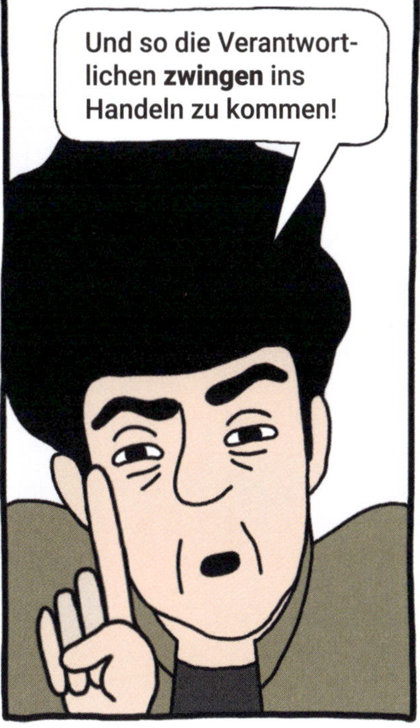

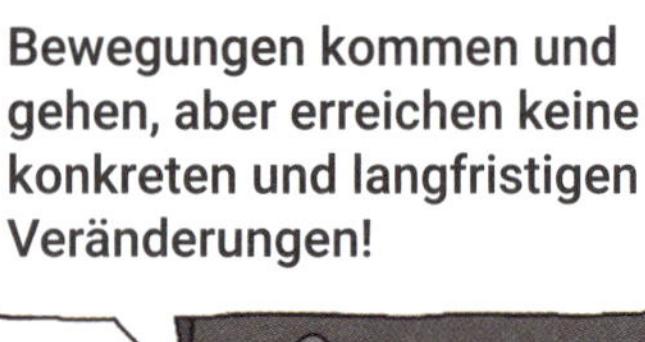
Bewegungen kommen und gehen, aber erreichen keine konkreten und langfristigen Veränderungen!

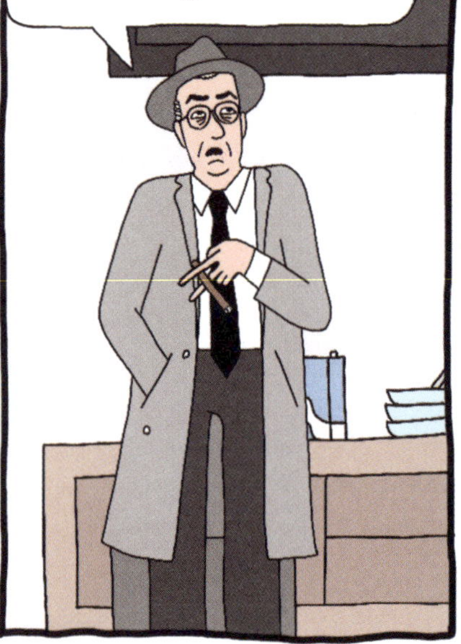

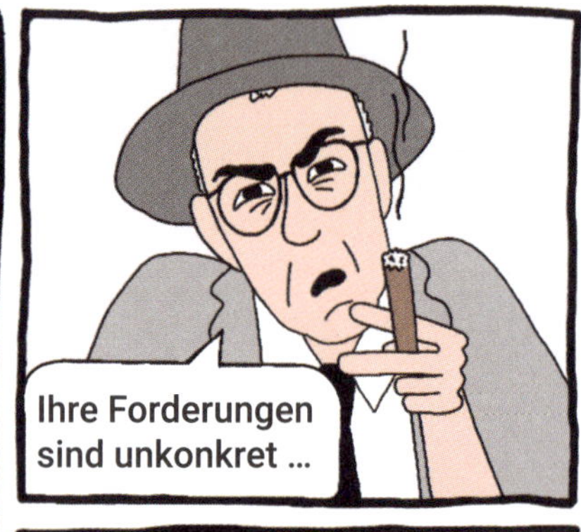
Ihre Forderungen sind unkonkret …

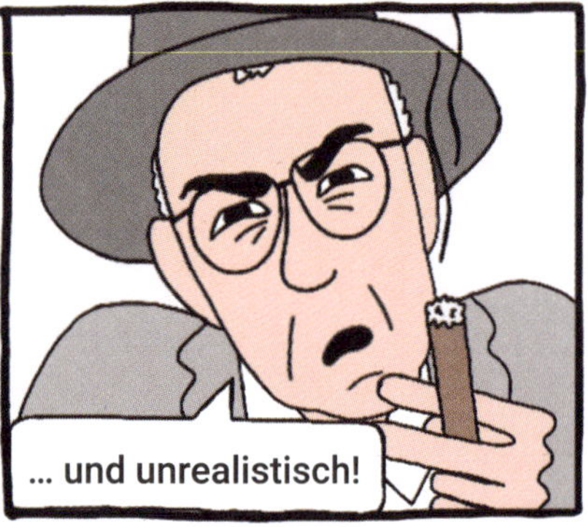
… und unrealistisch!

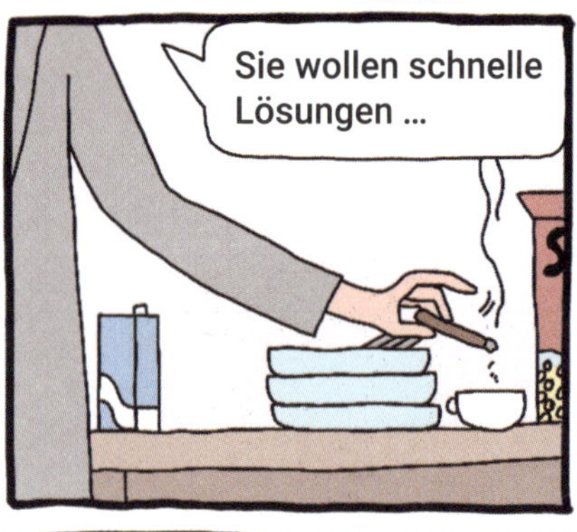
Sie wollen schnelle Lösungen …

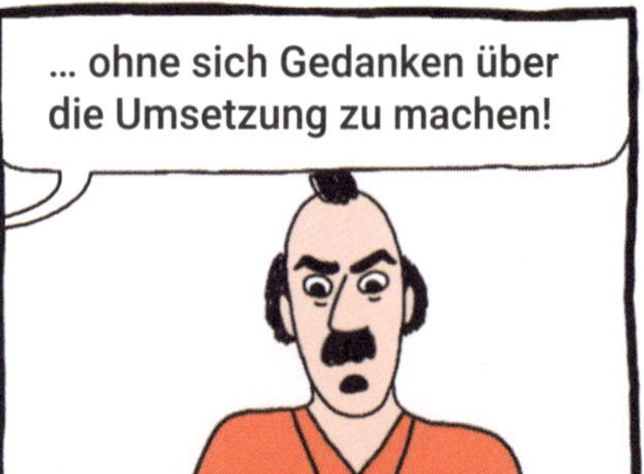
… ohne sich Gedanken über die Umsetzung zu machen!

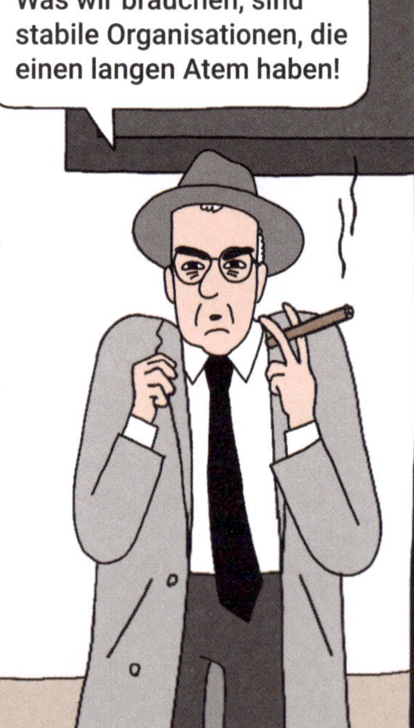
Was wir brauchen, sind stabile Organisationen, die einen langen Atem haben!

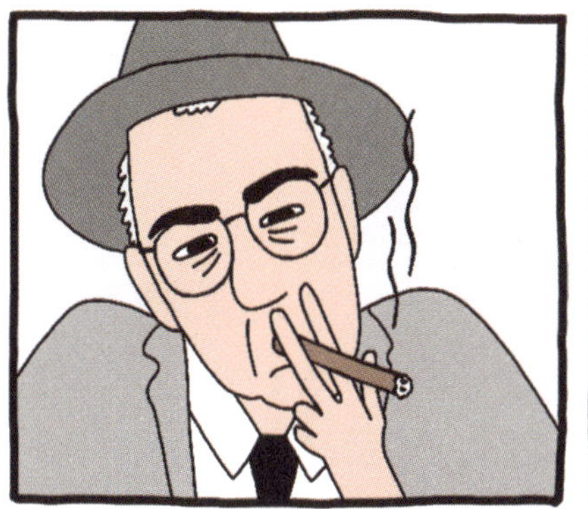

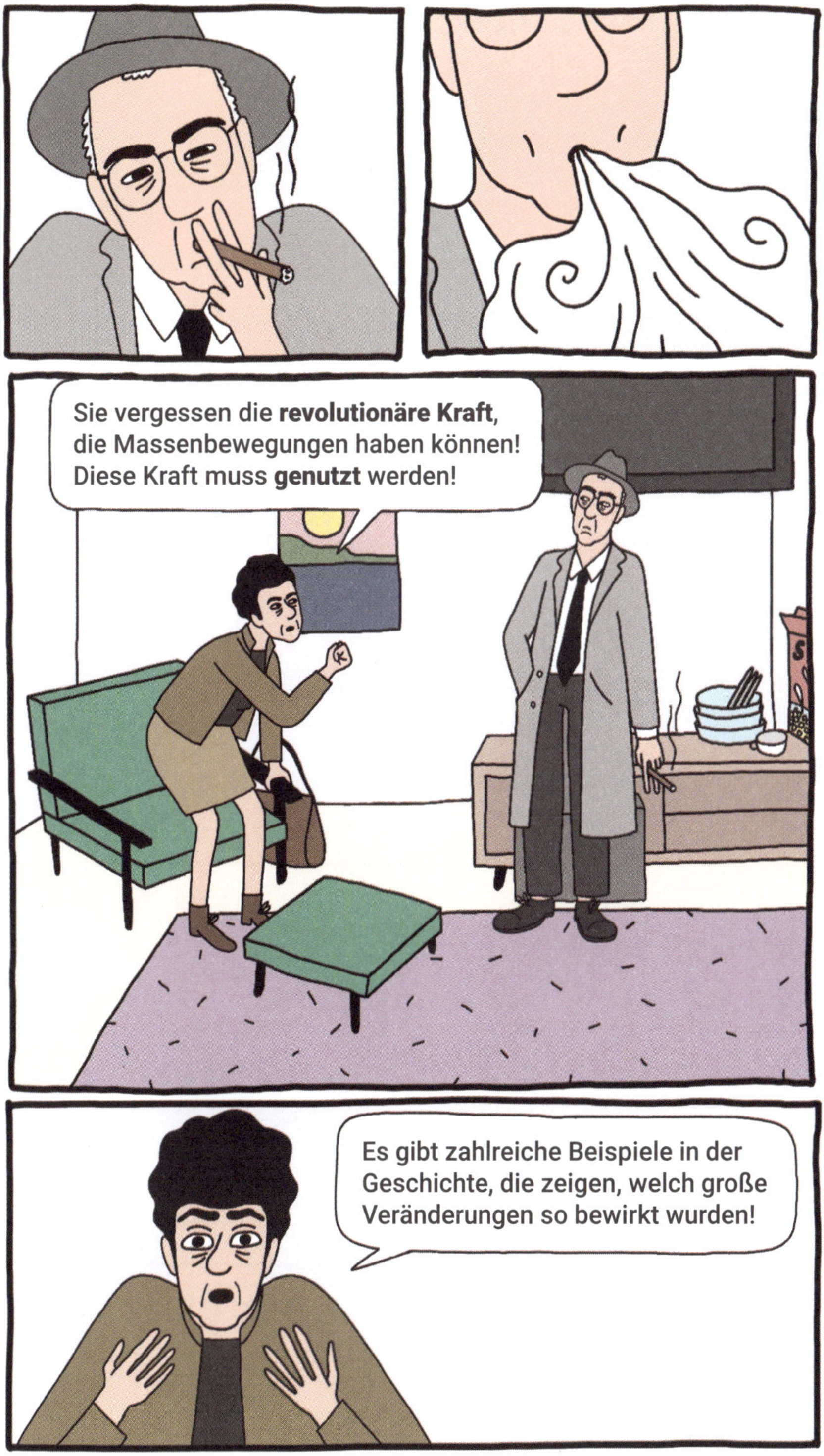

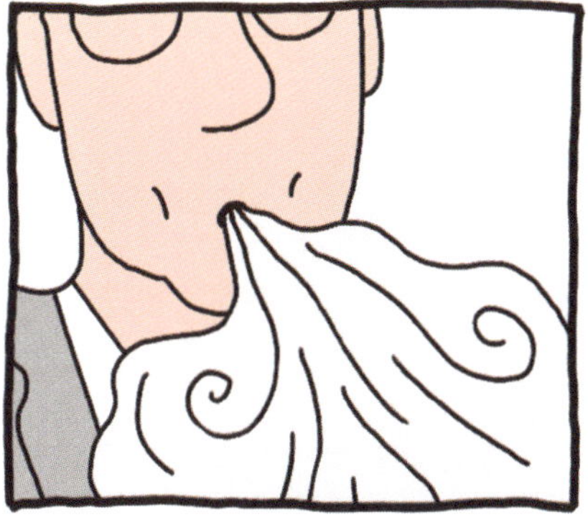

Sie vergessen die **revolutionäre Kraft**, die Massenbewegungen haben können! Diese Kraft muss **genutzt** werden!

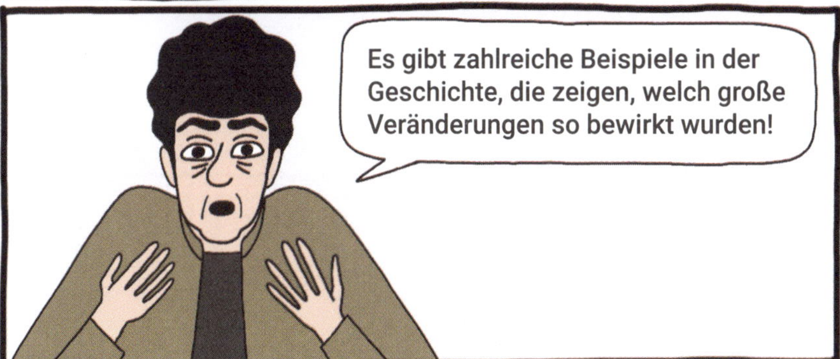

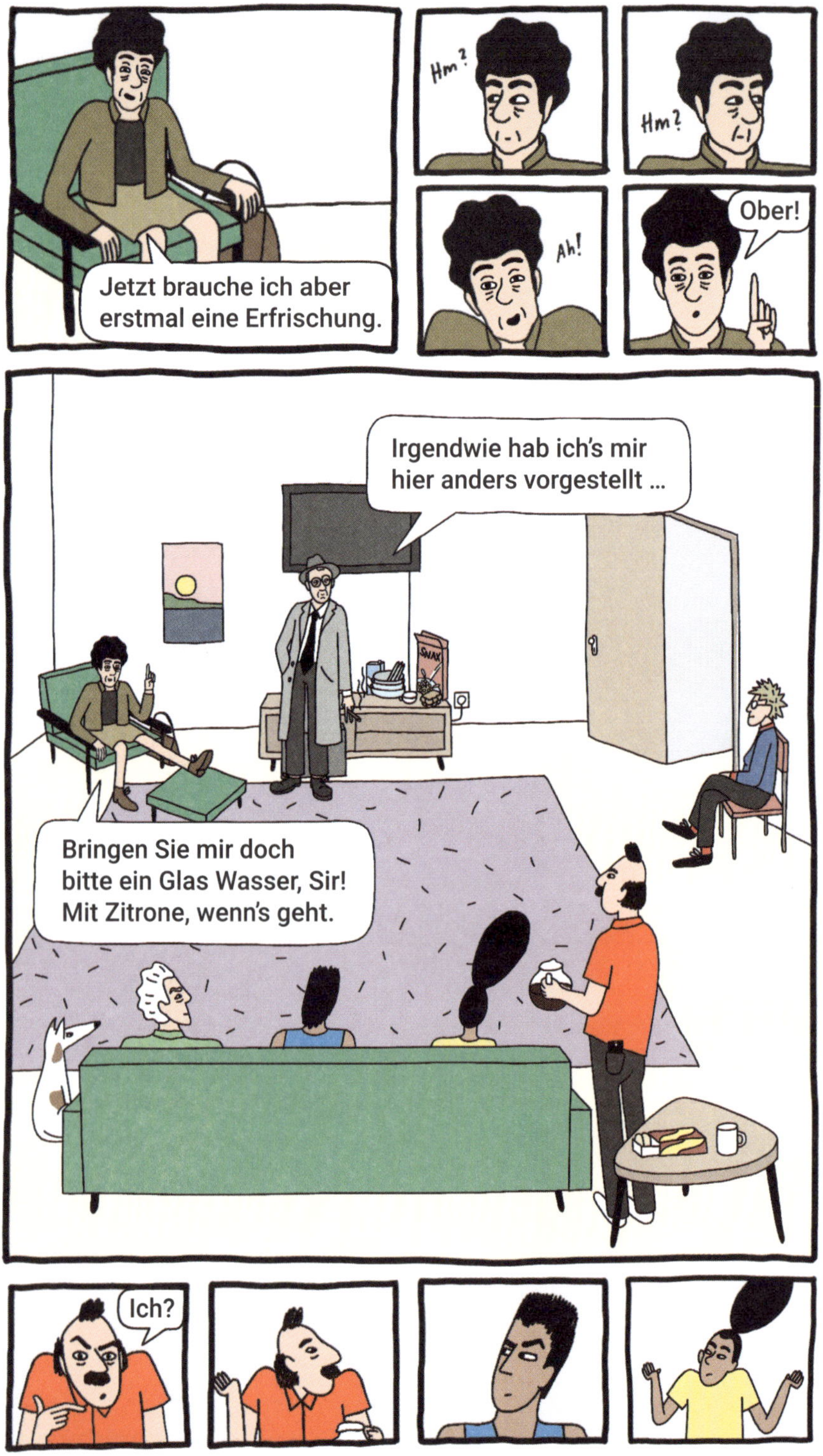

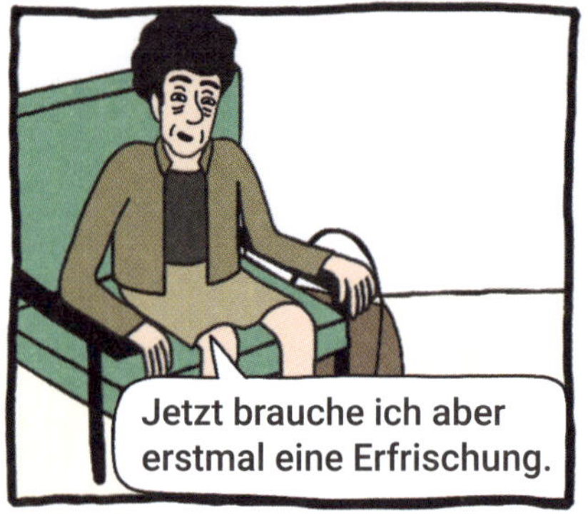
Jetzt brauche ich aber erstmal eine Erfrischung.

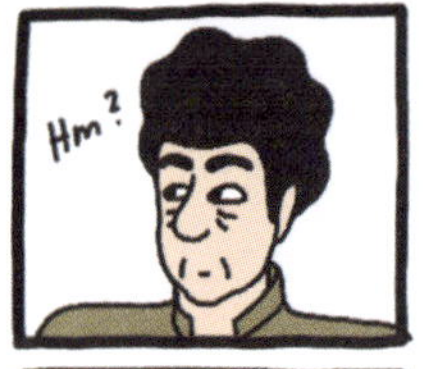
Hm?

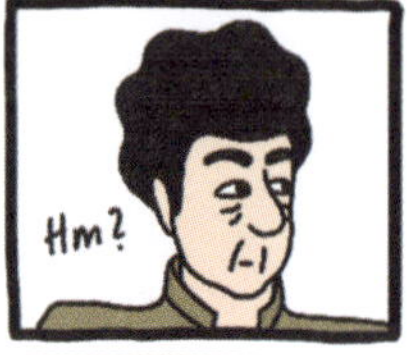
Hm?

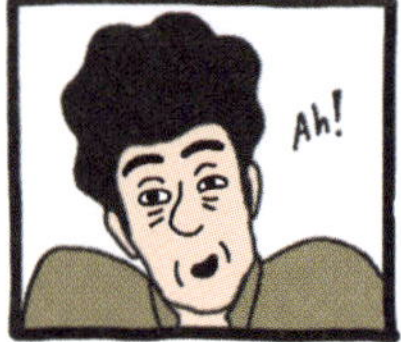
Ah!

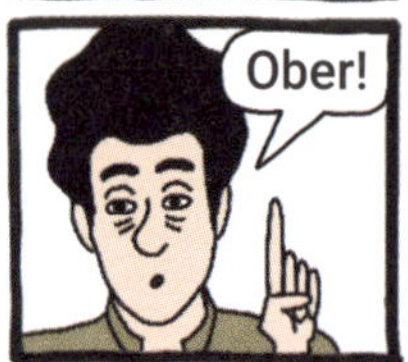
Ober!

Irgendwie hab ich's mir hier anders vorgestellt …
Bringen Sie mir doch bitte ein Glas Wasser, Sir! Mit Zitrone, wenn's geht.

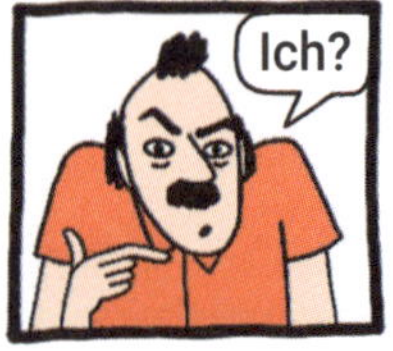
Ich?

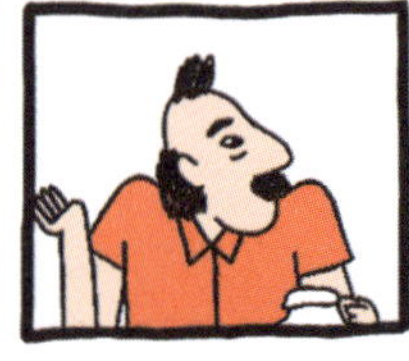

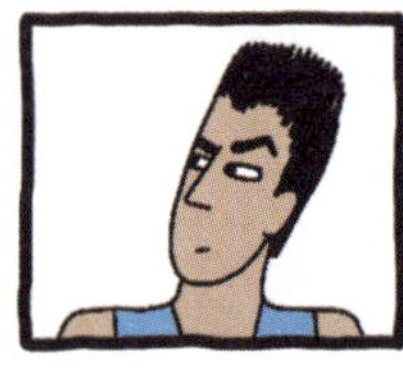

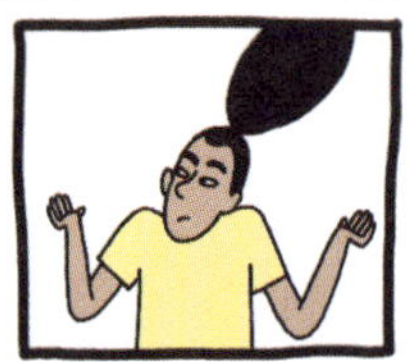

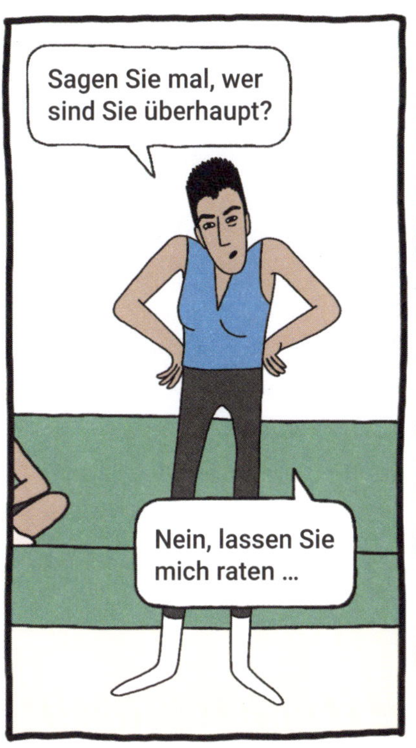
Sagen Sie mal, wer sind Sie überhaupt?
Nein, lassen Sie mich raten …

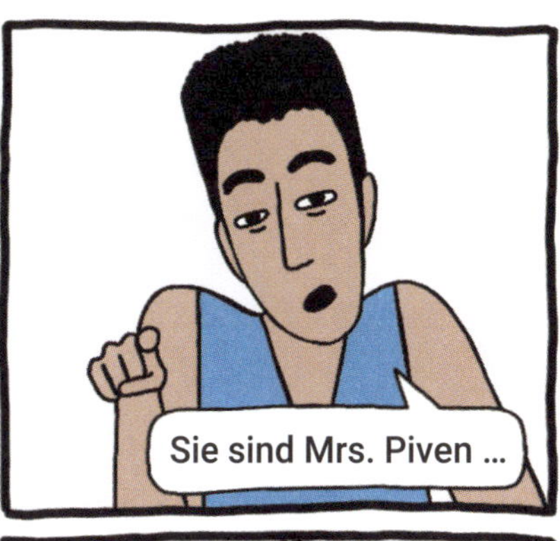
Sie sind Mrs. Piven …

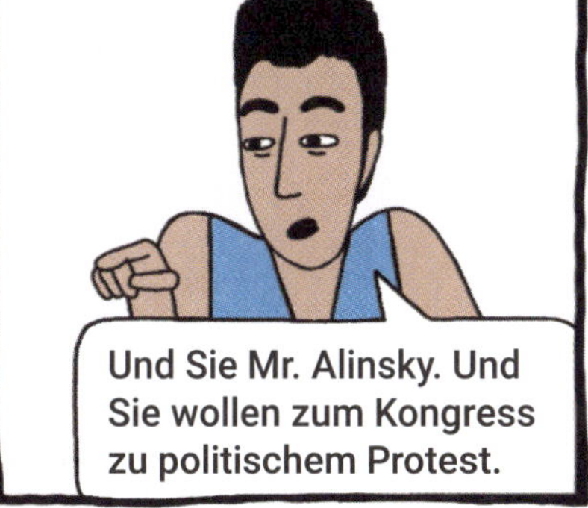
Und Sie Mr. Alinsky. Und Sie wollen zum Kongress zu politischem Protest.

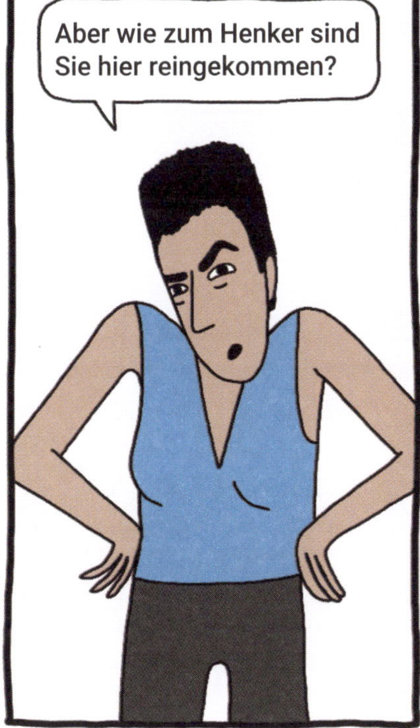
Aber wie zum Henker sind Sie hier reingekommen?

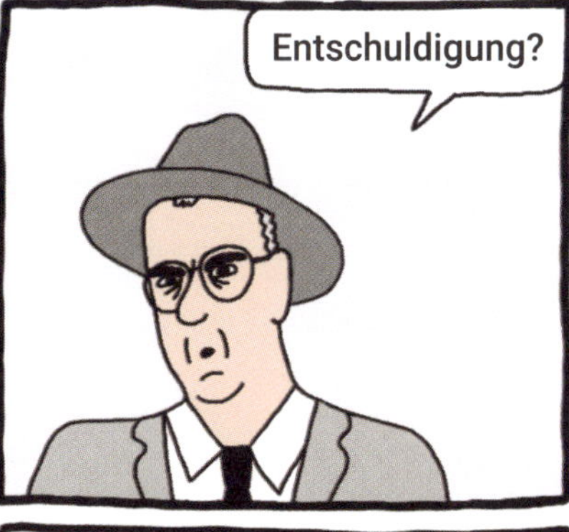
Entschuldigung?

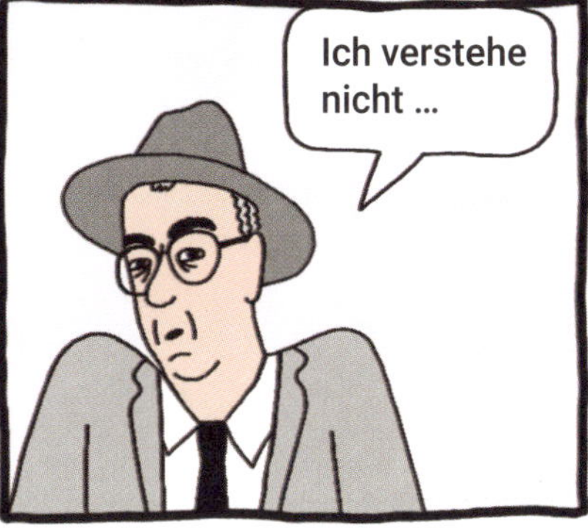
Ich verstehe nicht …

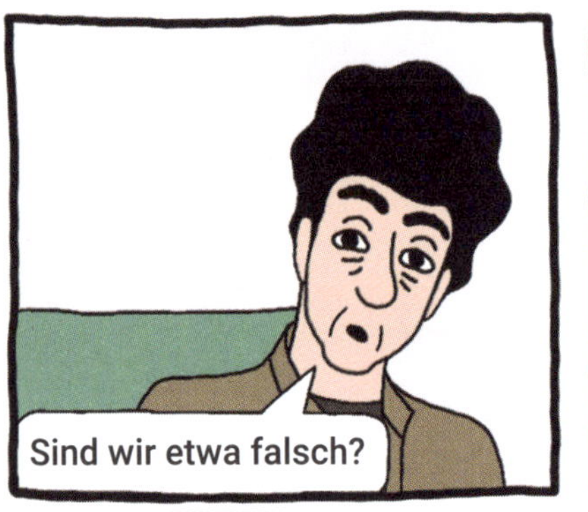

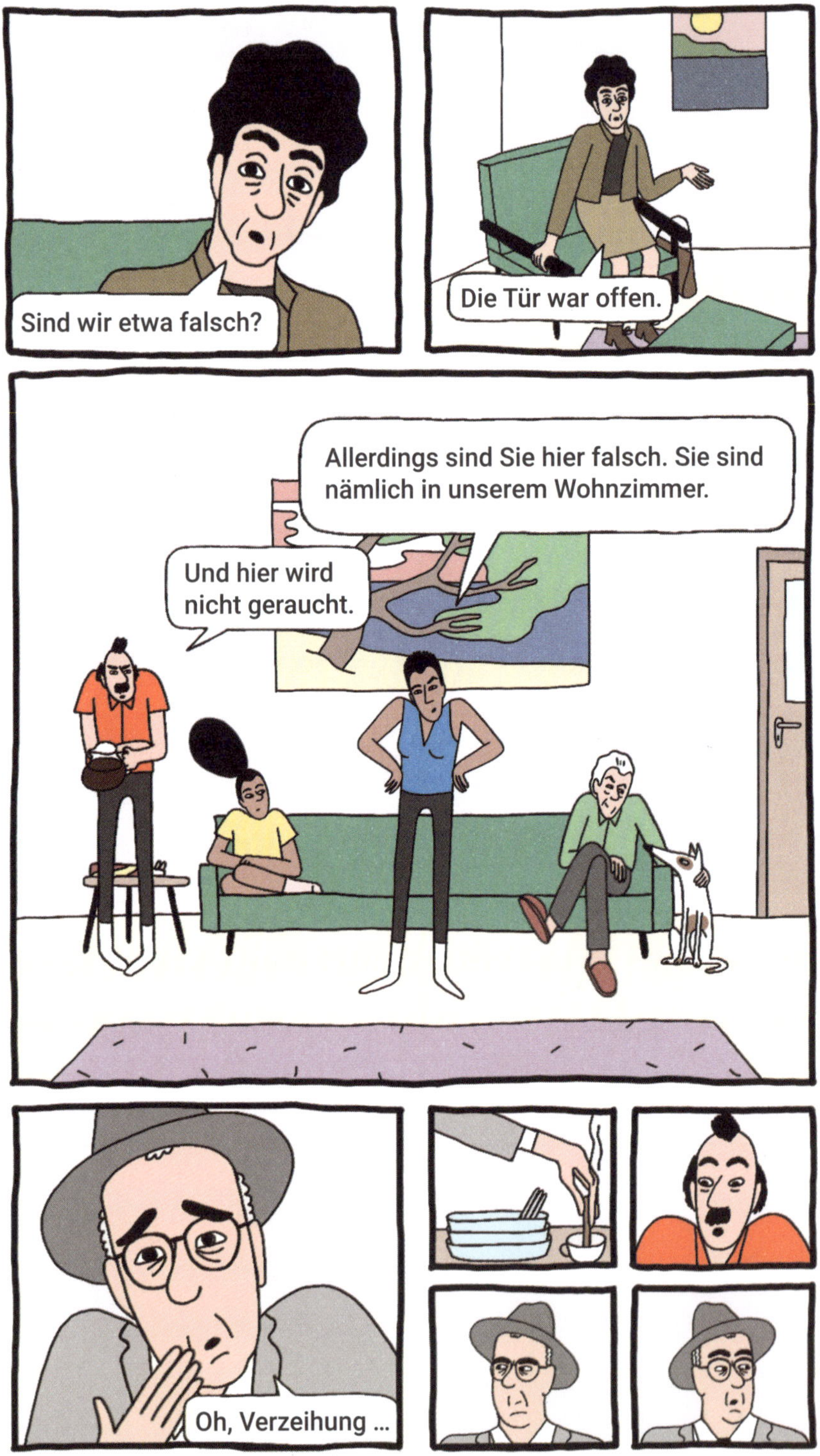

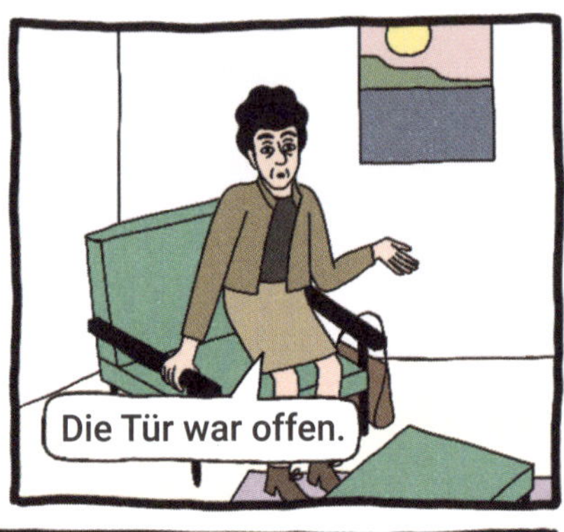

Allerdings sind Sie hier falsch. Sie sind nämlich in unserem Wohnzimmer.

Und hier wird nicht geraucht.

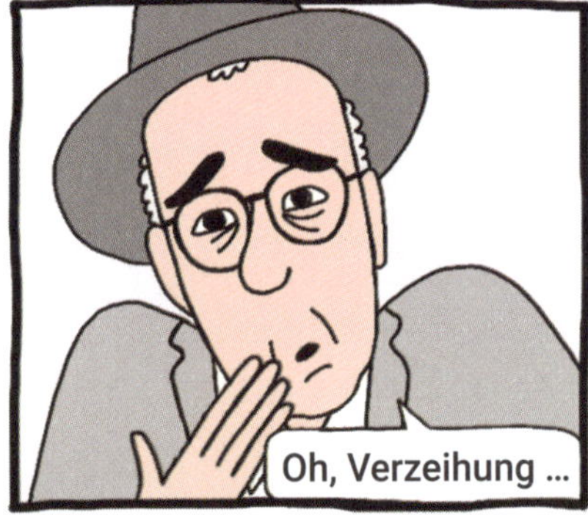

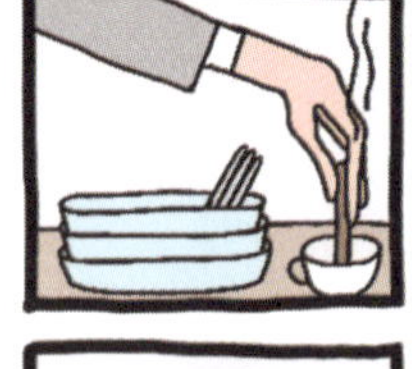

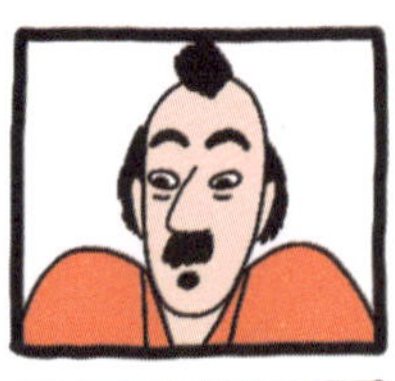

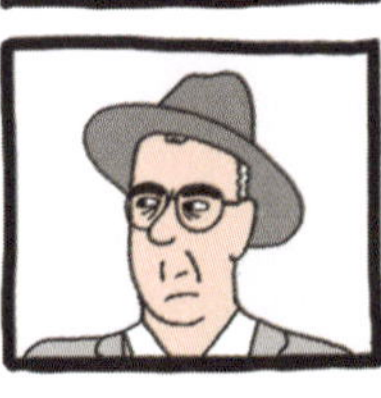

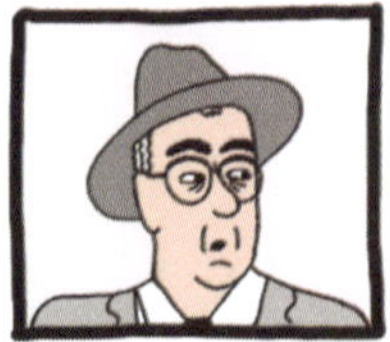

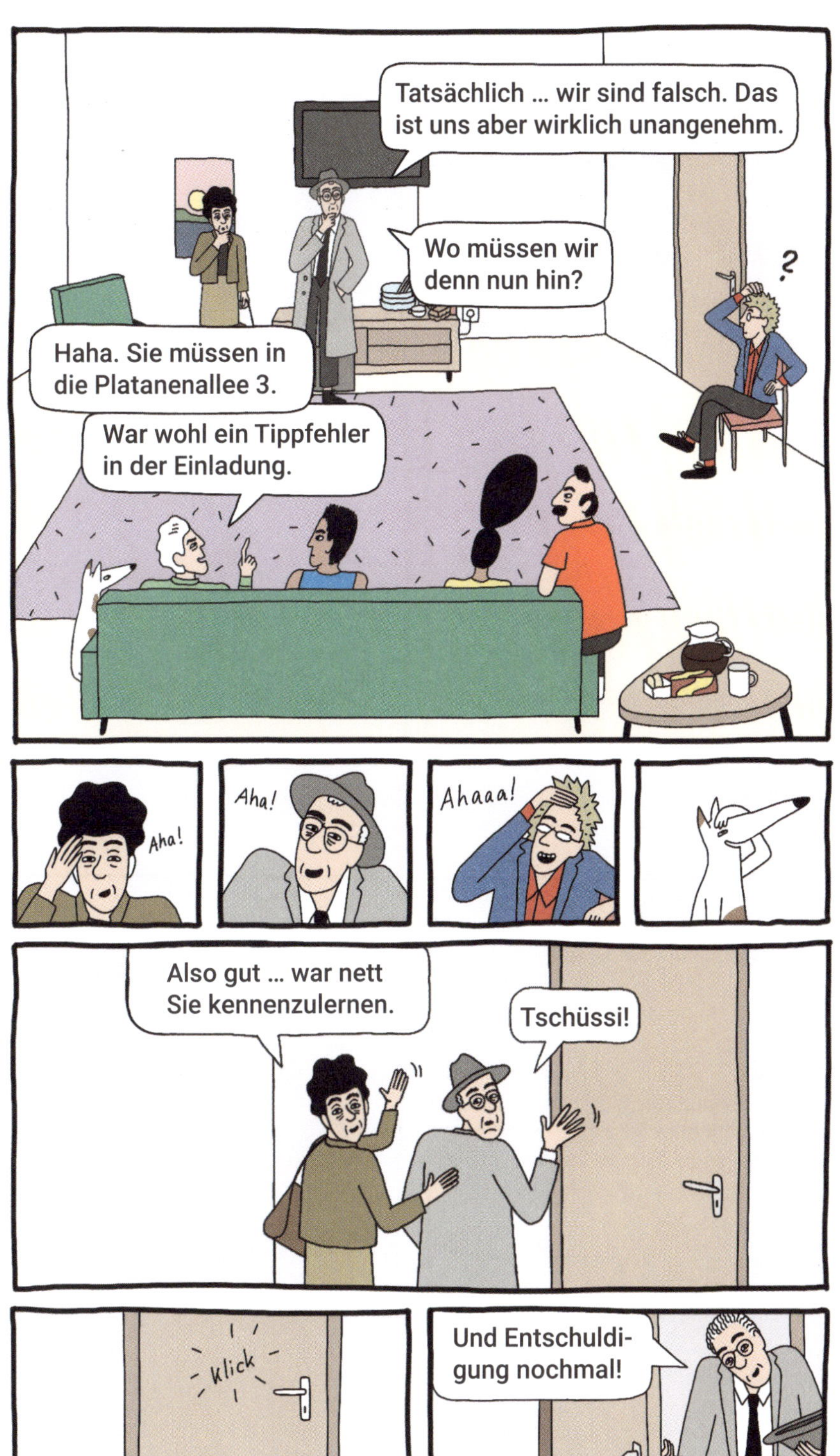
Tatsächlich ... wir sind falsch. Das ist uns aber wirklich unangenehm.
Wo müssen wir denn nun hin?
Haha. Sie müssen in die Platanenallee 3.
War wohl ein Tippfehler in der Einladung.
Aha!
Aha!
Ahaaa!
Also gut ... war nett Sie kennenzulernen.
Tschüssi!
klick
Und Entschuldigung nochmal!

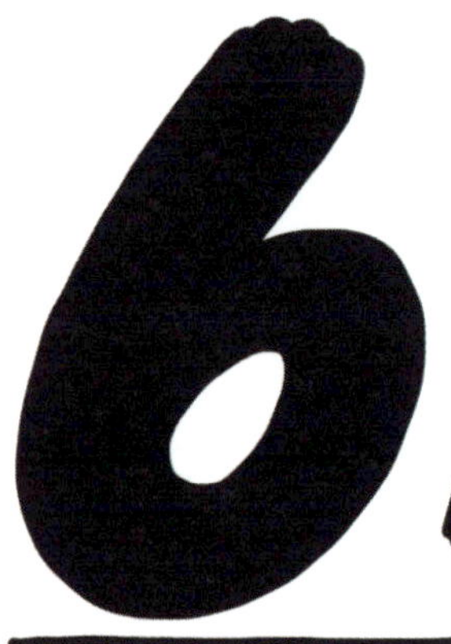

6 Organisierte Massenbewegungen

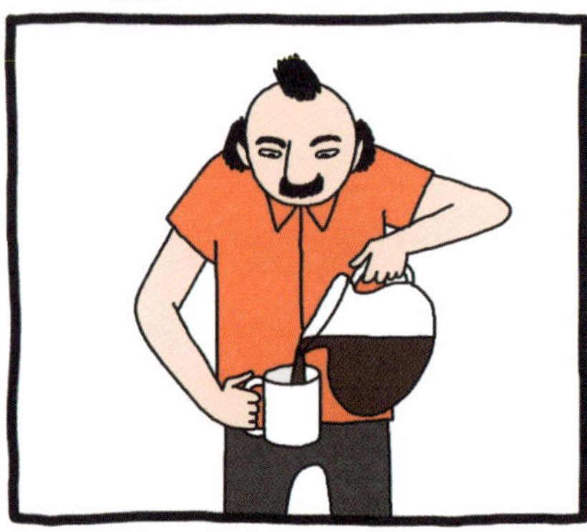

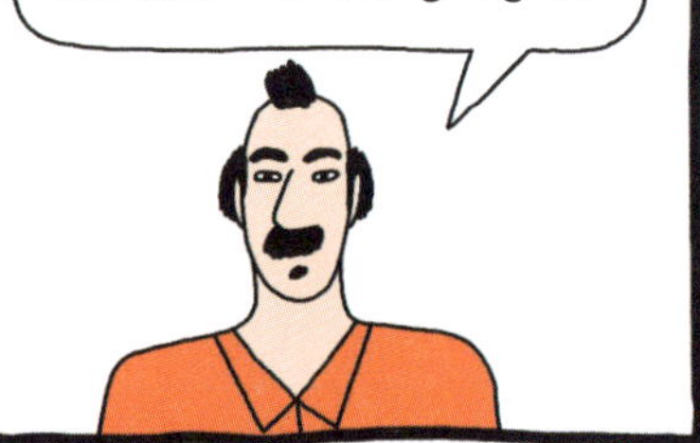

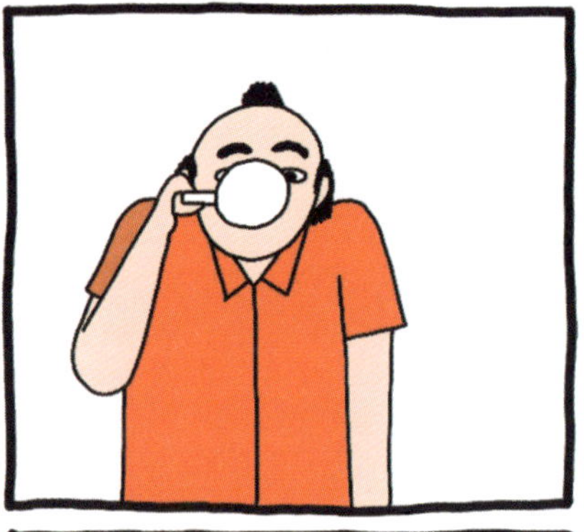

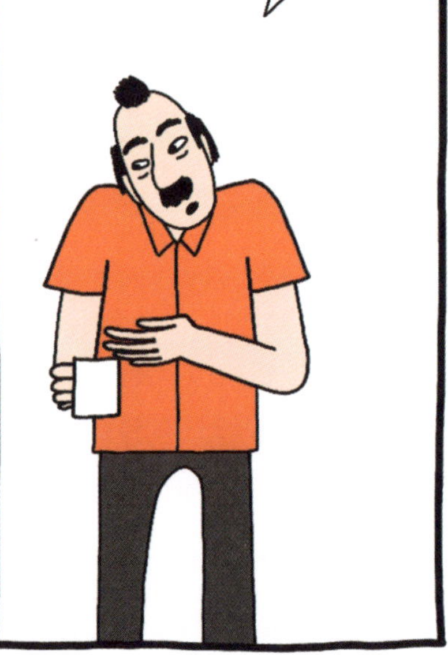

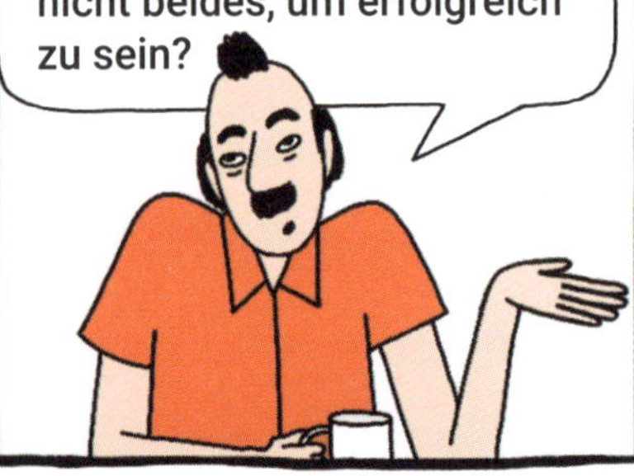

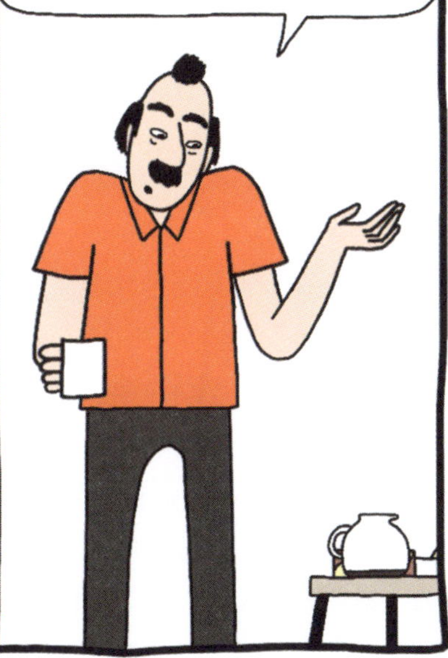
… und die **Organisation**, um sicherzustellen, dass **konkrete Erfolge** erzielt werden, die **langfristig** bestehen bleiben.

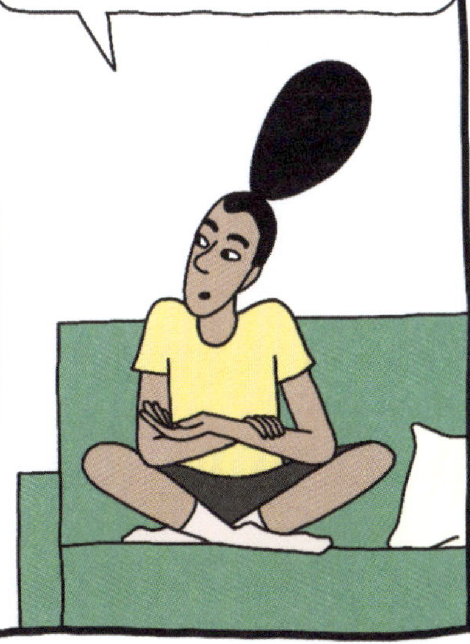
Ganz genau. Gandhi und King zum Beispiel gingen äußerst strategisch vor und waren bestens organisiert.

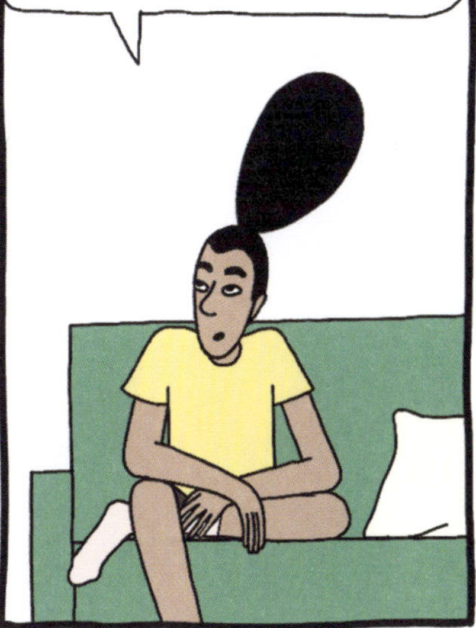
Die serbische Widerstandsbewegung Otpor ist ebenfalls ein gutes Beispiel für gute Organisation und strategisches Vorgehen.

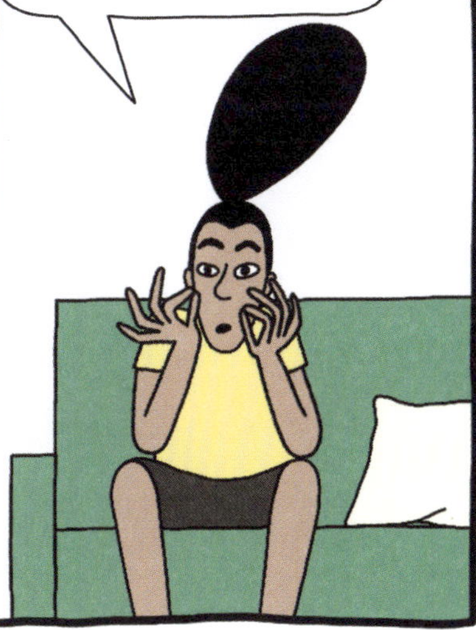
Sie hatten eine klare Strategie, wie sie den damaligen Präsidenten Milošević stürzen wollten.

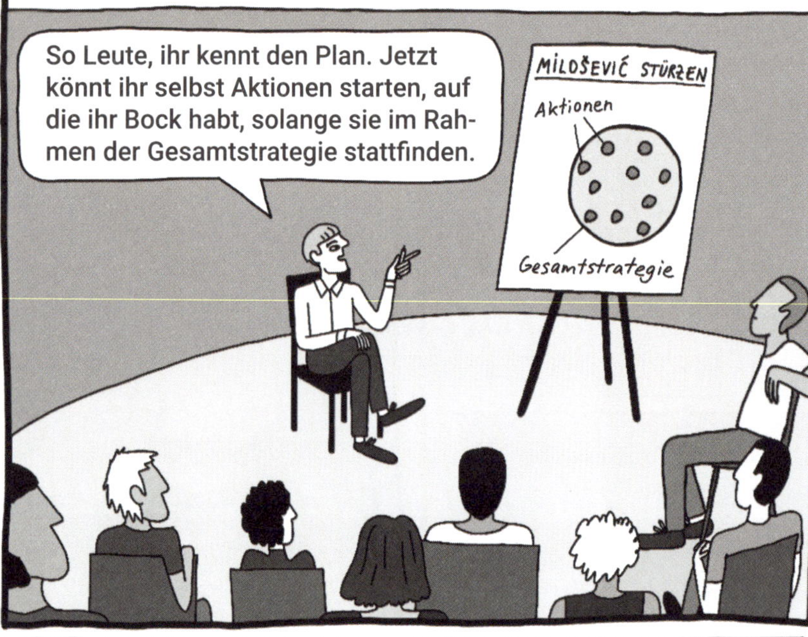
Diese Strategie und ein Repertoire an Taktiken brachten sie neuen Mitgliedern in Trainings bei.
So Leute, ihr kennt den Plan. Jetzt könnt ihr selbst Aktionen starten, auf die ihr Bock habt, solange sie im Rahmen der Gesamtstrategie stattfinden.
MILOŠEVIĆ STÜRZEN
Aktionen
Gesamtstrategie

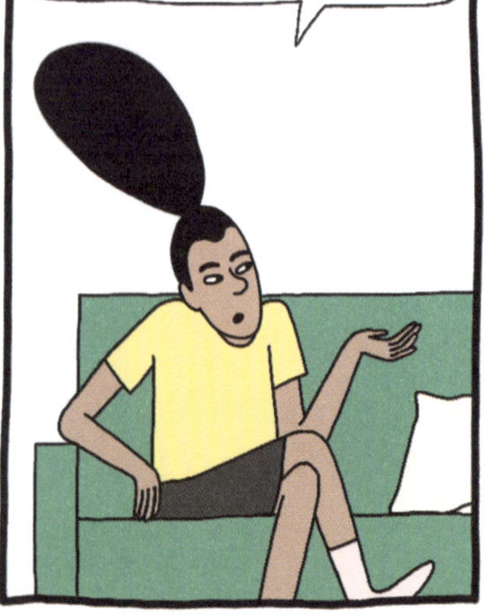
Auch die Anti-Atomkraft-Bewegung hier in Deutschland mobilisierte große Massen und war gleichzeitig sehr gut organisiert.

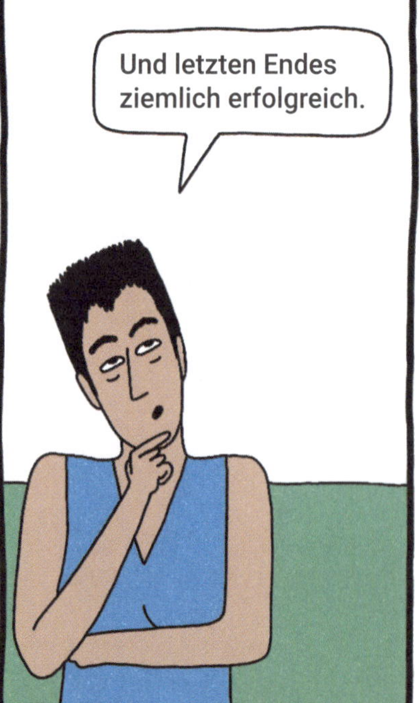
Und letzten Endes ziemlich erfolgreich.

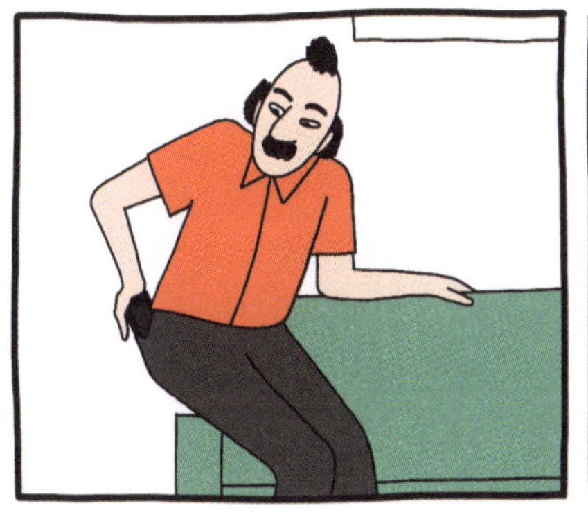

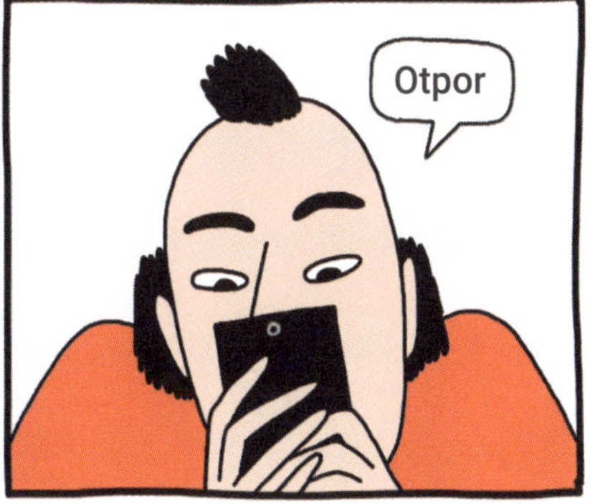

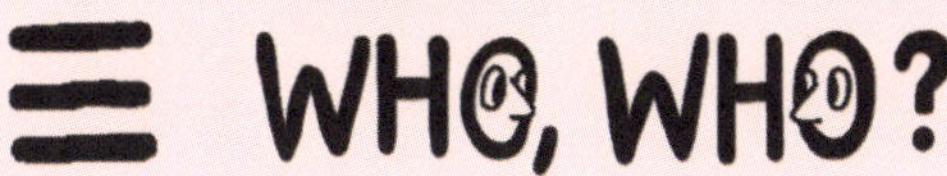

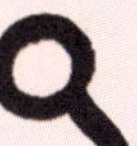

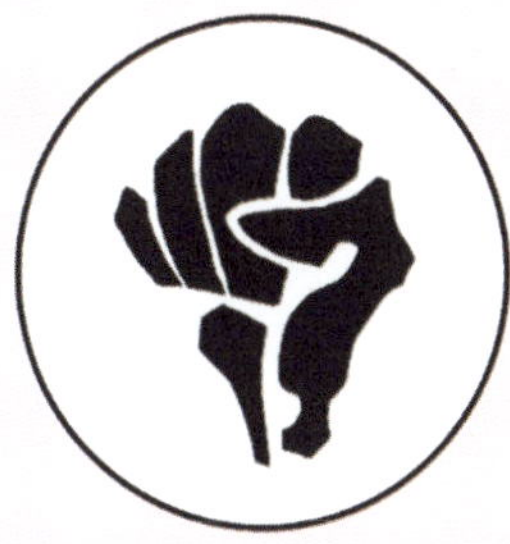

Otpor

Otpor (dt. „Widerstand"), gründete sich 1998 als serbische Protestgruppe und entwickelte sich schnell zu einer Massenbewegung, die durch gewaltlosen Widerstand maßgeblich zum Sturz des damaligen Präsidenten Slobodan Milošević im Jahr 2000 beitrug. Otpor inspirierte weltweit zahlreiche Widerstandbewegungen gegen diktatorische Regimes. Einige ehemalige Mitglieder von Otpor sind noch heute als Teil der Non-Profit-Organisation CANVAS aktiv und geben Workshops zu gewaltlosem Widerstand für politische Aktivist*innen, die Diktaturen stürzen möchten.

▸ **Aktivitäten**

▾ **Kritik**

CANVAS geriet aufgrund einer WikiLeaks Enthüllung in Kritik. Ihnen wurde vorgeworfen, Oppositionsgruppen für einen US-amerikanischen Informationsdienst ausspioniert zu haben.

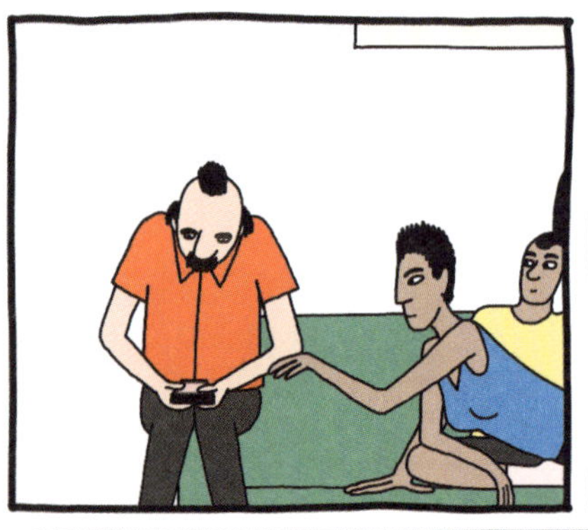

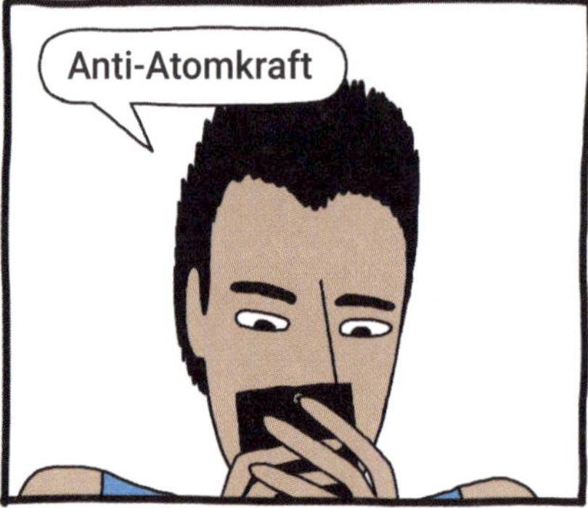

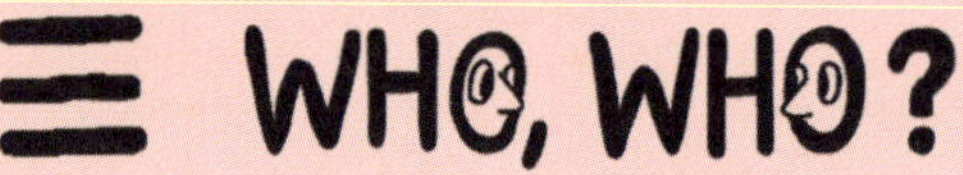

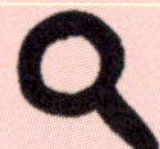

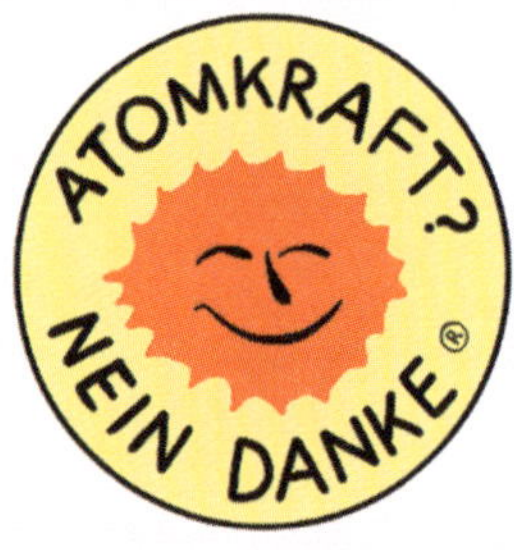

Anti-Atomkraft-Bewegung

Sie entstand in den 70er Jahren als Widerstandsbewegung gegen die Nutzung der Atomkraft, welche in Deutschland anfangs allgemein euphorisch begrüßt worden war. Zunächst entwickelte sich kleiner, lokaler Widerstand gegen geplante Kraftwerke. Bald jedoch richtete sich der Widerstand gegen die zivile Nutzung der Atomkraft im Allgemeinen. Die einzelnen lokalen Gruppen vernetzten sich und die Bewegung gewann an Zuwachs. Die Aktivitäten der Bewegung waren vielfältig. So wurden Massendemos organisiert, Blockaden durchgeführt und Bauplätze besetzt, aber auch Aufklärungsveranstaltungen organisiert und zahlreiche Verfahrenseinsprüche und Klagen eingereicht. Mit der Zeit gründeten sich auch Umweltschutzorganisationen und grüne Parteien. Die Bewegung schaffte es, die öffentliche Meinung über Atomenergie massiv zu verändern und verhinderte nicht nur lokal den Bau zahlreicher Kraftwerke, sondern leitete auch eine Wende in der Atompolitik ein.[9]

[9] Für einen ausführlichen Beitrag über die Anti-Atomkraft-Bewegung; siehe Rucht 2008.

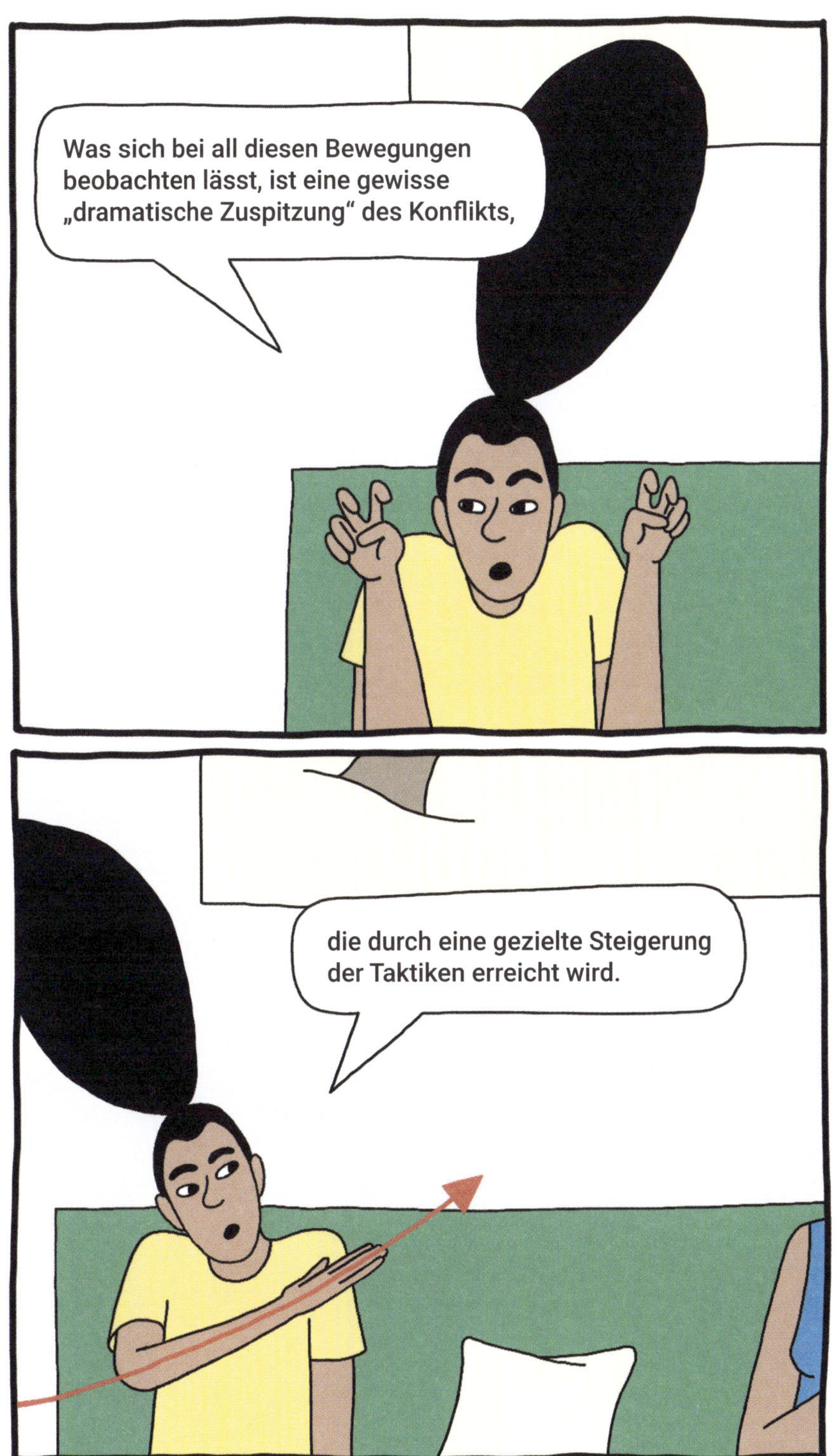
Was sich bei all diesen Bewegungen beobachten lässt, ist eine gewisse „dramatische Zuspitzung" des Konflikts,
die durch eine gezielte Steigerung der Taktiken erreicht wird.

Zu Beginn, wenn eine Bewegung noch kleiner und angreifbarer ist, werden Aktionen gewählt, die weniger provokant und risikoärmer sind.

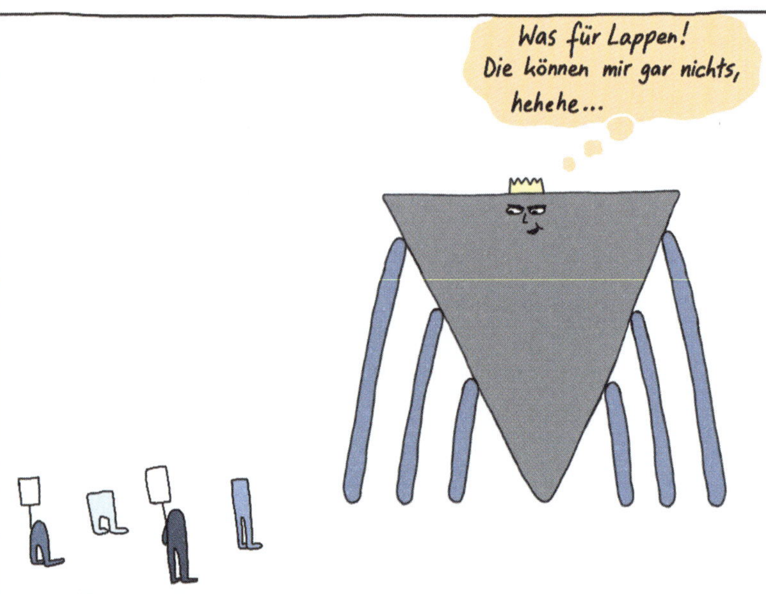

Nimmt die Bewegung dann an Fahrt auf und findet breite Unterstützung, werden die Aktionen gesteigert.

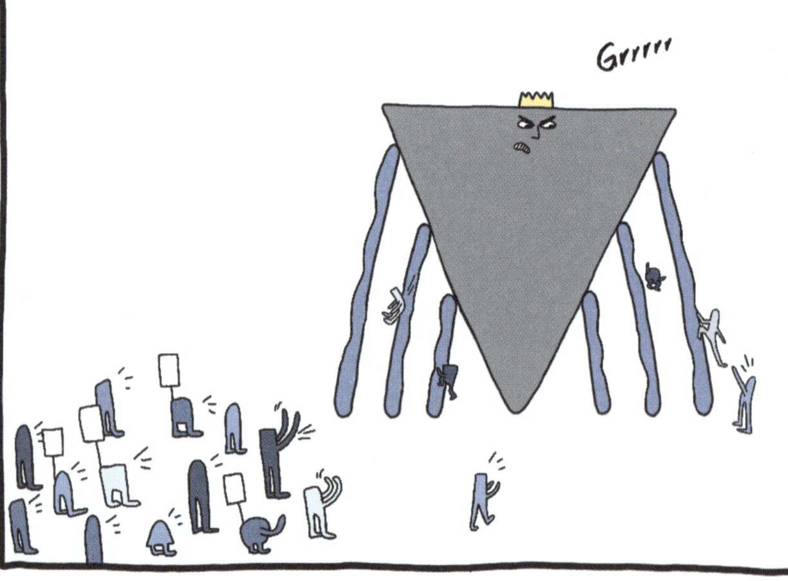

... sodass die dadurch entstehenden Störungen im Optimalfall nicht mehr ignoriert werden können.

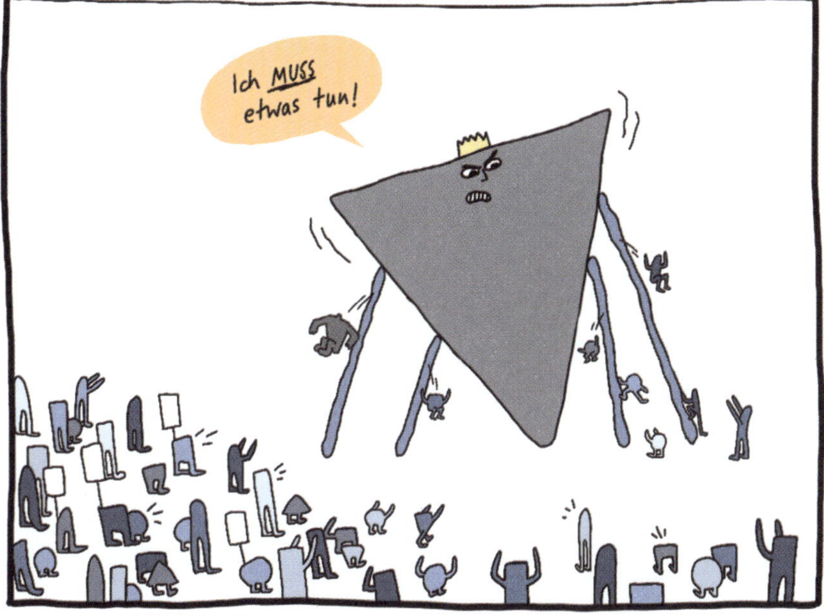

Die Regierung steckt dann in einer Zwickmühle: Irgendetwas muss sie tun, um wieder für Ordnung zu sorgen, aber wenn sie Gewalt anwendet, schießt sie sich selbst ins Bein.

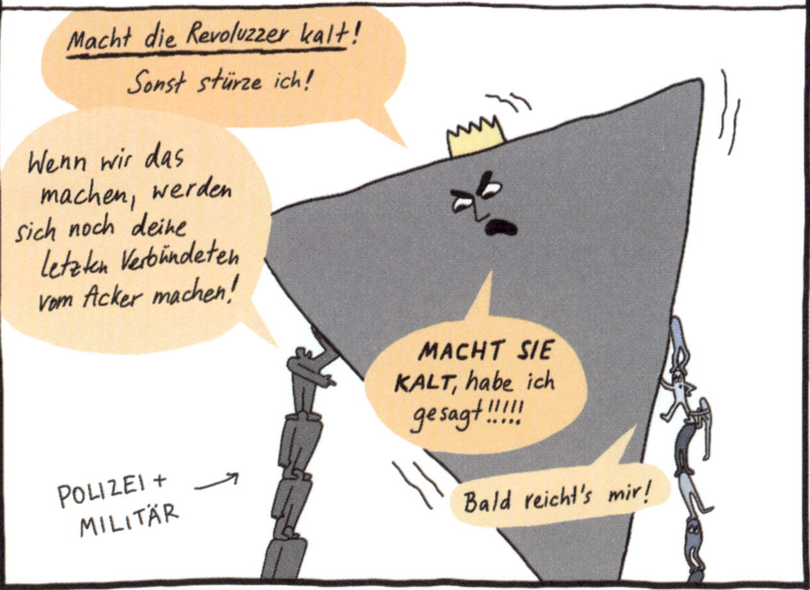

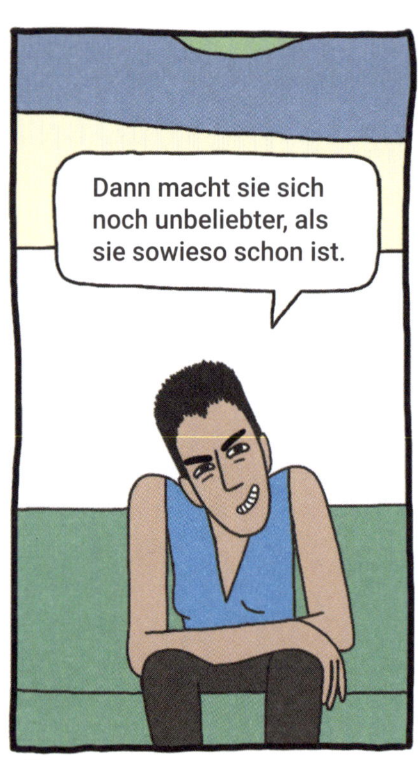

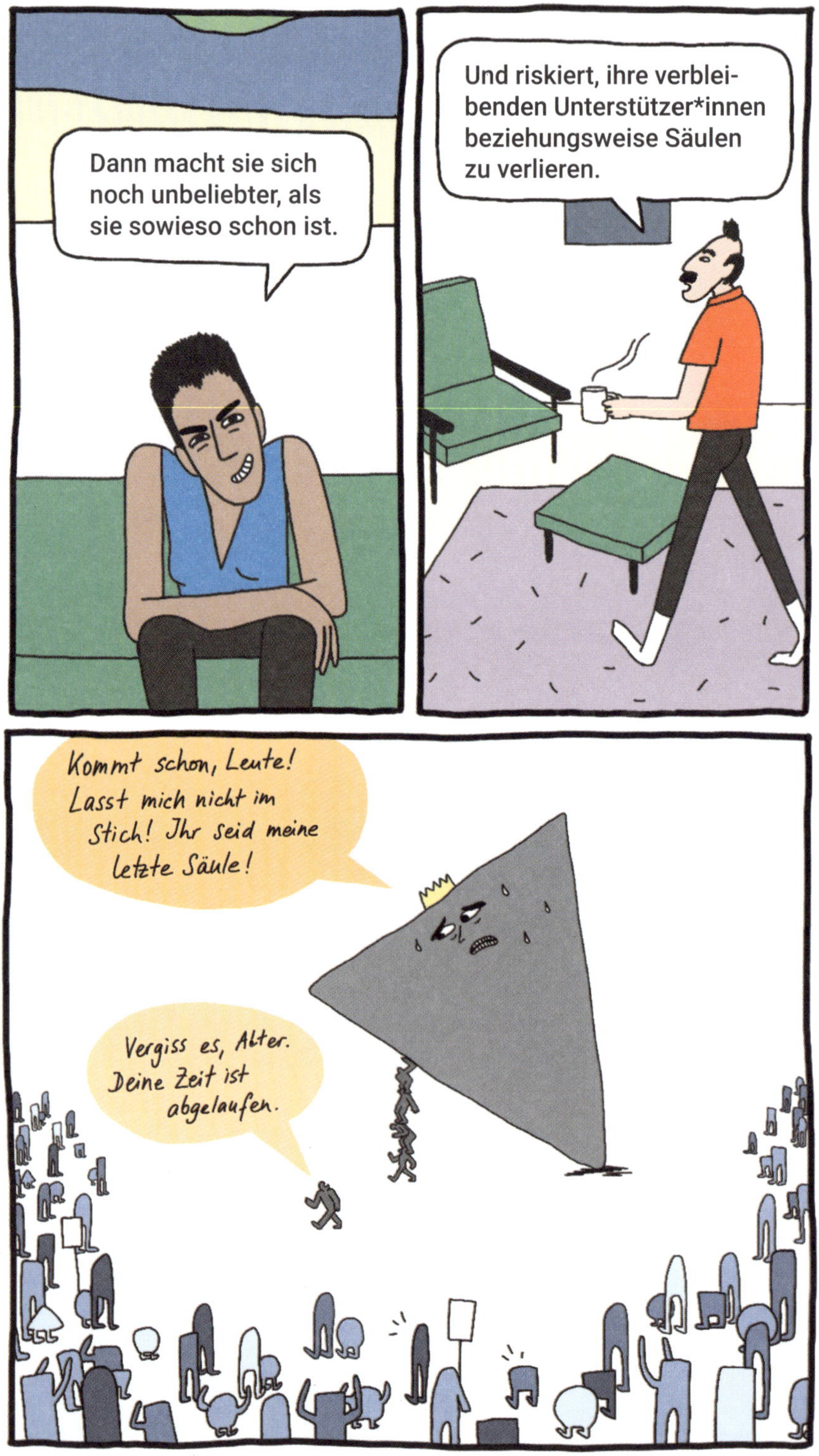

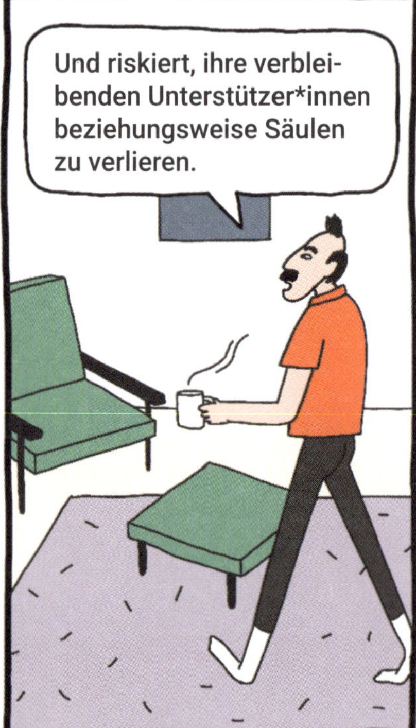

Kommt schon, Leute! Lasst mich nicht im Stich! Ihr seid meine letzte Säule!

Vergiss es, Alter. Deine Zeit ist abgelaufen.

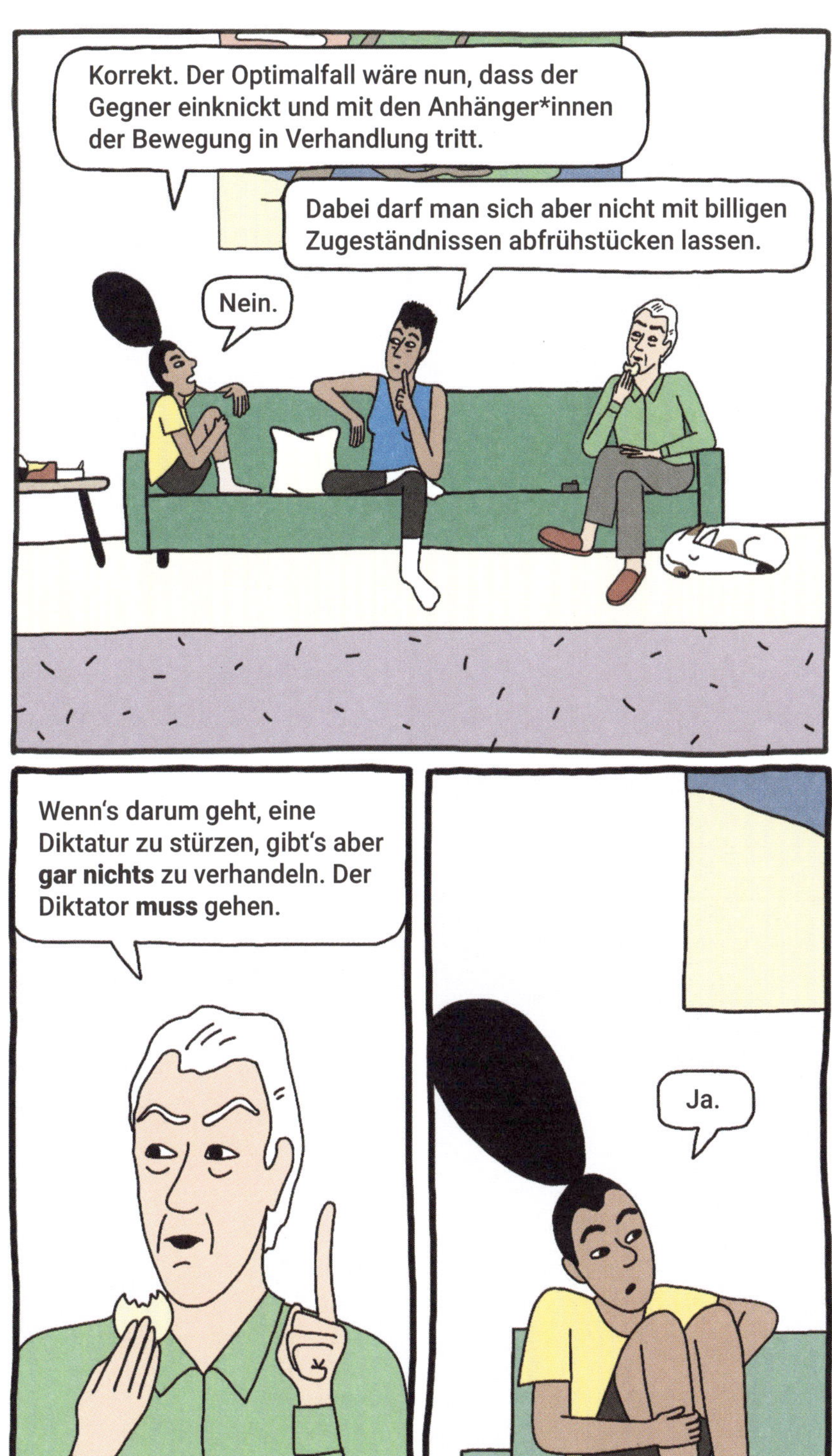
Korrekt. Der Optimalfall wäre nun, dass der Gegner einknickt und mit den Anhänger*innen der Bewegung in Verhandlung tritt.
Dabei darf man sich aber nicht mit billigen Zugeständnissen abfrühstücken lassen.
Nein.
Wenn's darum geht, eine Diktatur zu stürzen, gibt's aber **gar nichts** zu verhandeln. Der Diktator **muss** gehen.
Ja.

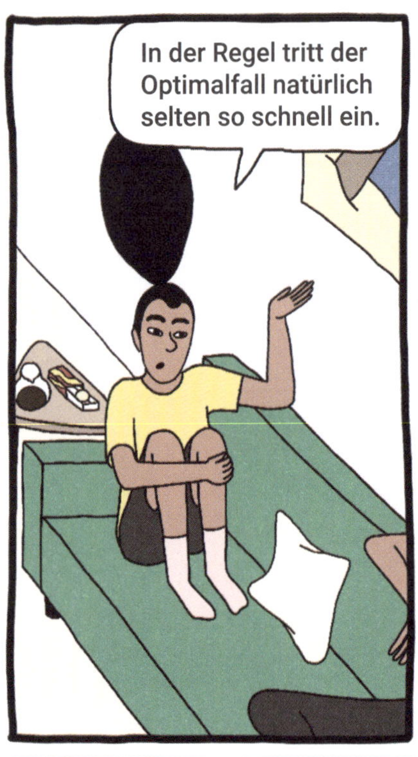
In der Regel tritt der Optimalfall natürlich selten so schnell ein.

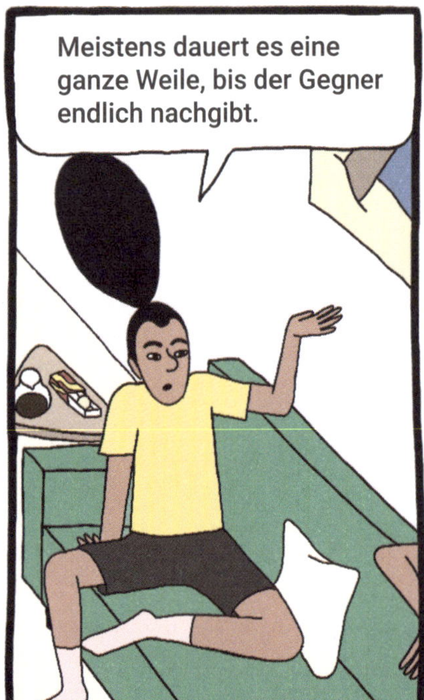
Meistens dauert es eine ganze Weile, bis der Gegner endlich nachgibt.

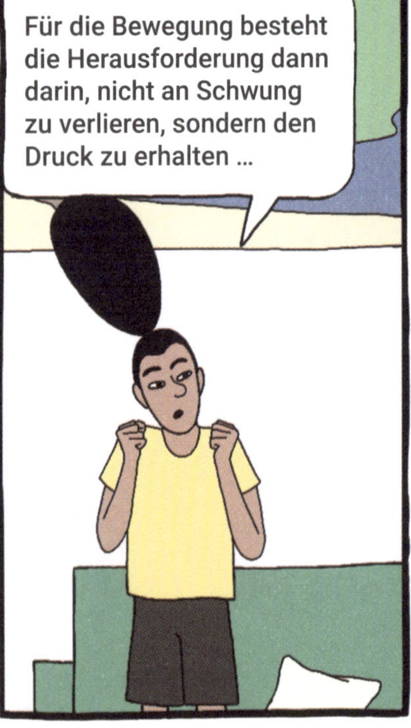
Für die Bewegung besteht die Herausforderung dann darin, nicht an Schwung zu verlieren, sondern den Druck zu erhalten …

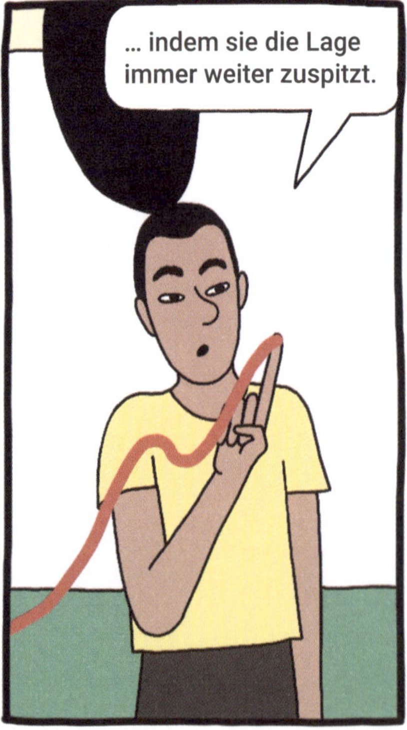
… indem sie die Lage immer weiter zuspitzt.

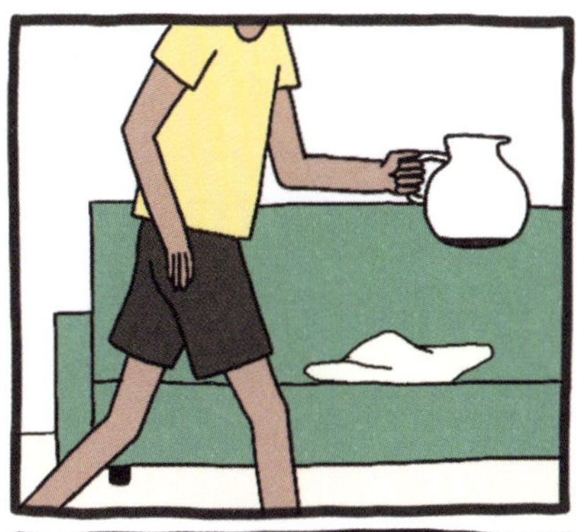

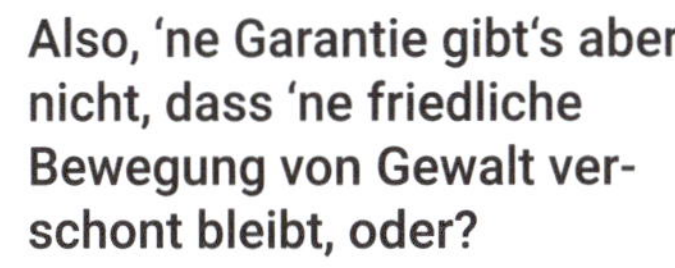
Also, 'ne Garantie gibt's aber nicht, dass 'ne friedliche Bewegung von Gewalt verschont bleibt, oder?

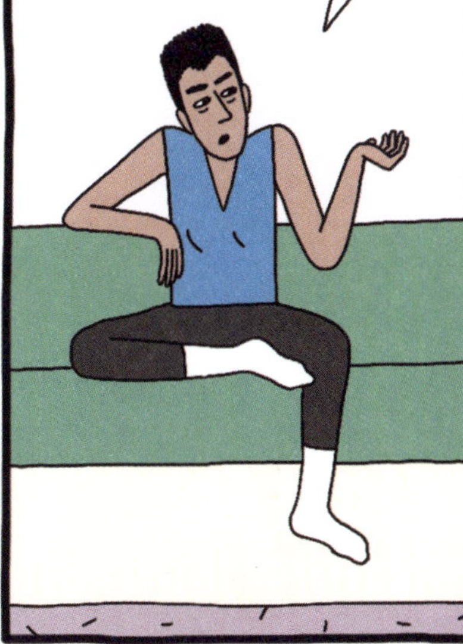

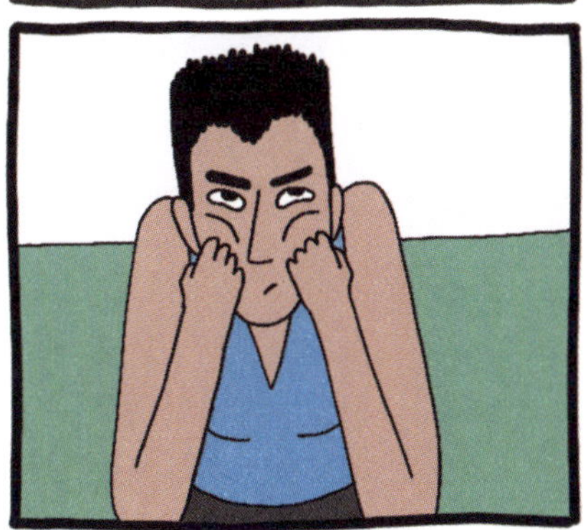

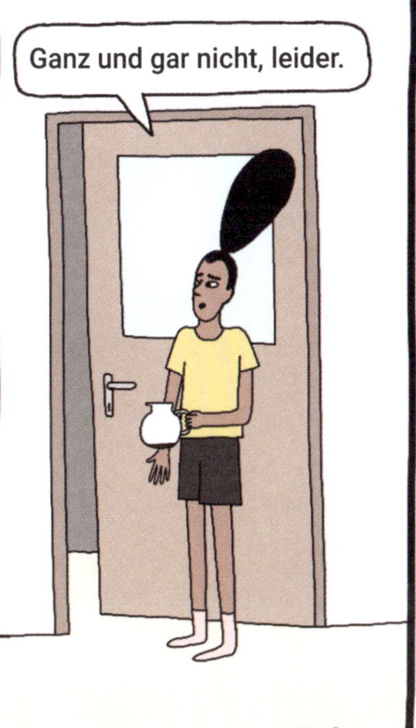
Ganz und gar nicht, leider.

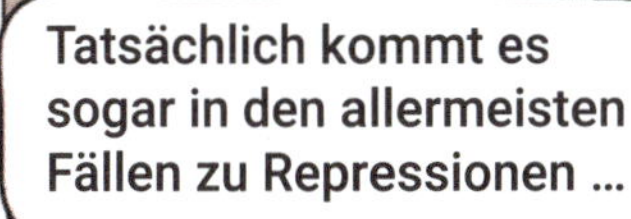
Tatsächlich kommt es sogar in den allermeisten Fällen zu Repressionen …

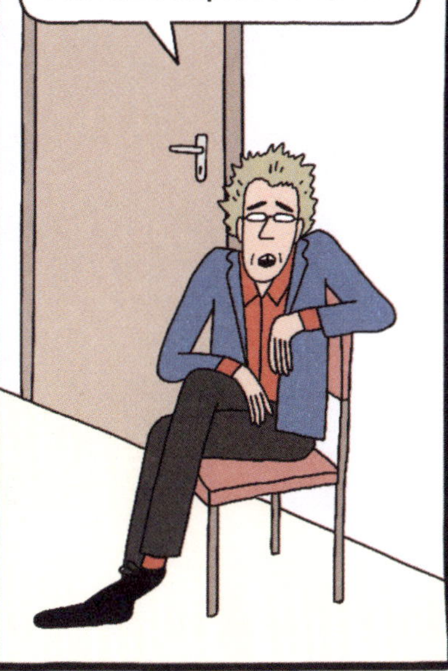

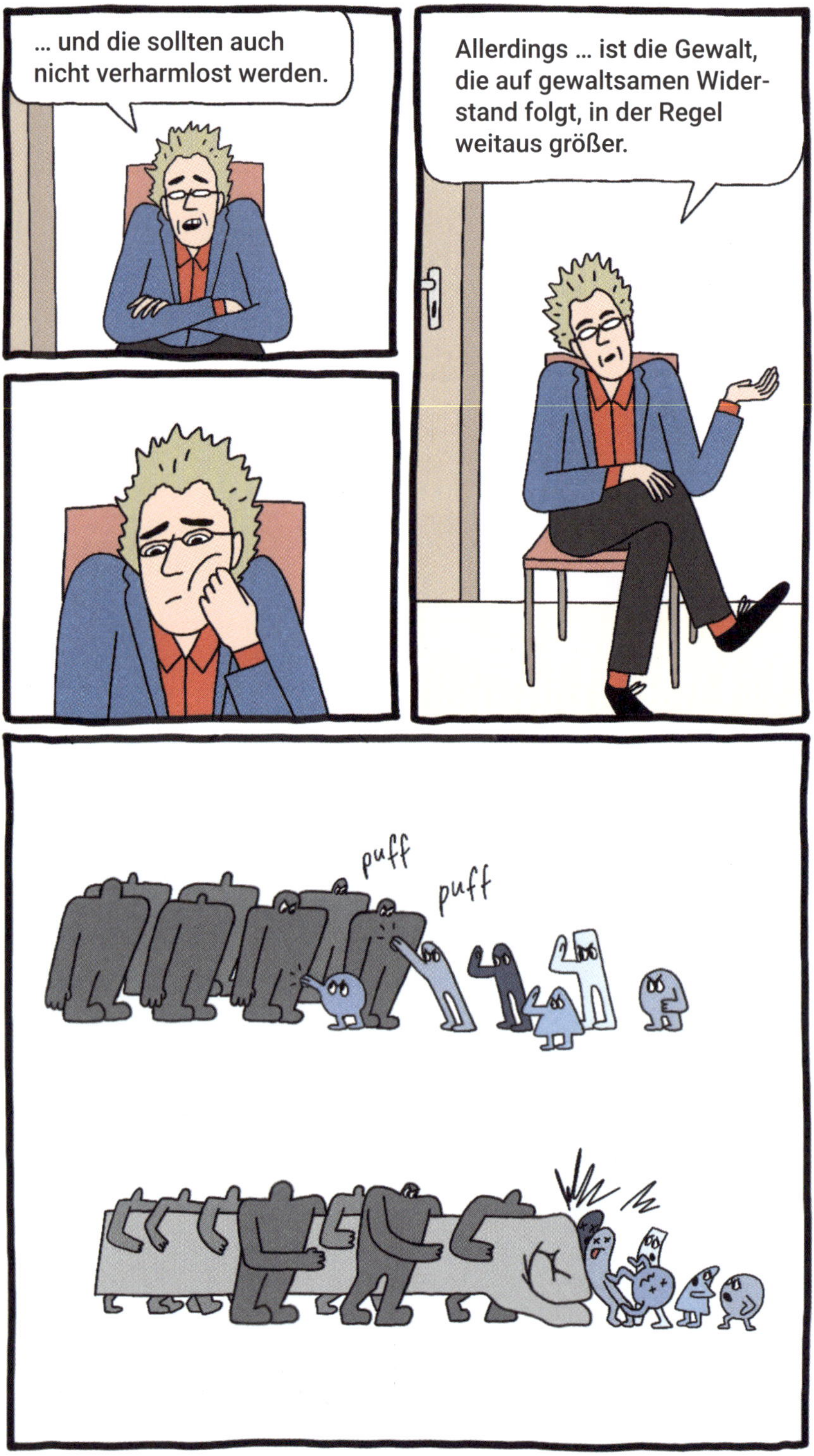

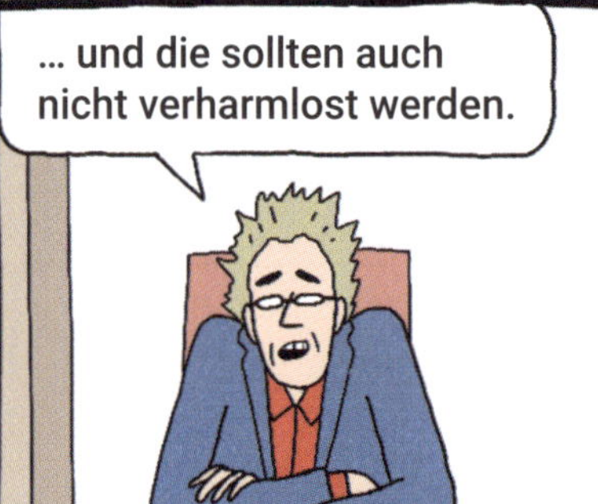
… und die sollten auch nicht verharmlost werden.

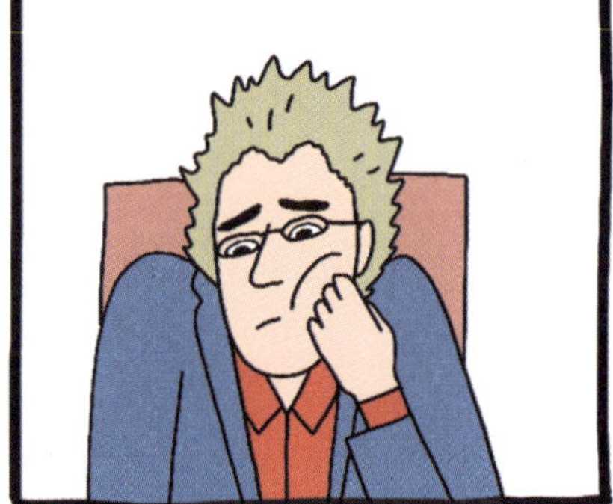

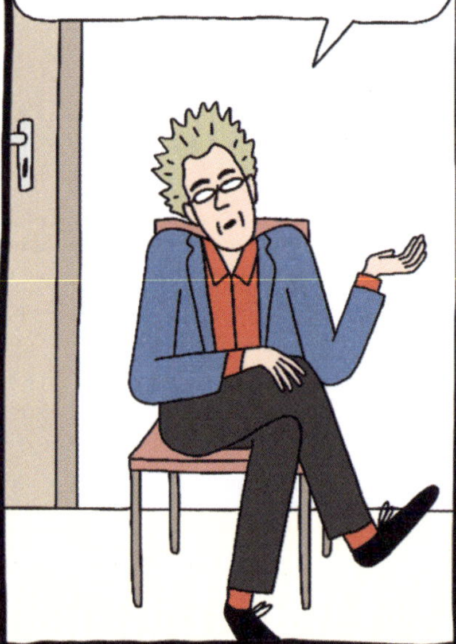
Allerdings … ist die Gewalt, die auf gewaltsamen Widerstand folgt, in der Regel weitaus größer.

puff
puff

7 Methoden gewaltlosen Widerstands

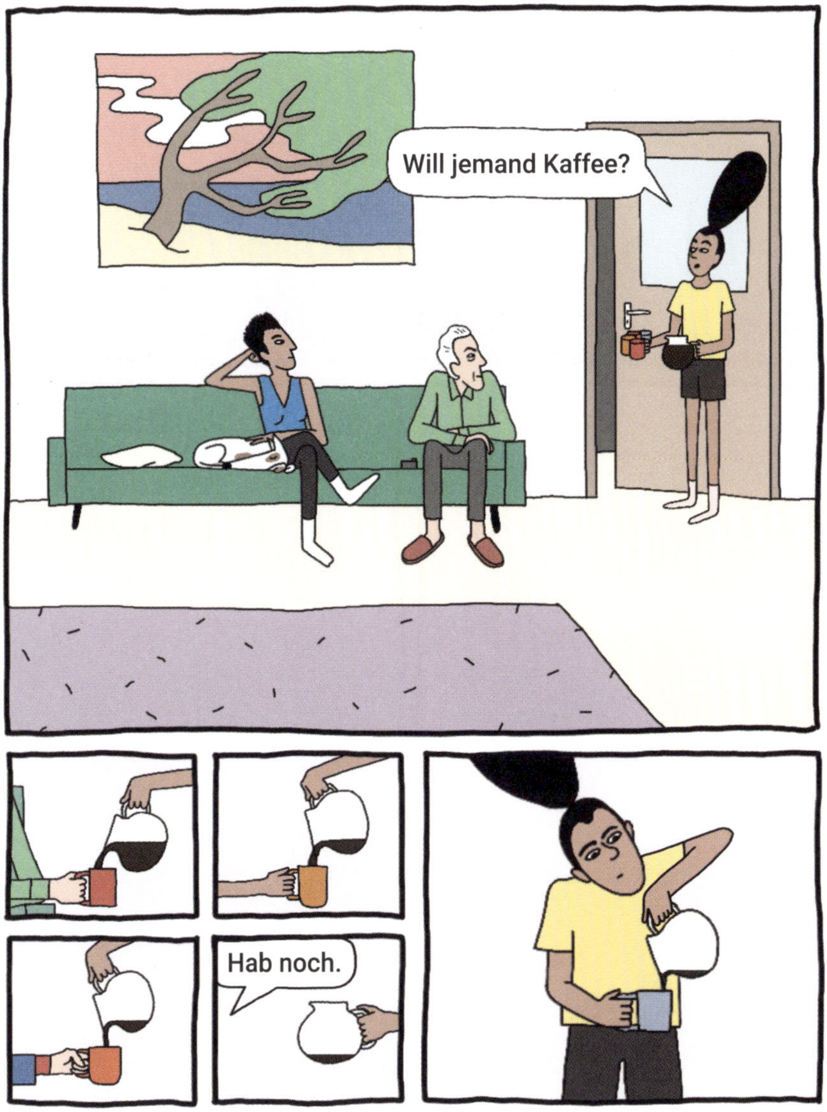

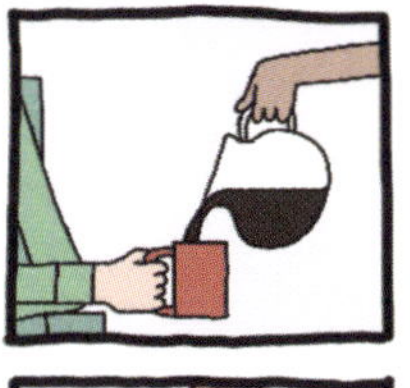

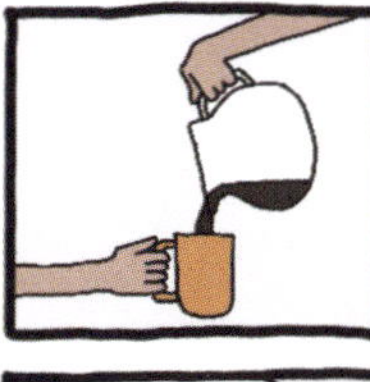

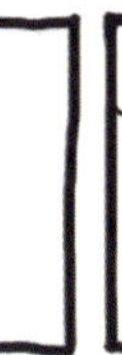

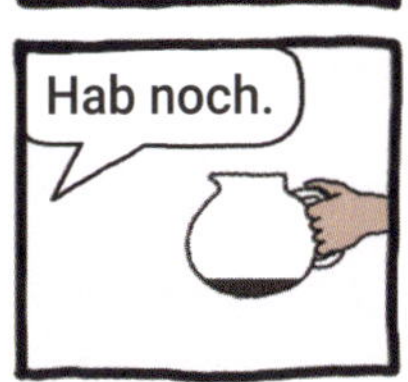

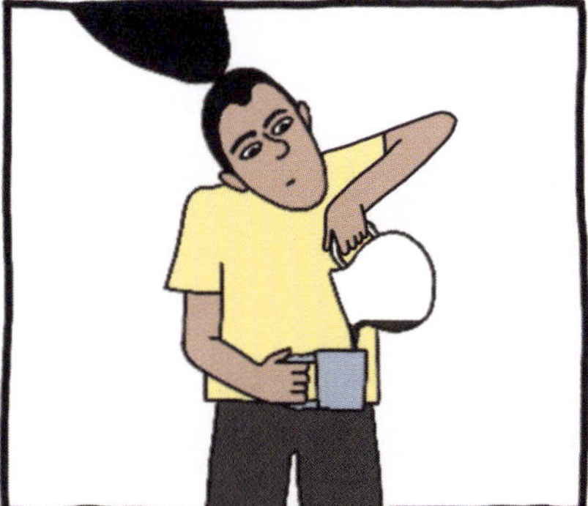

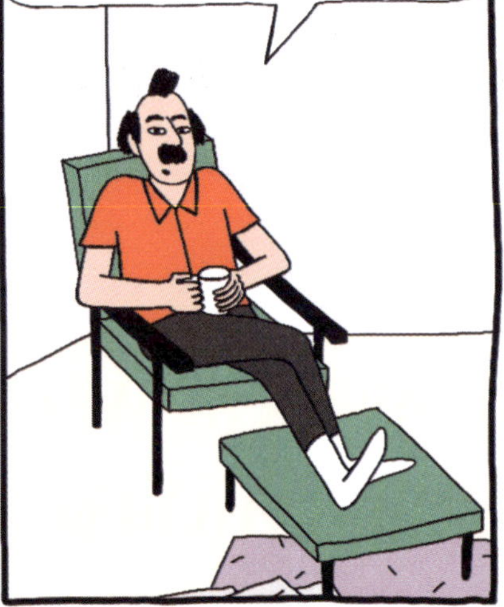

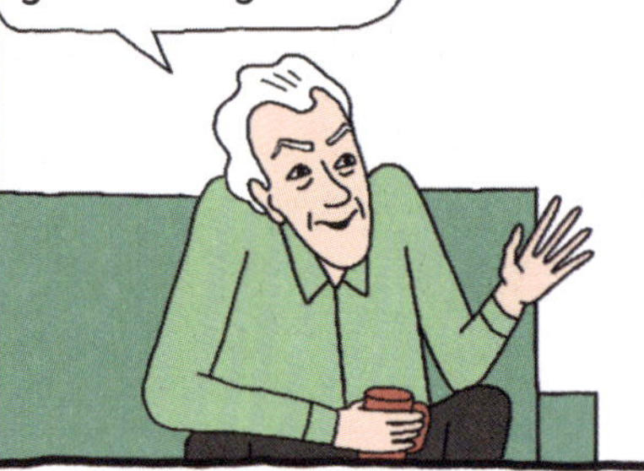

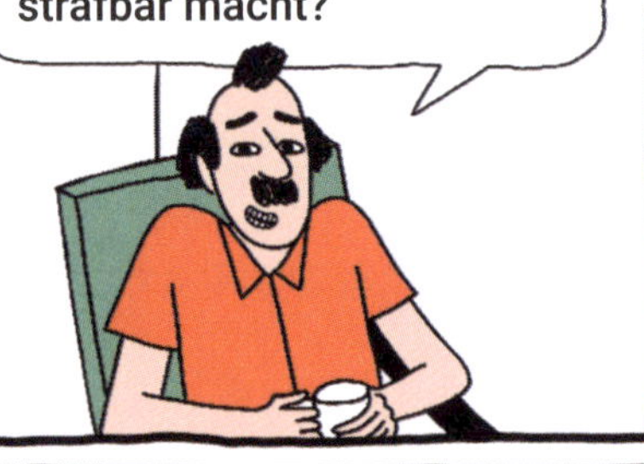

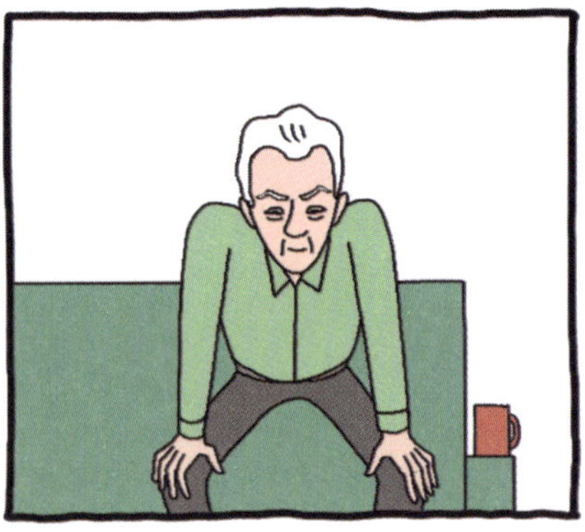

Ja, ja, auch das.

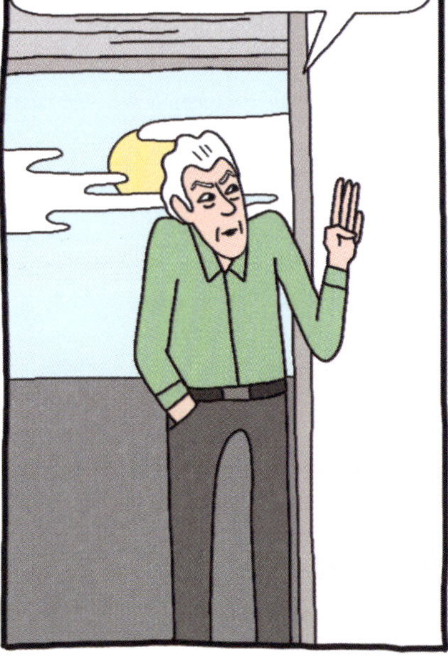

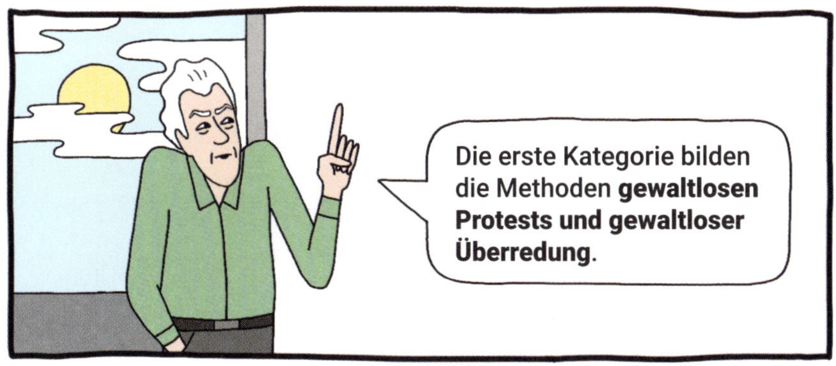

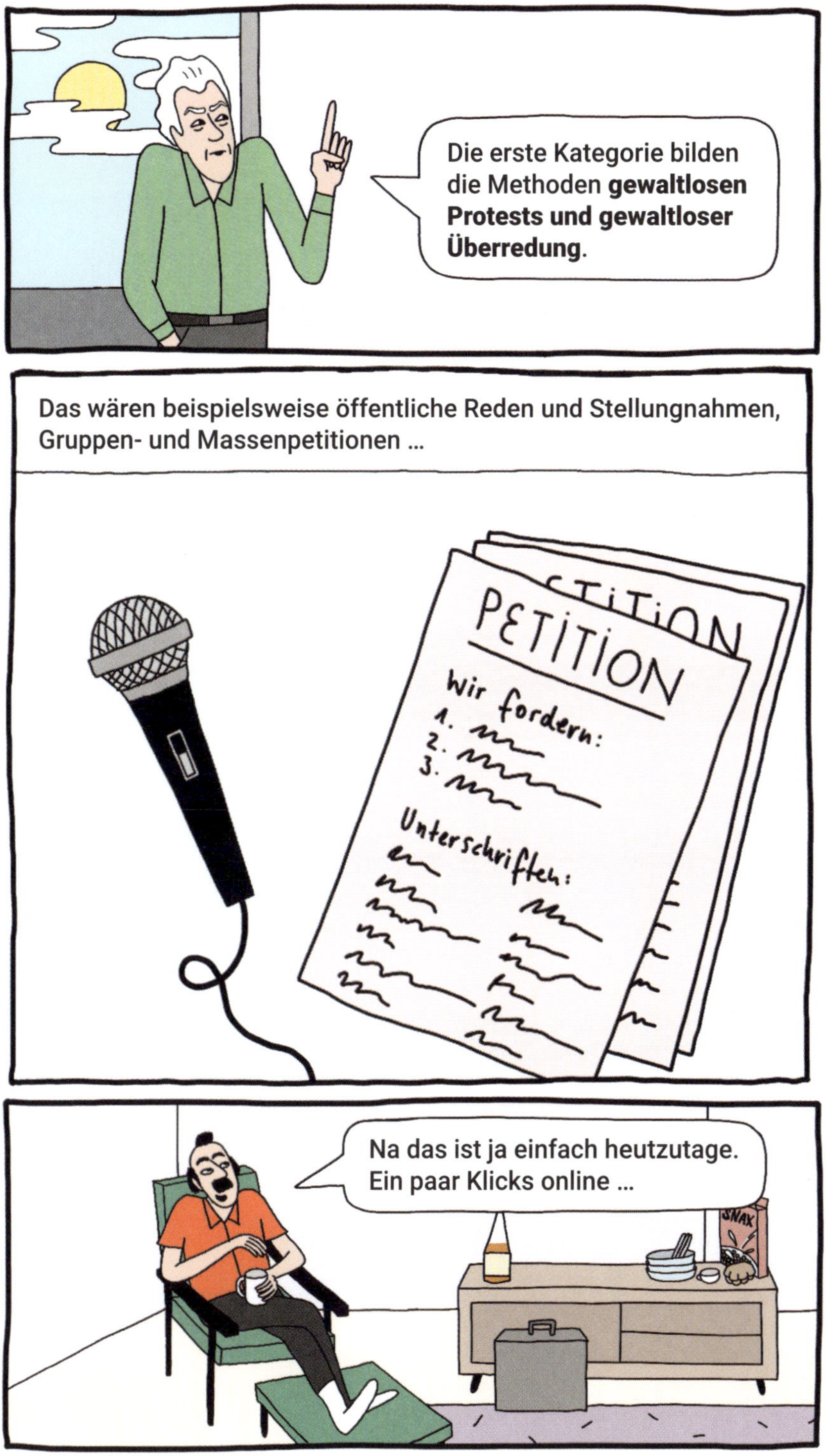

Das wären beispielsweise öffentliche Reden und Stellungnahmen, Gruppen- und Massenpetitionen …

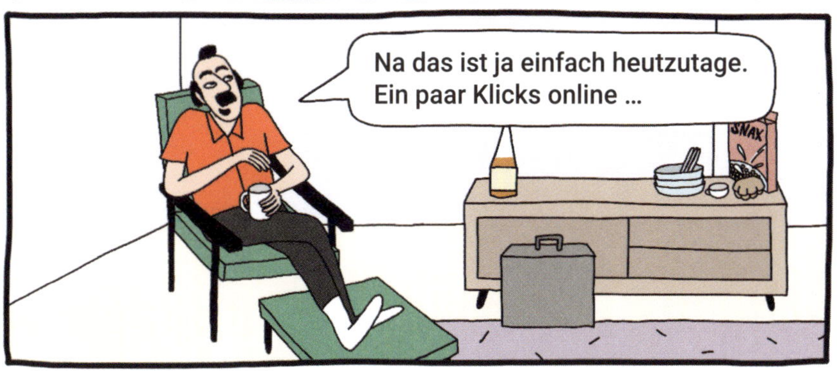

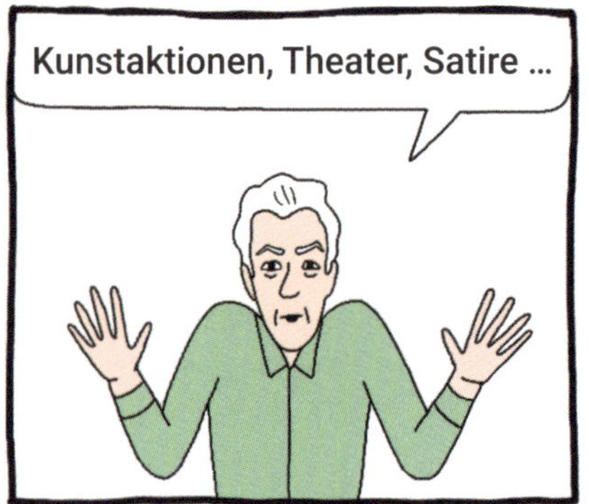

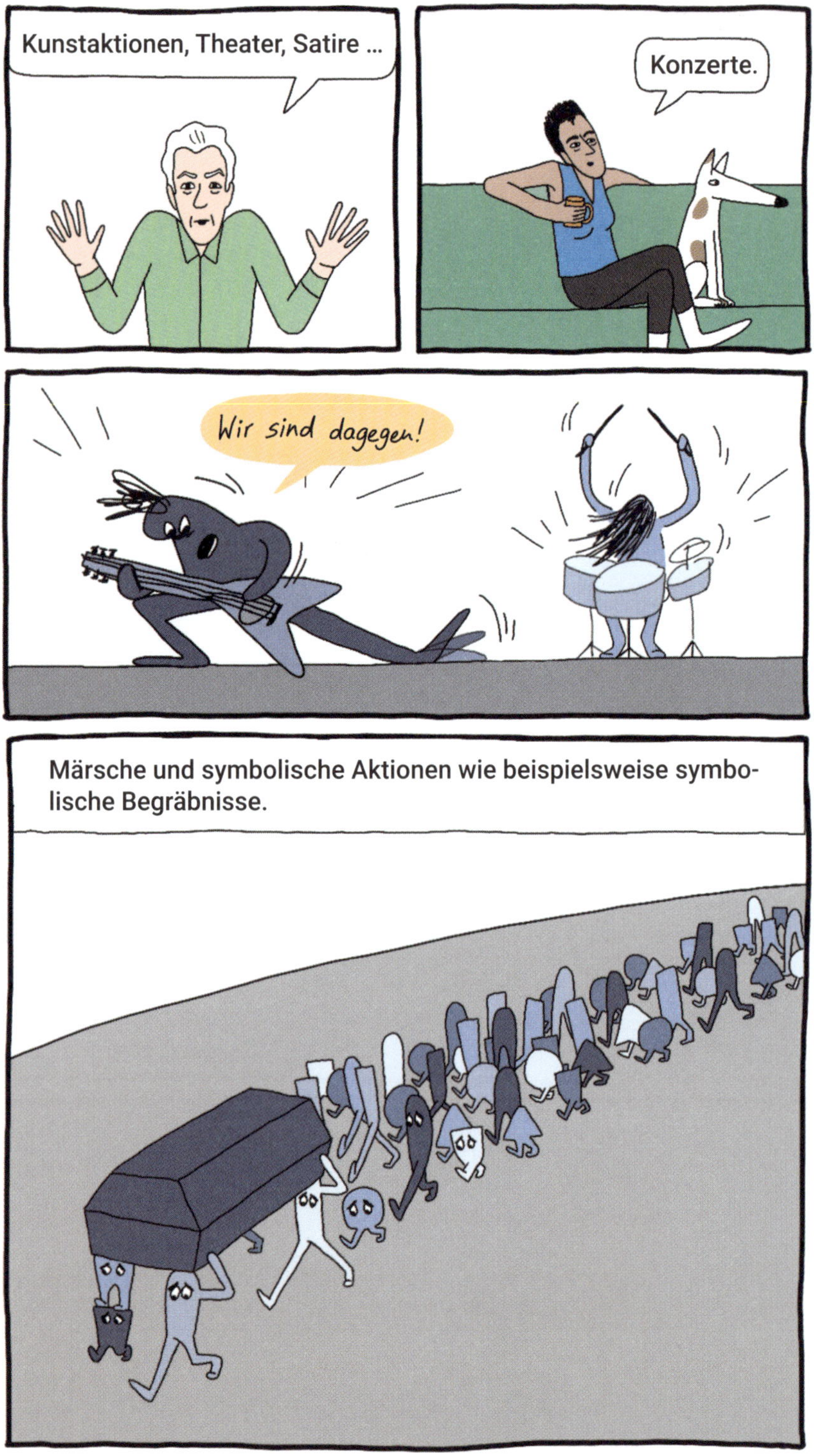

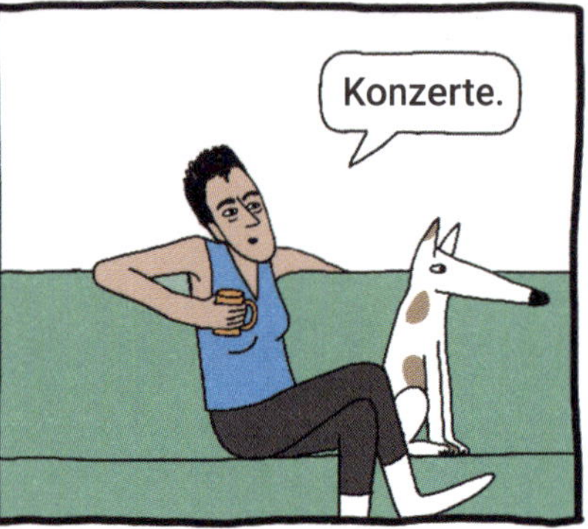

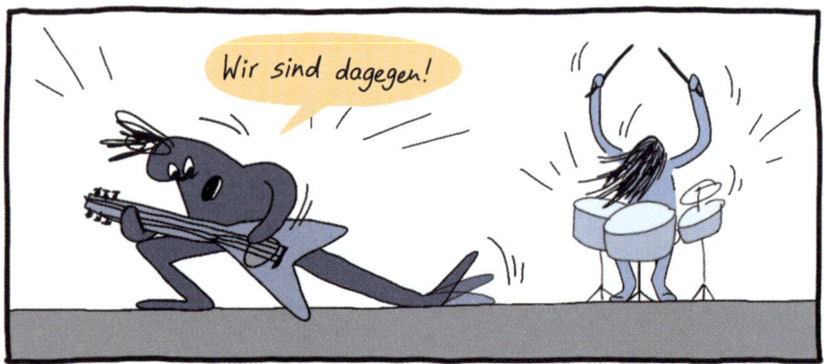

Märsche und symbolische Aktionen wie beispielsweise symbolische Begräbnisse.

Das Verlassen einer Konferenz oder Versammlung oder die schweigende Teilnahme daran.

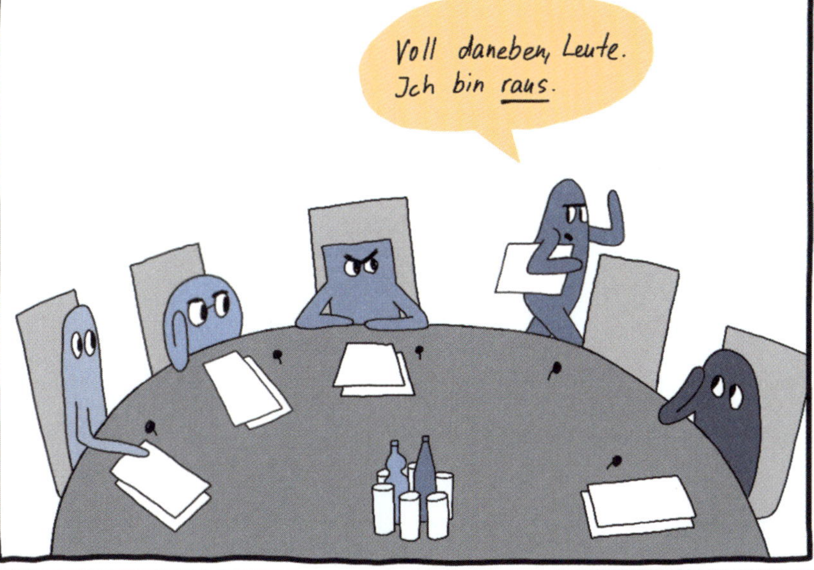

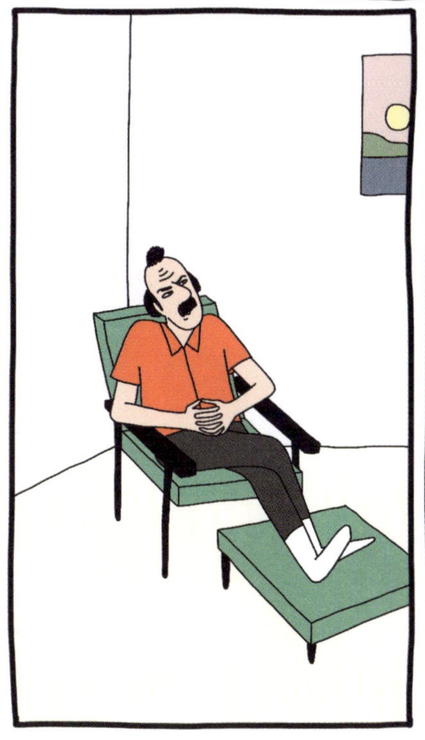

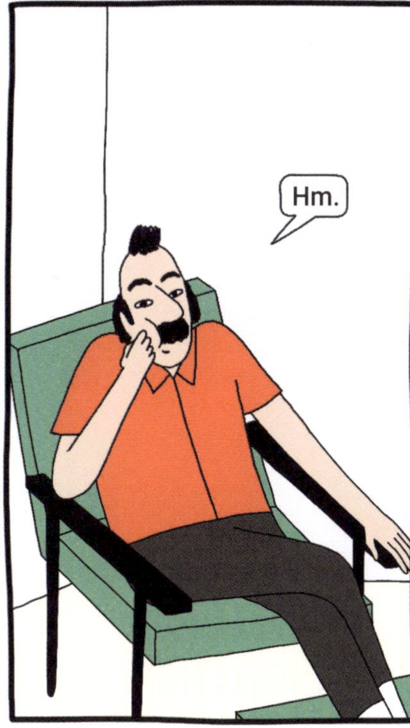

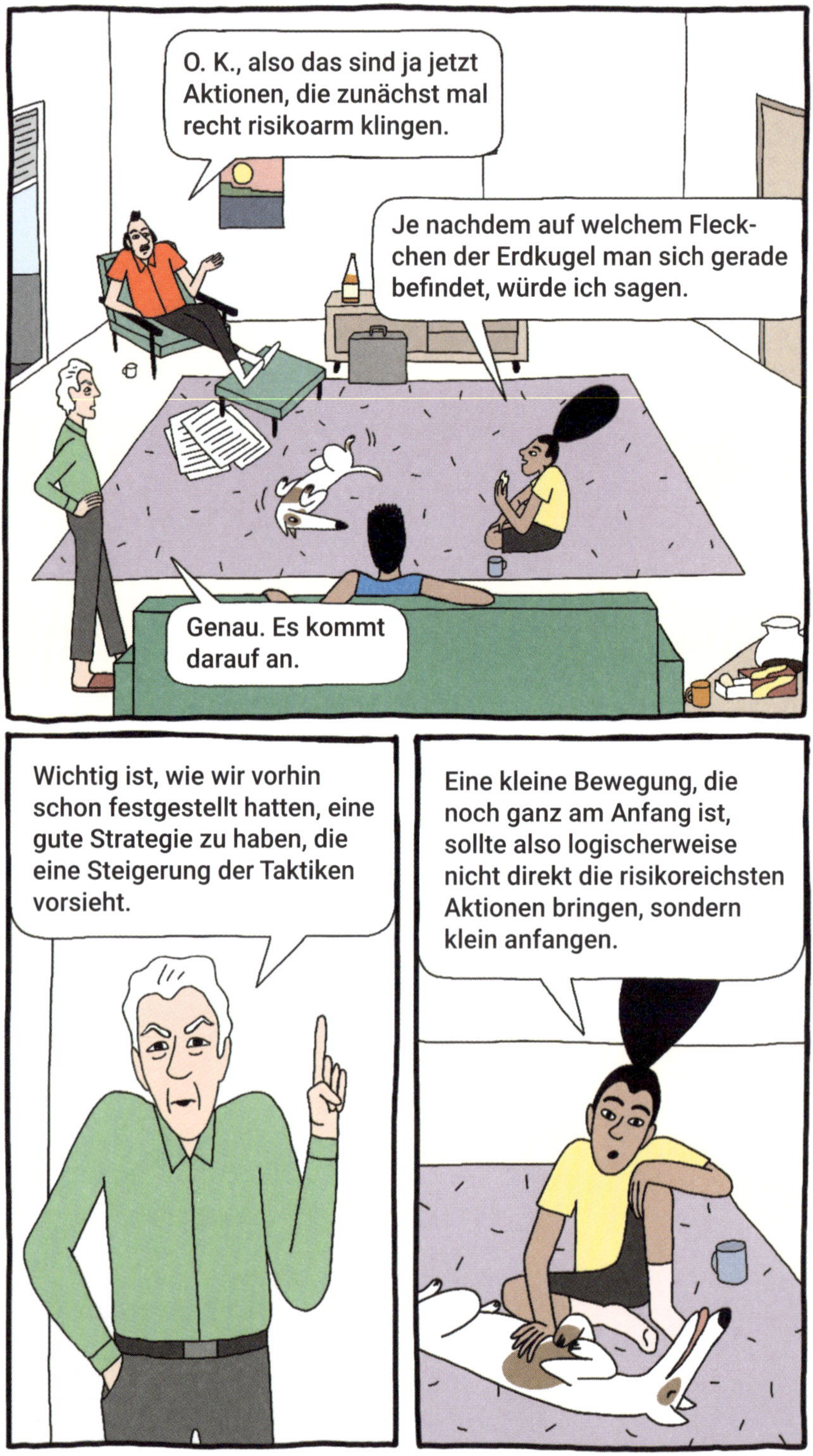

O. K., also das sind ja jetzt Aktionen, die zunächst mal recht risikoarm klingen.

Je nachdem auf welchem Fleckchen der Erdkugel man sich gerade befindet, würde ich sagen.

Genau. Es kommt darauf an.

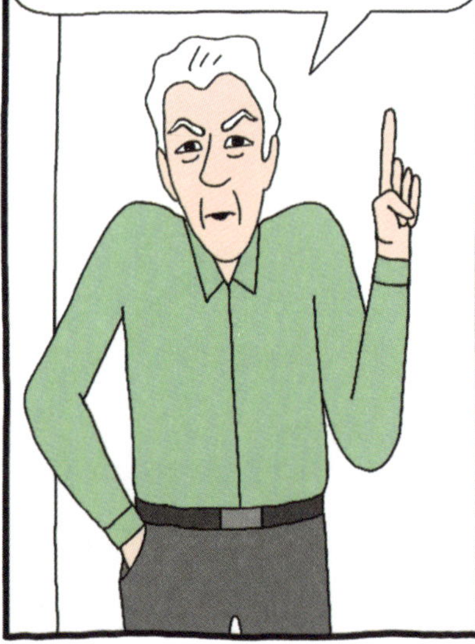

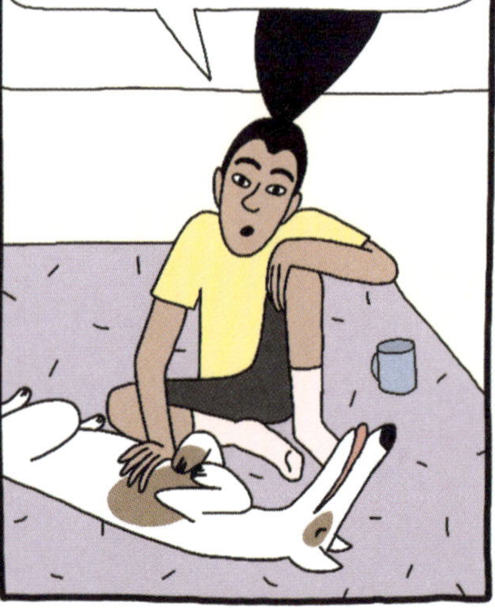

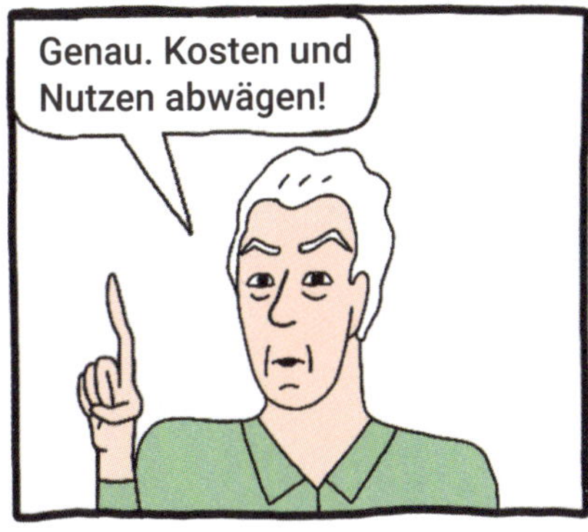

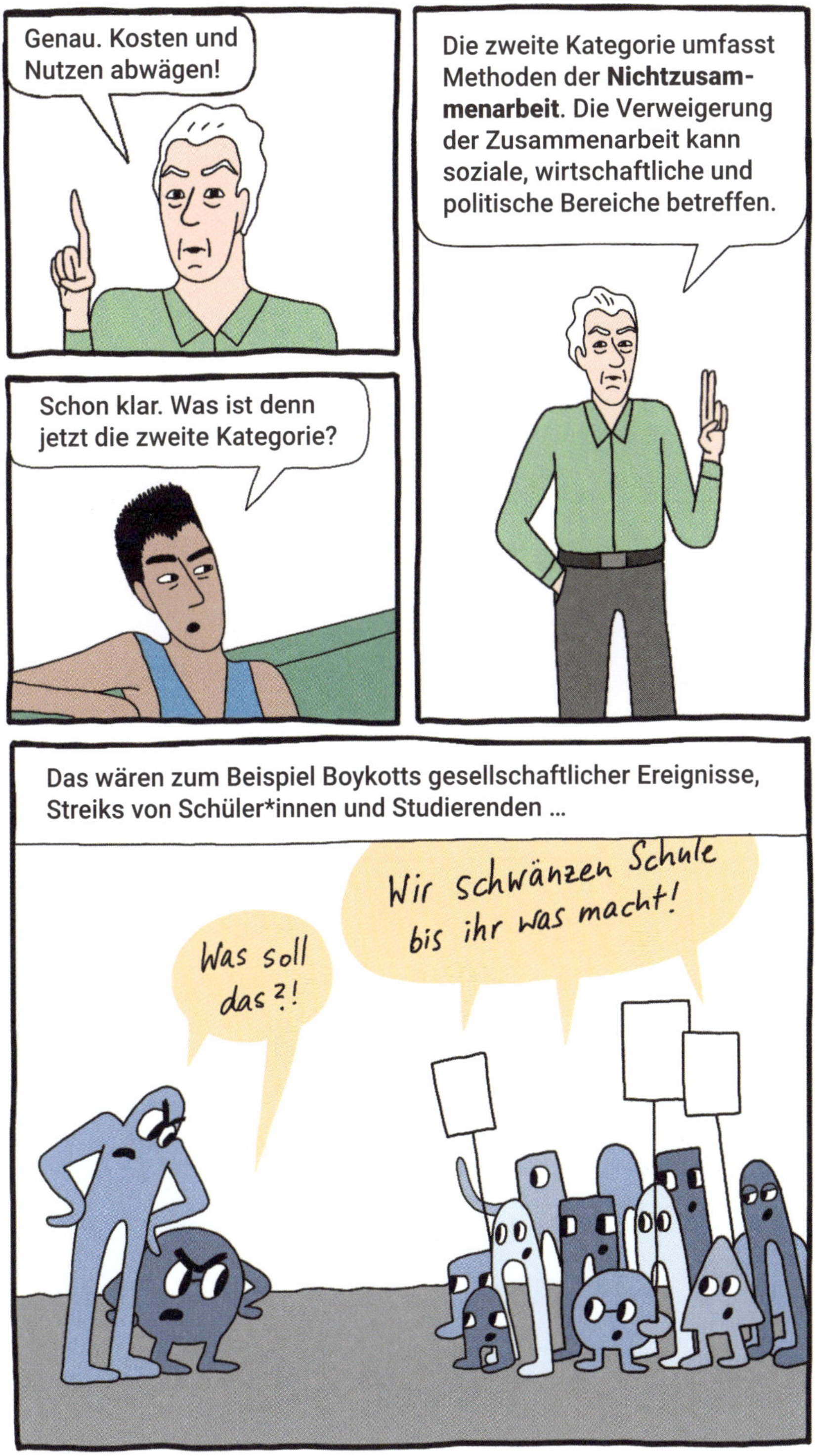

Schon klar. Was ist denn jetzt die zweite Kategorie?

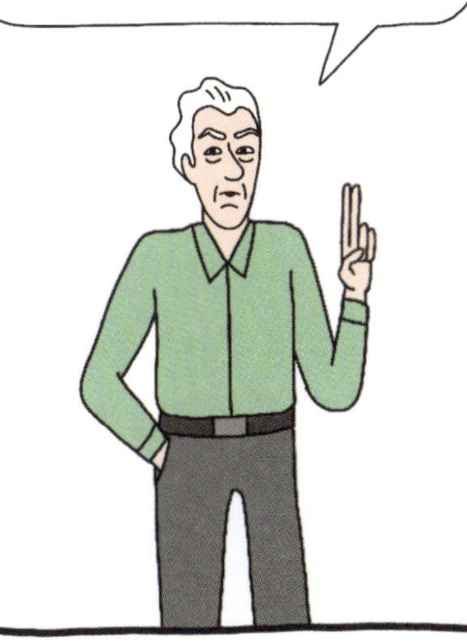

Das wären zum Beispiel Boykotts gesellschaftlicher Ereignisse, Streiks von Schüler*innen und Studierenden …

Was soll das?!

Wir schwänzen Schule bis ihr was macht!

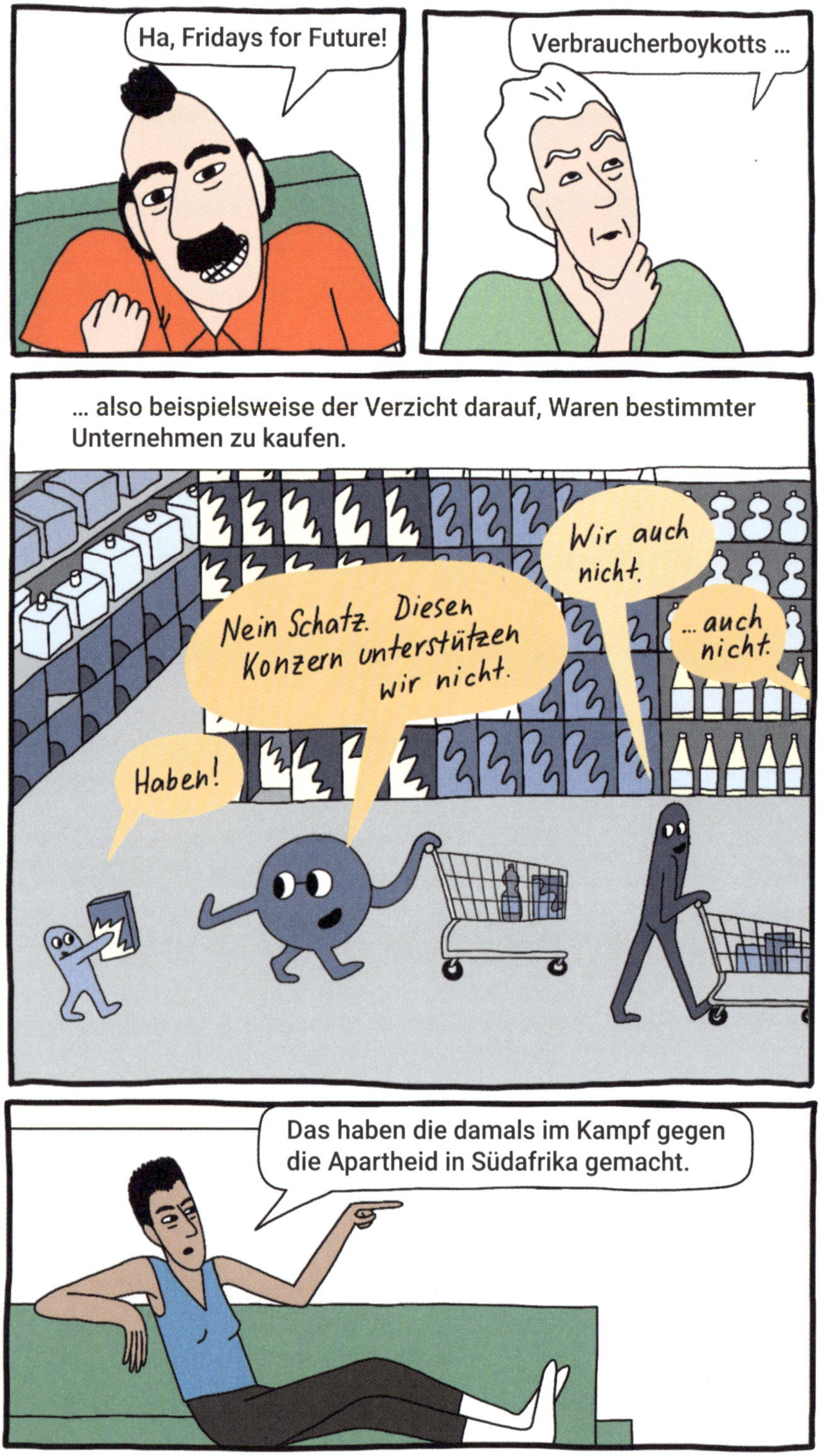

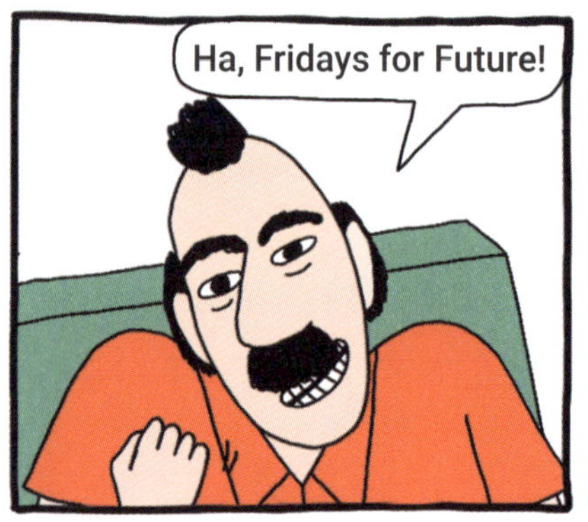

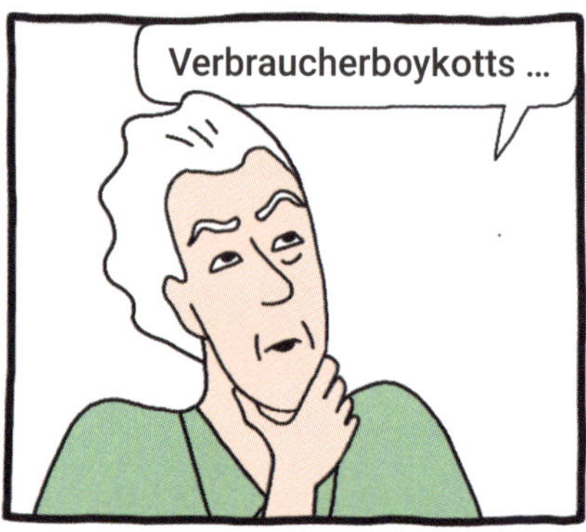

… also beispielsweise der Verzicht darauf, Waren bestimmter Unternehmen zu kaufen.

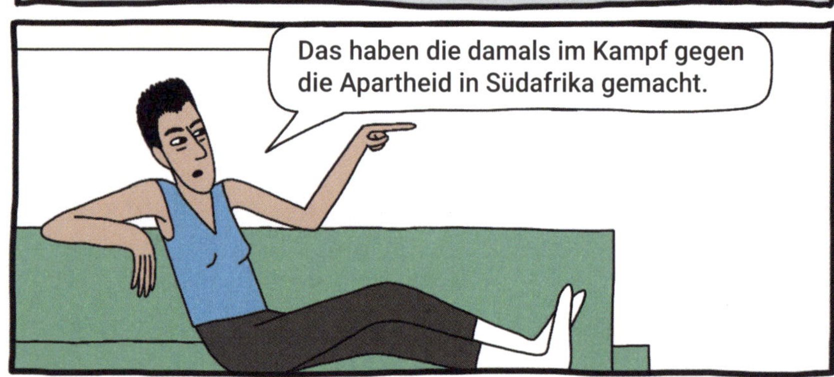

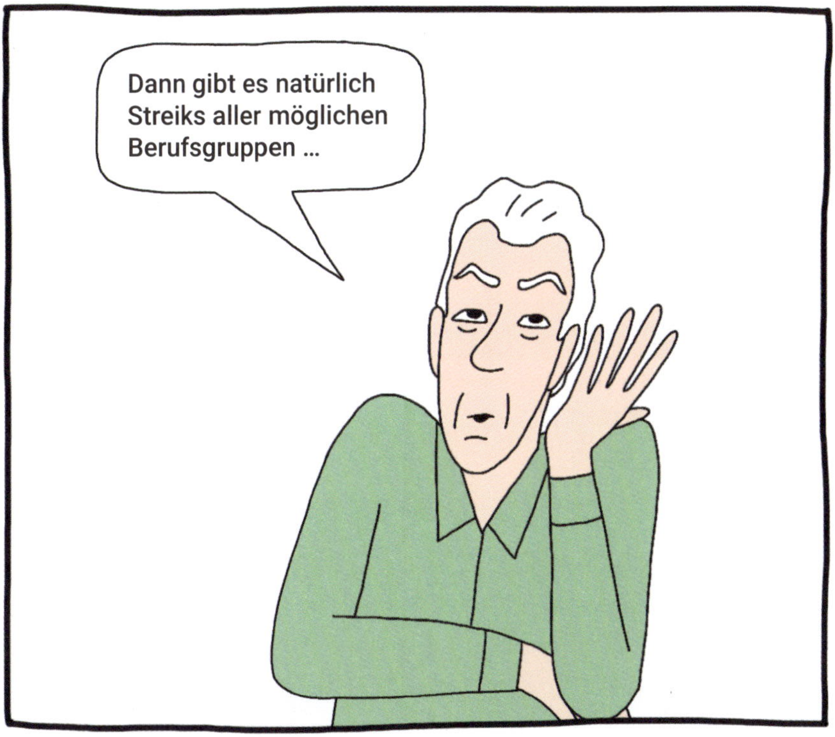

Dann gibt es natürlich Streiks aller möglichen Berufsgruppen …

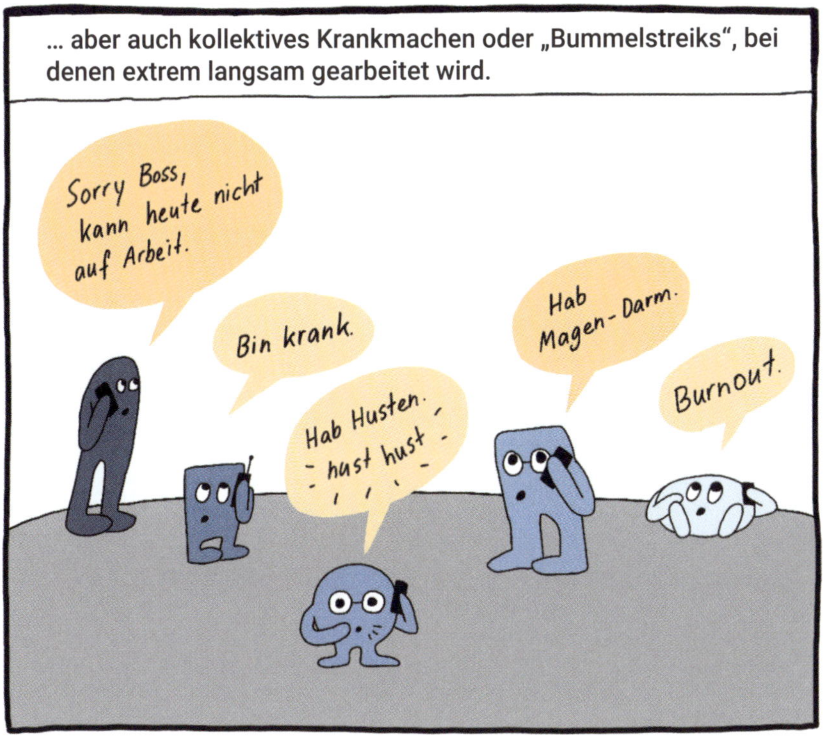

… aber auch kollektives Krankmachen oder „Bummelstreiks“, bei denen extrem langsam gearbeitet wird.

Sorry Boss, kann heute nicht auf Arbeit.

Bin krank.

Hab Husten. - hust hust -

Hab Magen-Darm.

Burnout.

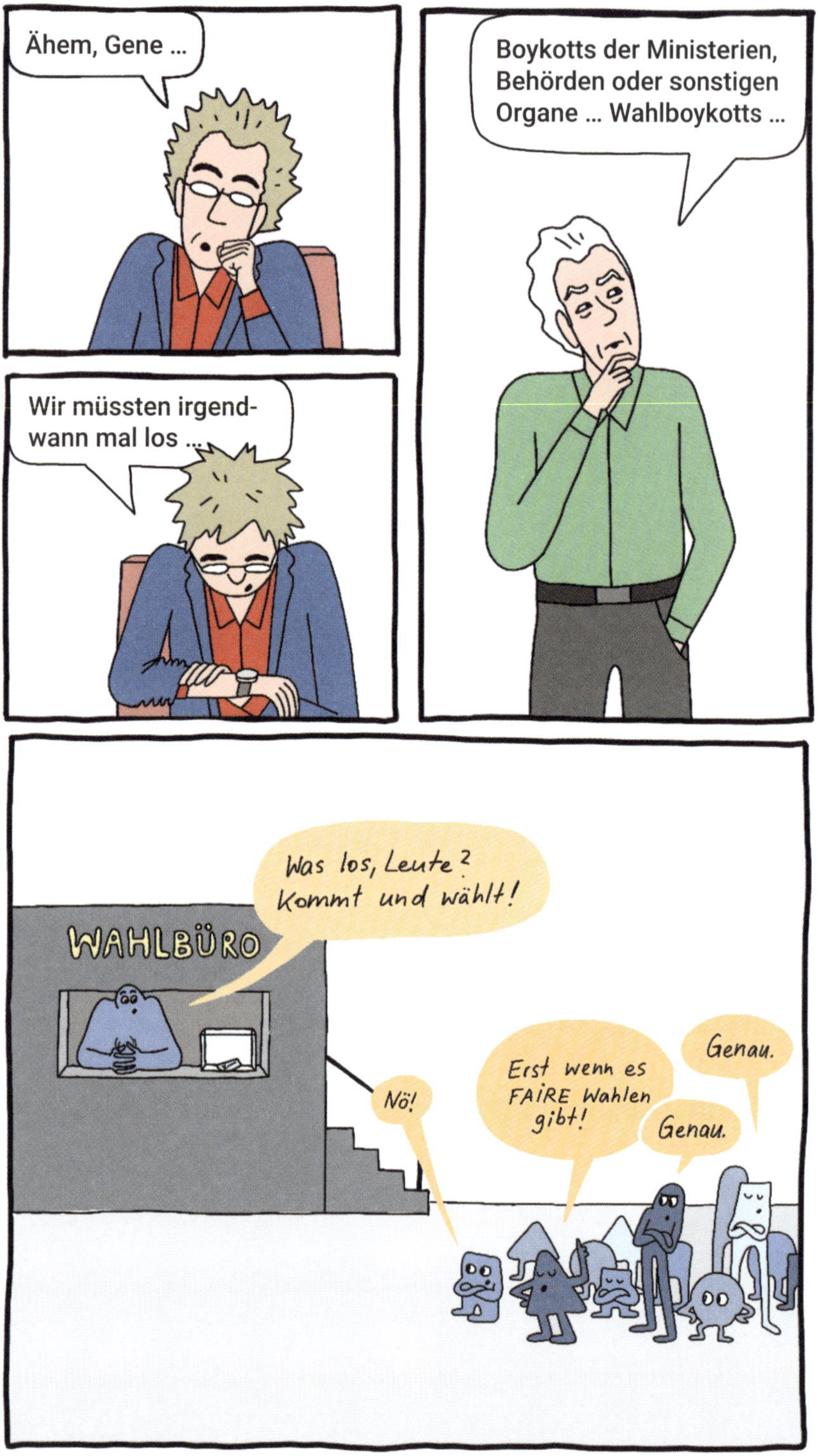

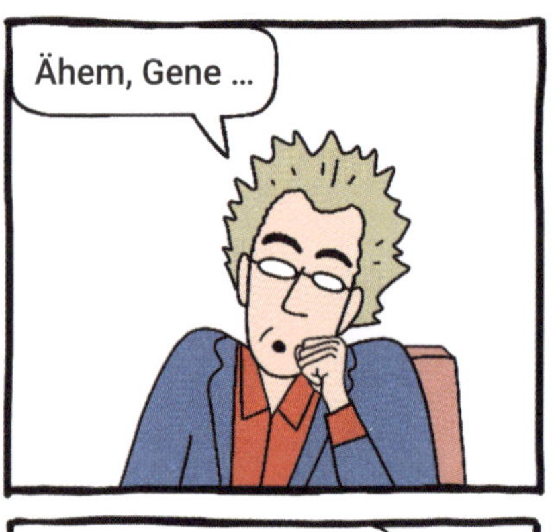
Ähem, Gene ...

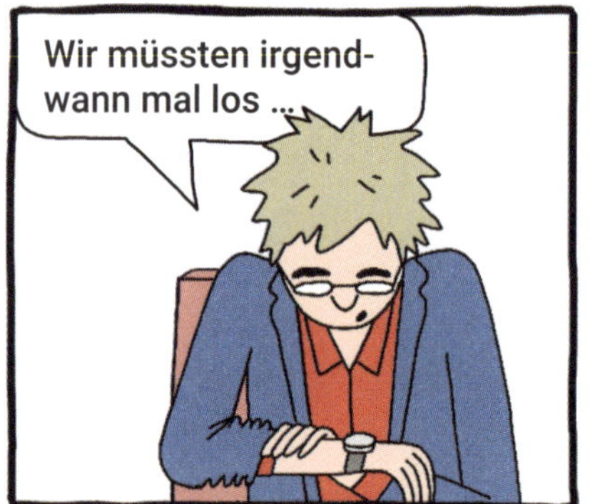
Wir müssten irgend-
wann mal los ...

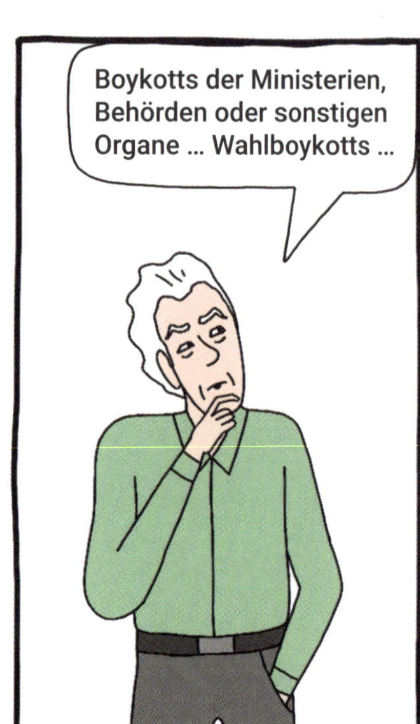
Boykotts der Ministerien,
Behörden oder sonstigen
Organe ... Wahlboykotts ...

WAHLBÜRO
Was los, Leute?
Kommt und wählt!
Nö!
Erst wenn es
FAIRE Wahlen
gibt!
Genau.
Genau.

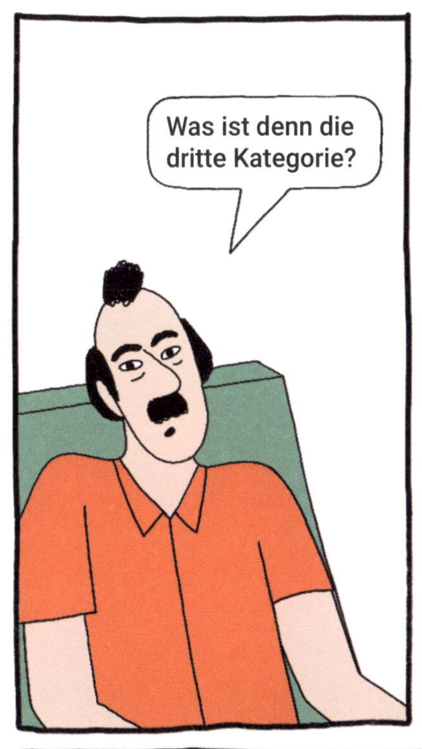

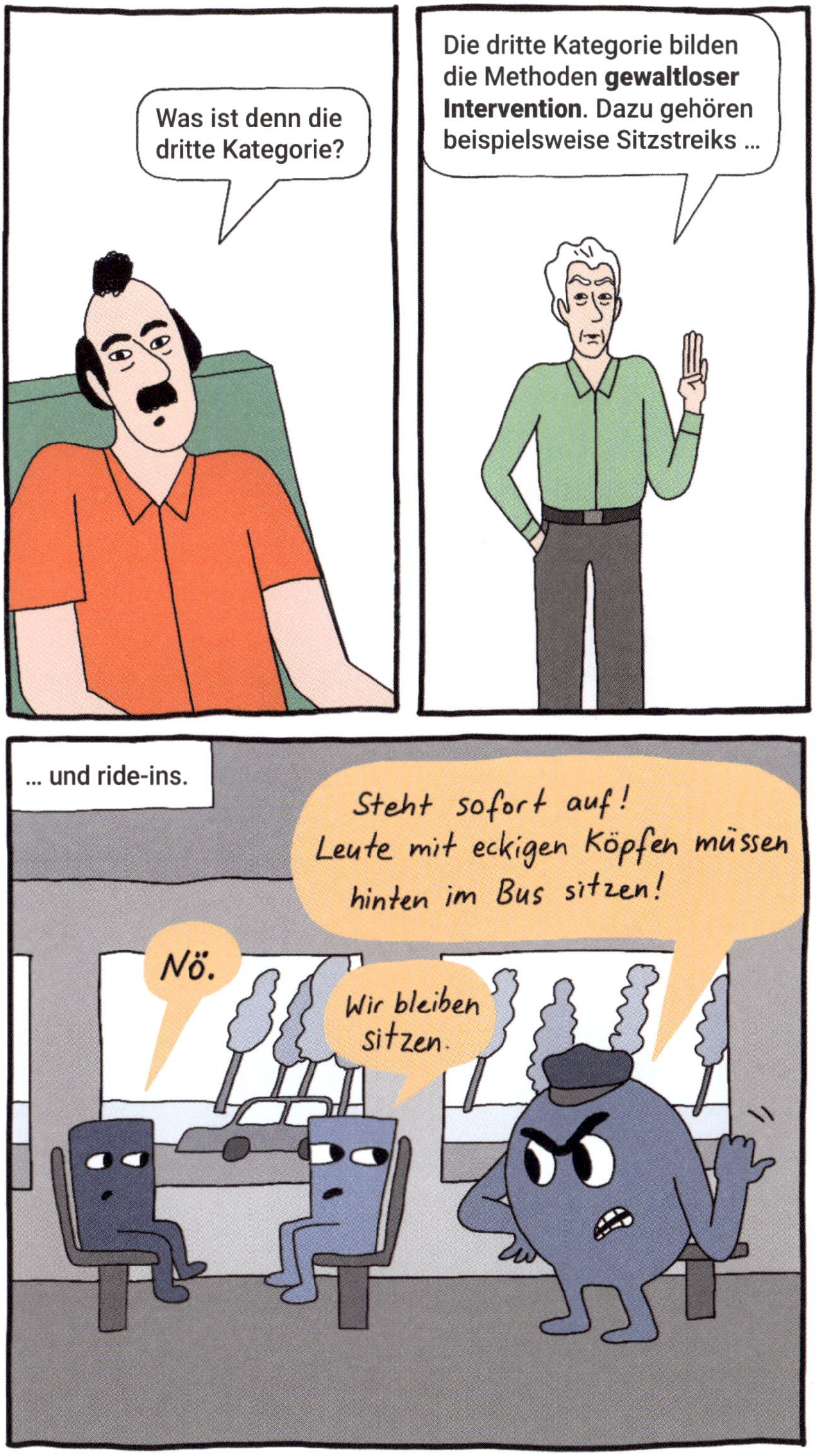

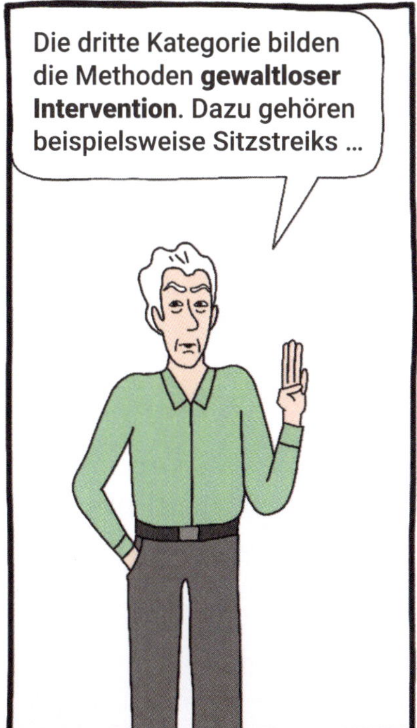

… und ride-ins.

Steht sofort auf! Leute mit eckigen Köpfen müssen hinten im Bus sitzen!

Nö.

Wir bleiben sitzen.

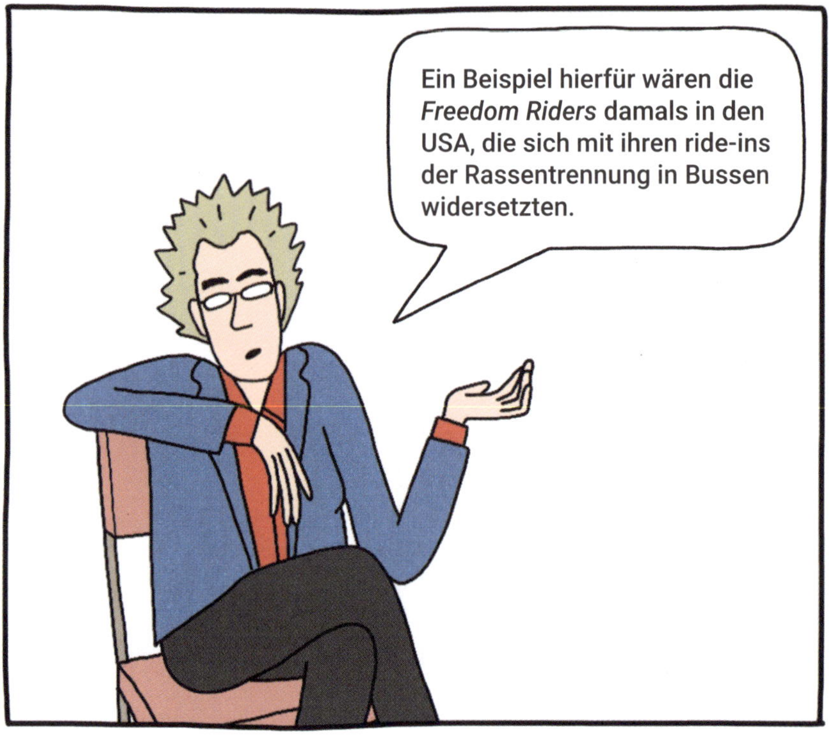

Ein Beispiel hierfür wären die *Freedom Riders* damals in den USA, die sich mit ihren ride-ins der Rassentrennung in Bussen widersetzten.

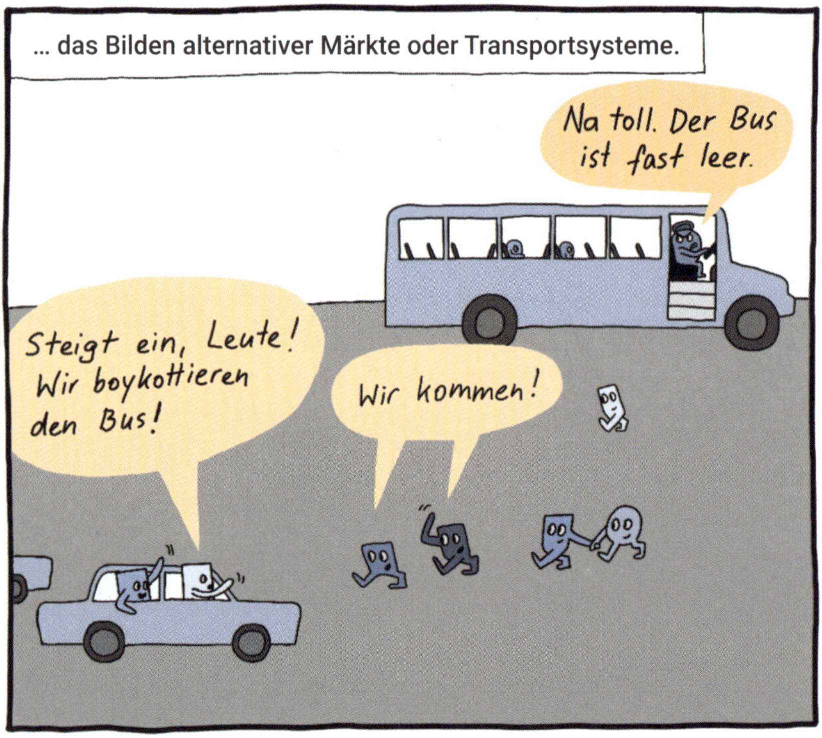

... das Bilden alternativer Märkte oder Transportsysteme.

Na toll. Der Bus ist fast leer.

Steigt ein, Leute! Wir boykottieren den Bus!

Wir kommen!

Ein alternatives Transportsystem gab's während des *Busboykotts in Montgomery*. Das war ein gutes Druckmittel, weil die Stadt so finanzielle Verluste machte.

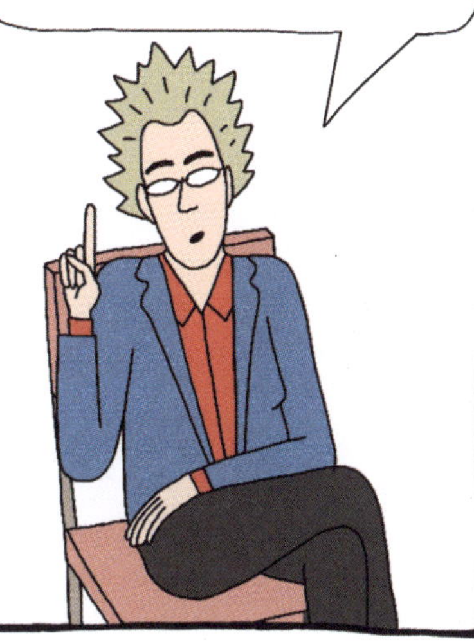

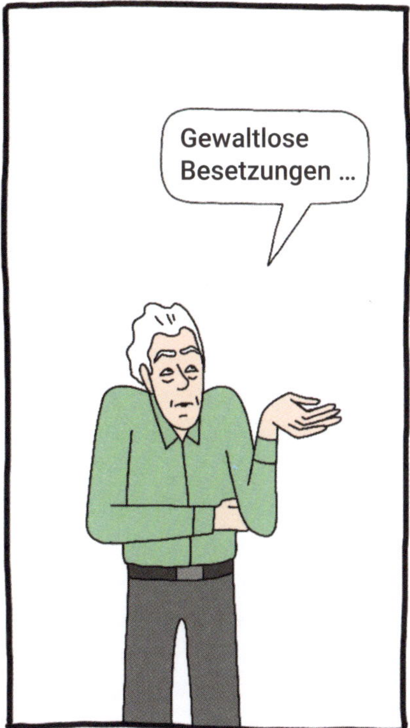

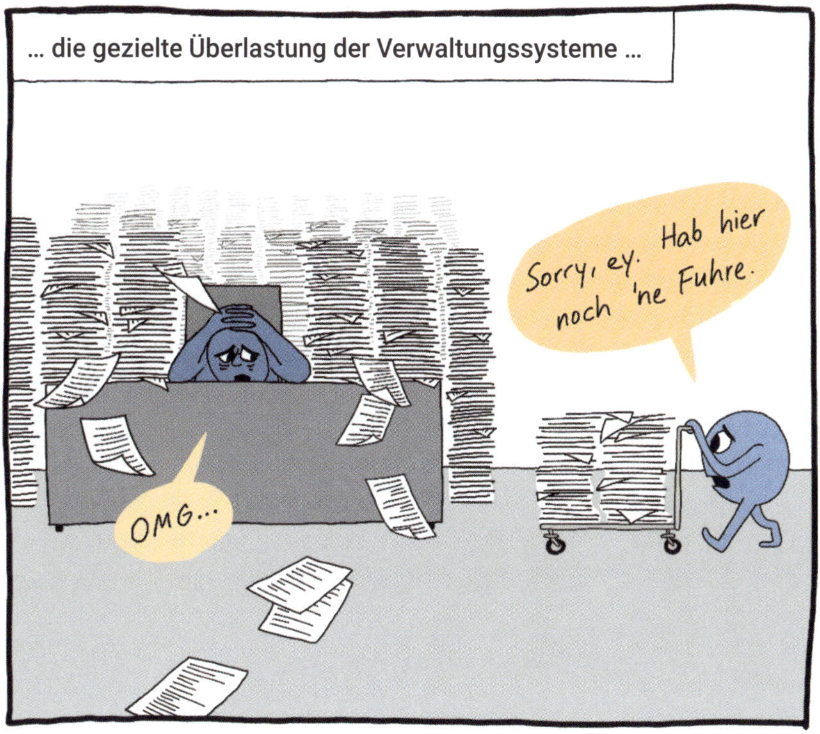

… die gezielte Überlastung der Verwaltungssysteme …

Sorry, ey. Hab hier noch 'ne Fuhre.

OMG…

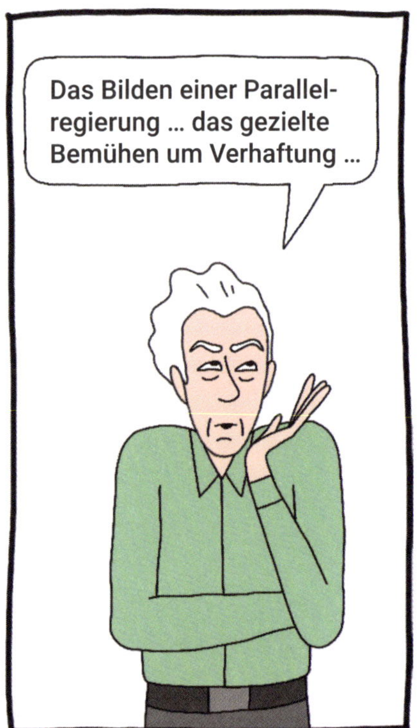

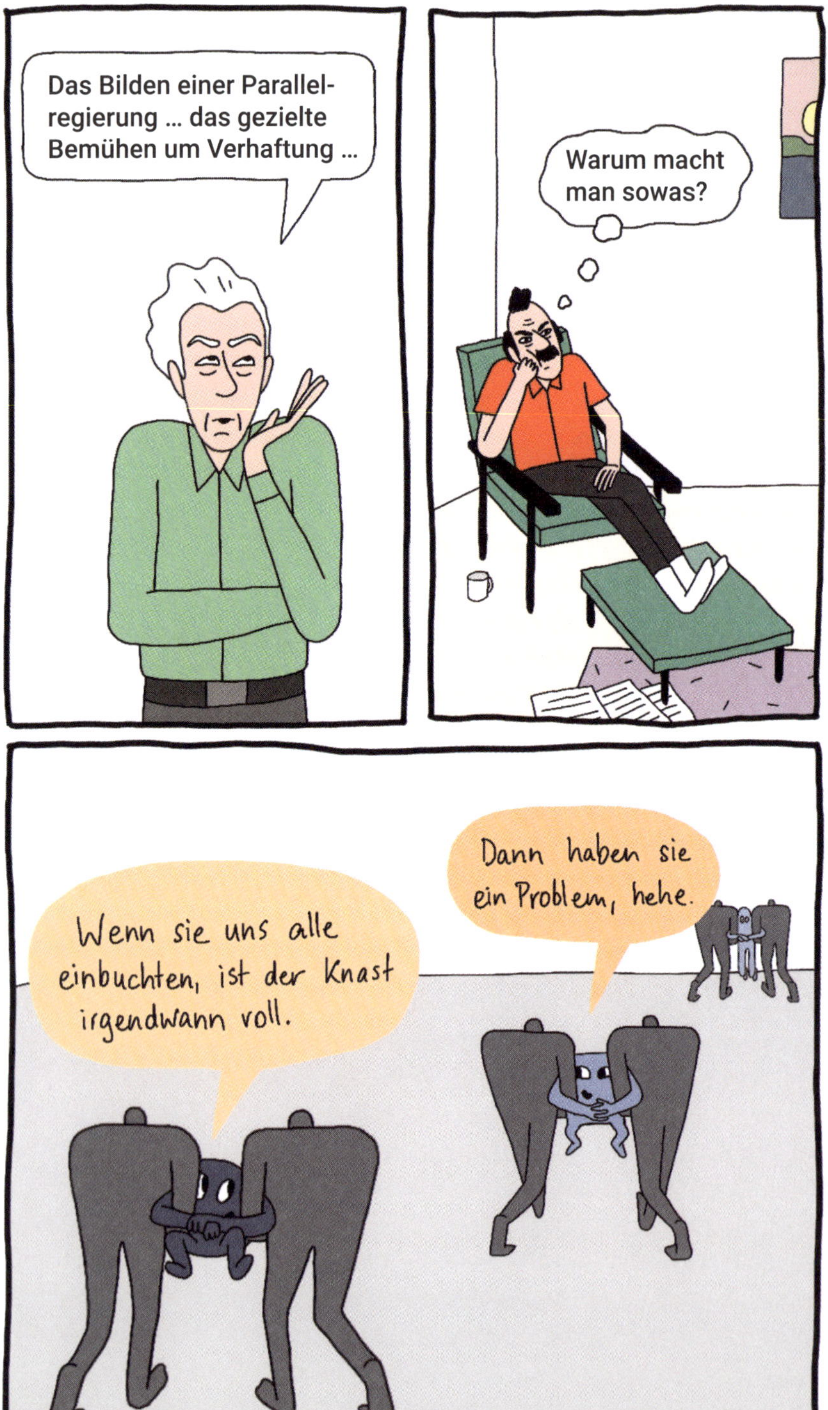

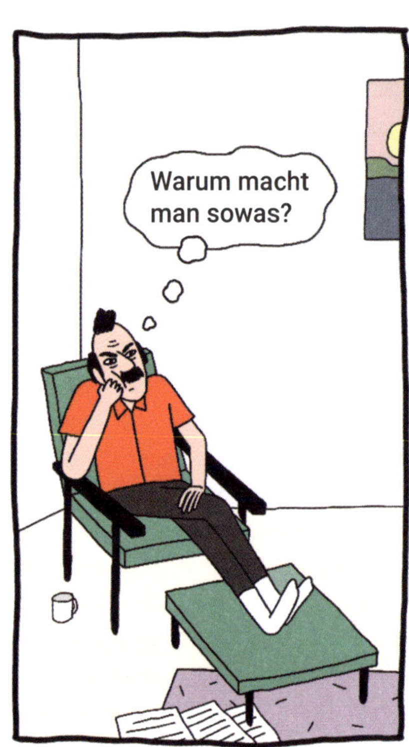

Wenn sie uns alle einbuchten, ist der Knast irgendwann voll.

Dann haben sie ein Problem, hehe.

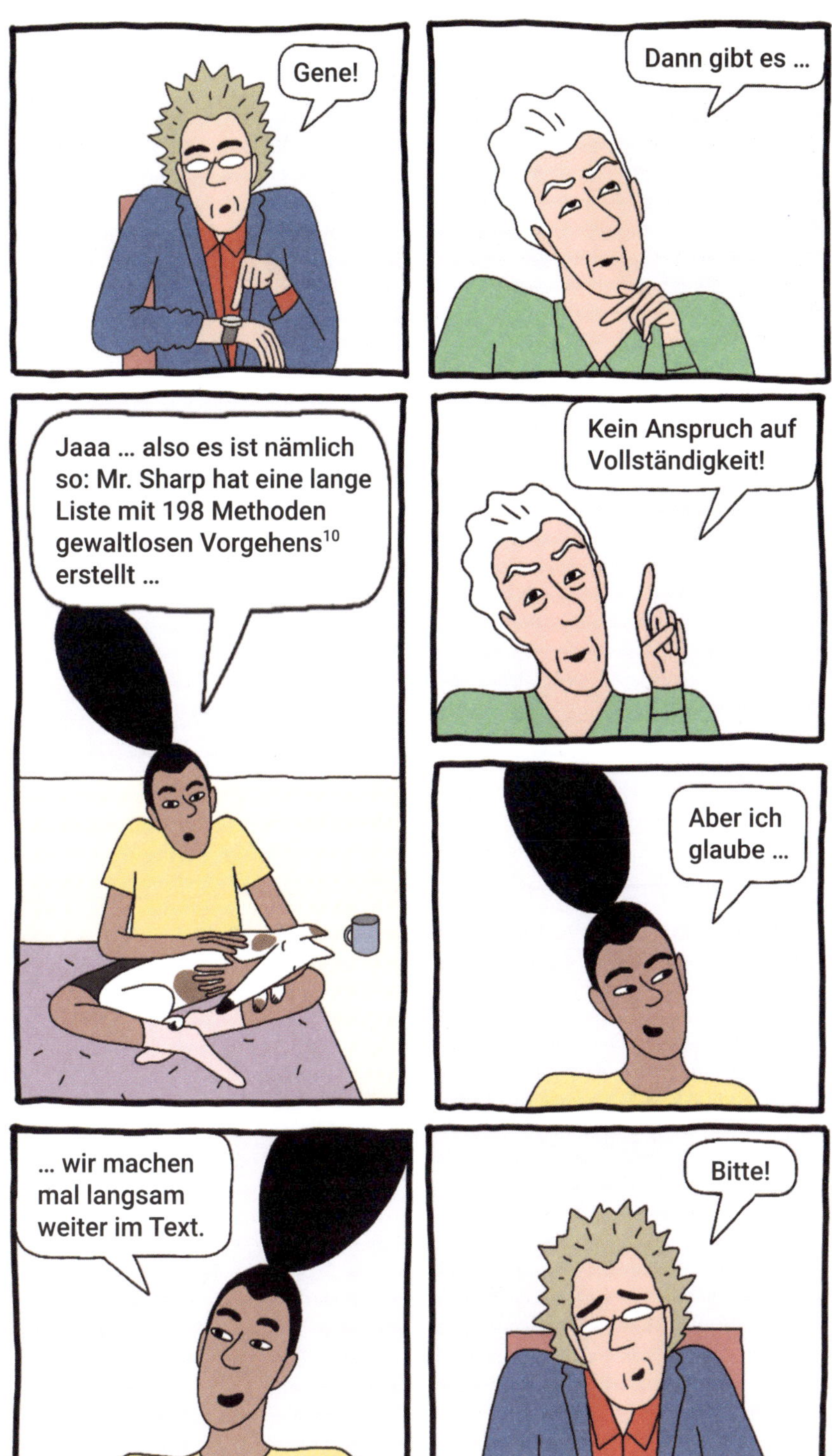

10 Die vollständige Liste der 198 Methoden gewaltlosen Vorgehens findet sich auf der Webseite der Albert Einstein Institution: www.aeinstein.org

8 Fehler und Gefahren

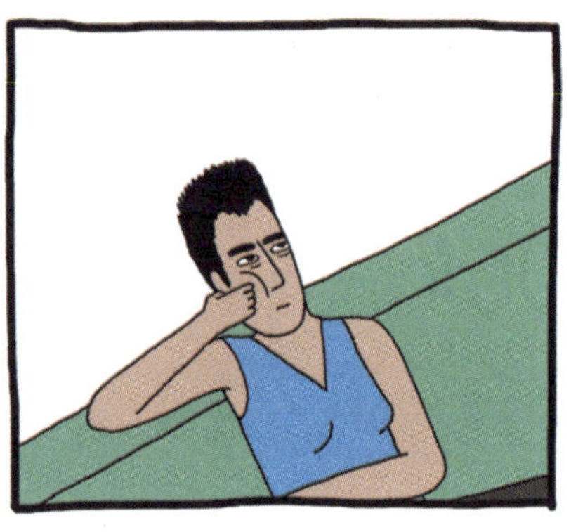

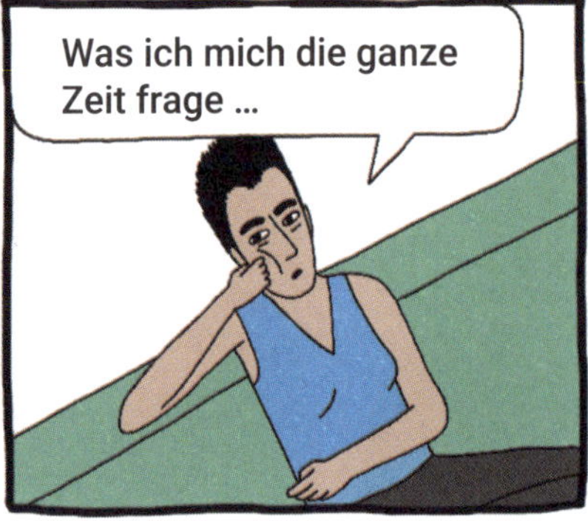

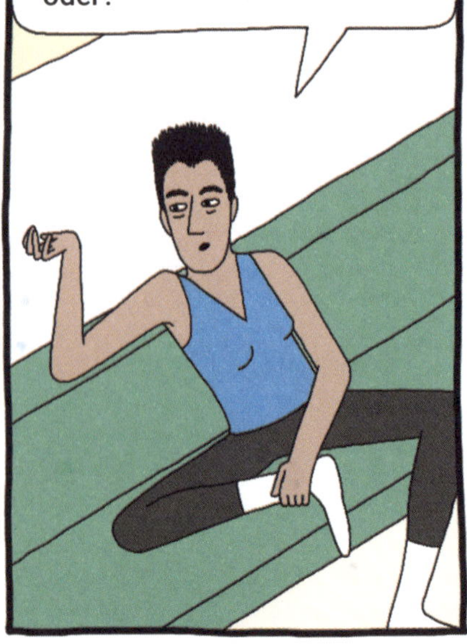

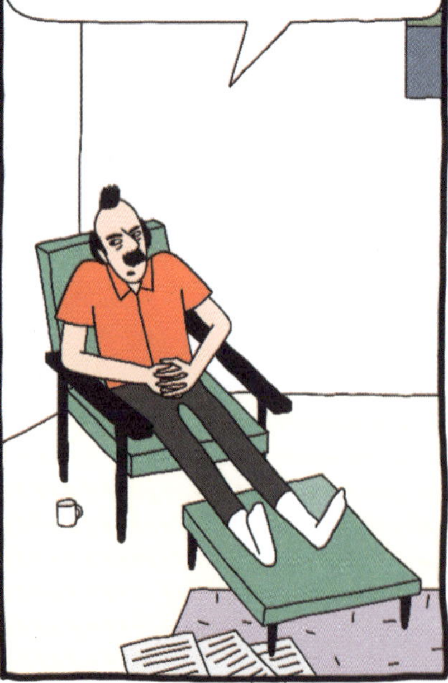

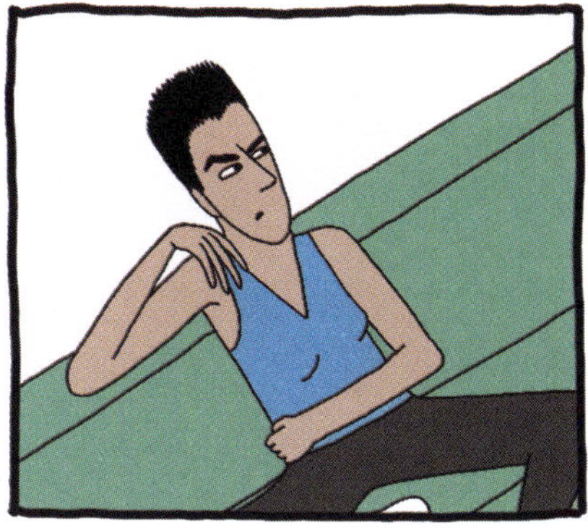

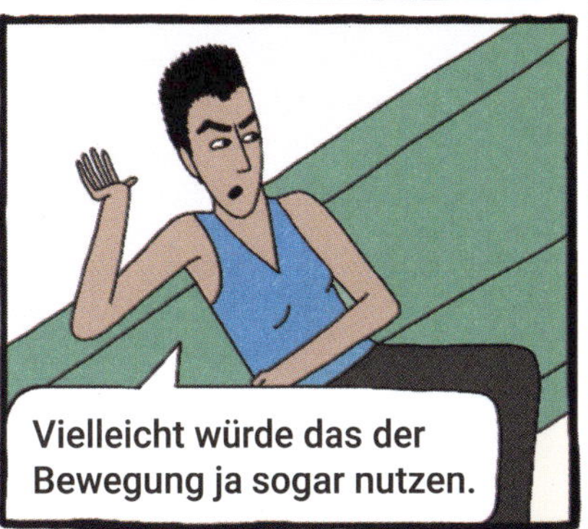
Vielleicht würde das der Bewegung ja sogar nutzen.

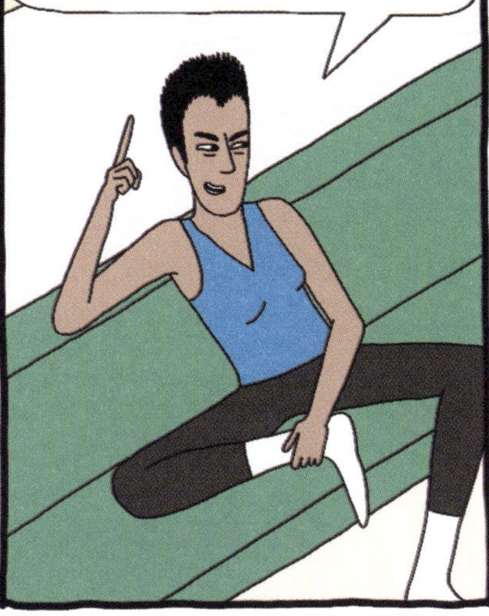
Dann würden die da oben sich nämlich ganz schön anpissen, wenn sie befürchten, dass die Masse an Demonstrierenden vielleicht bald härtere Geschütze auffahren könnte.

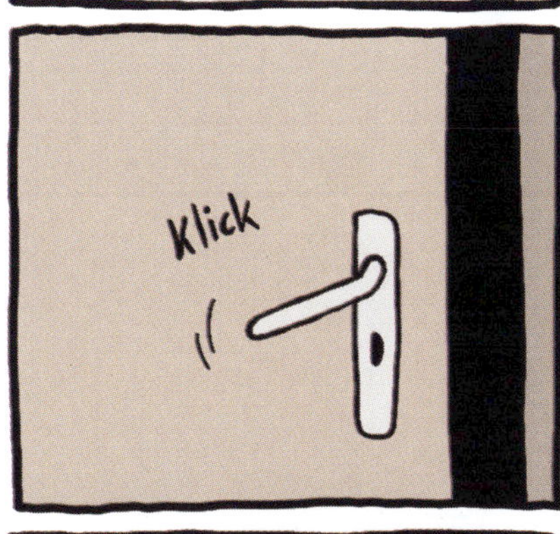
Klick

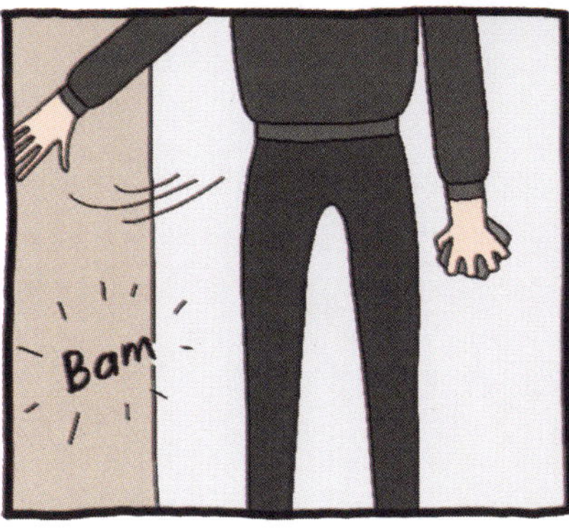
Bam

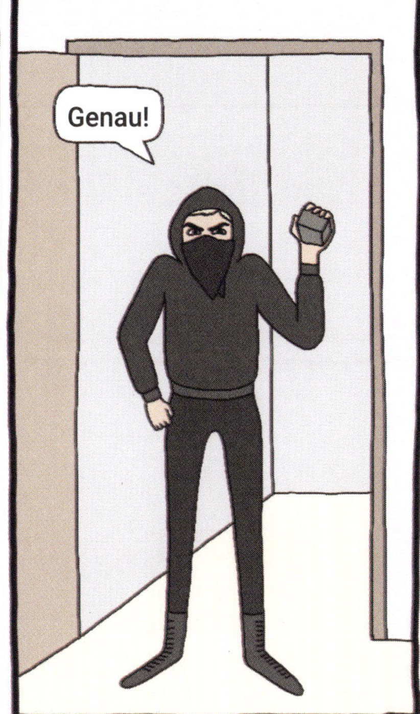
Genau!

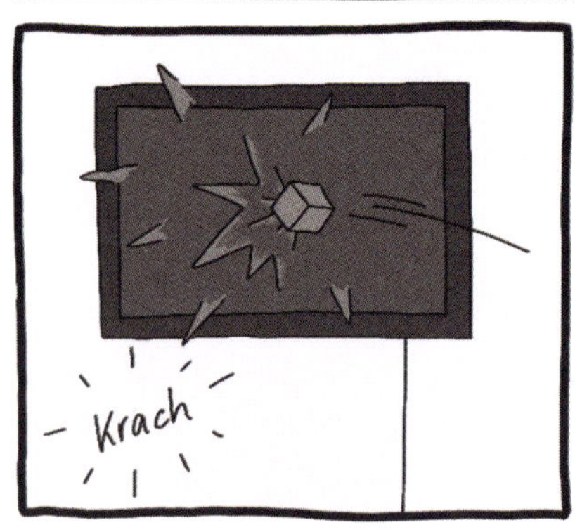
Krach

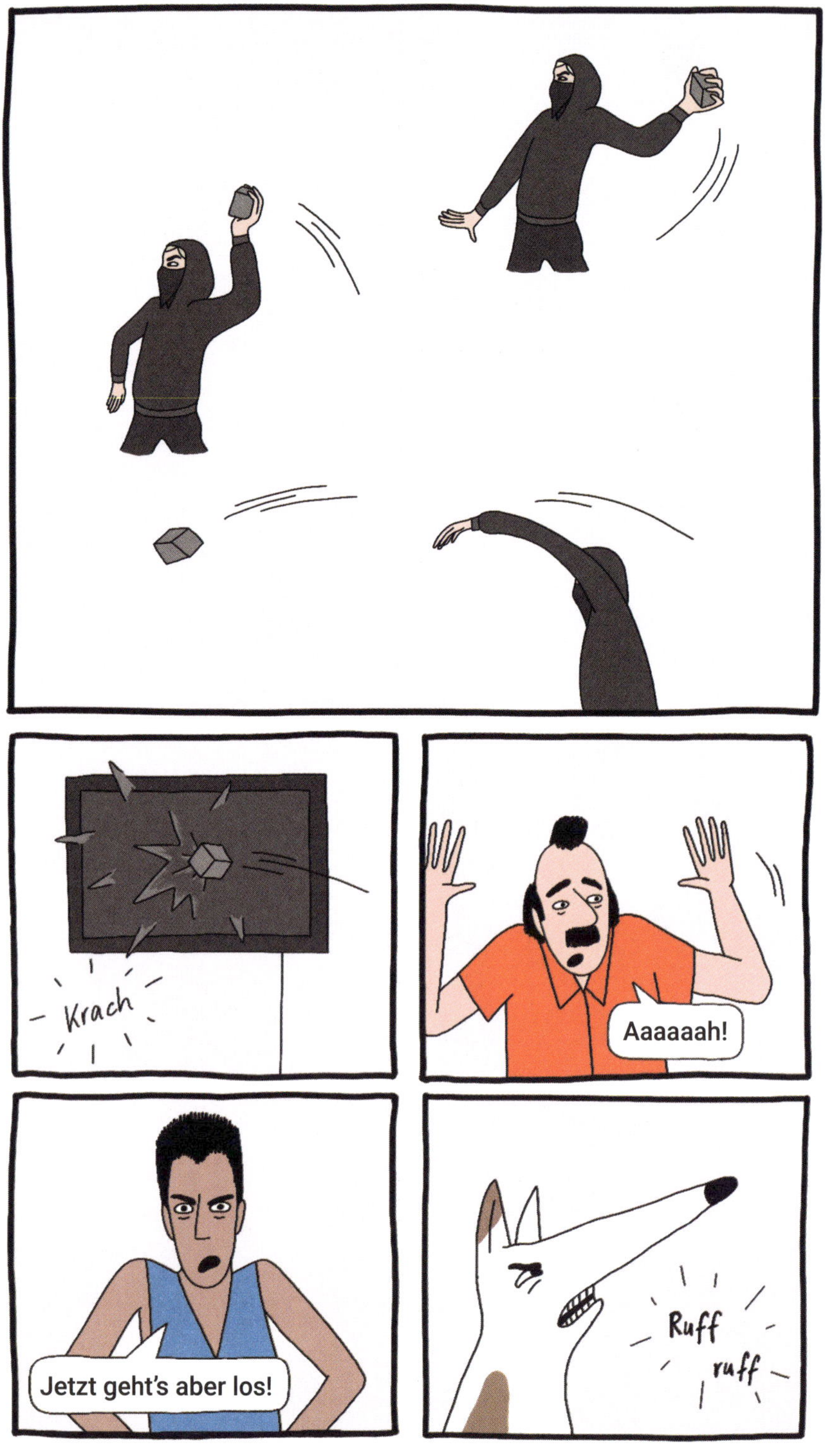

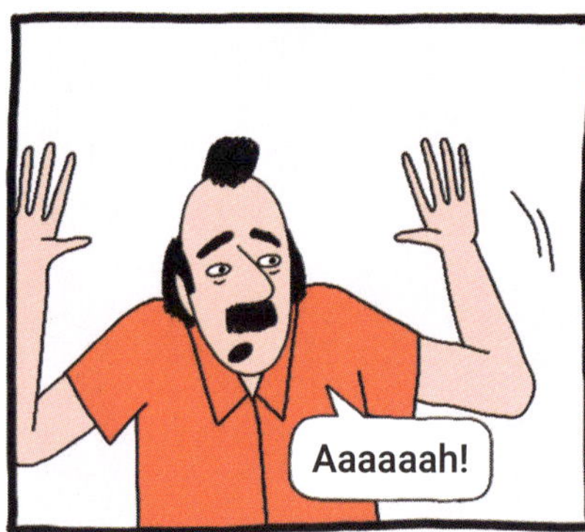
Aaaaaah!

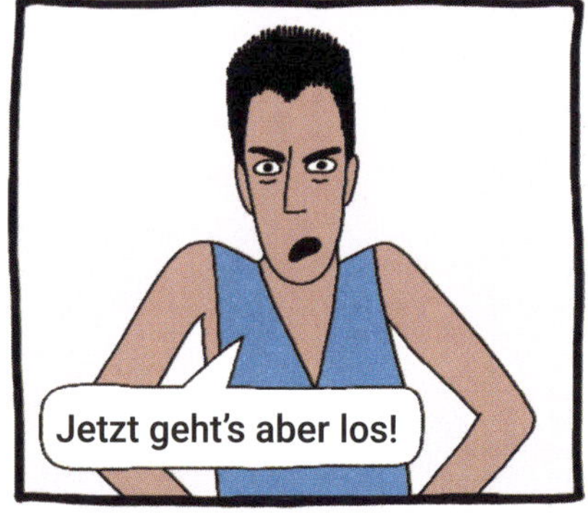
Jetzt geht’s aber los!

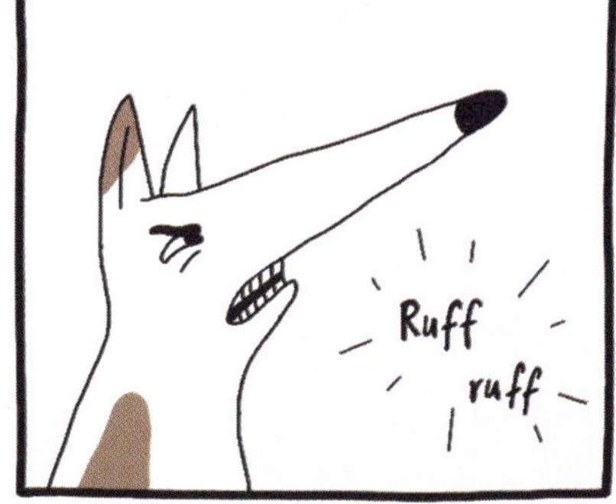
Ruff
ruff

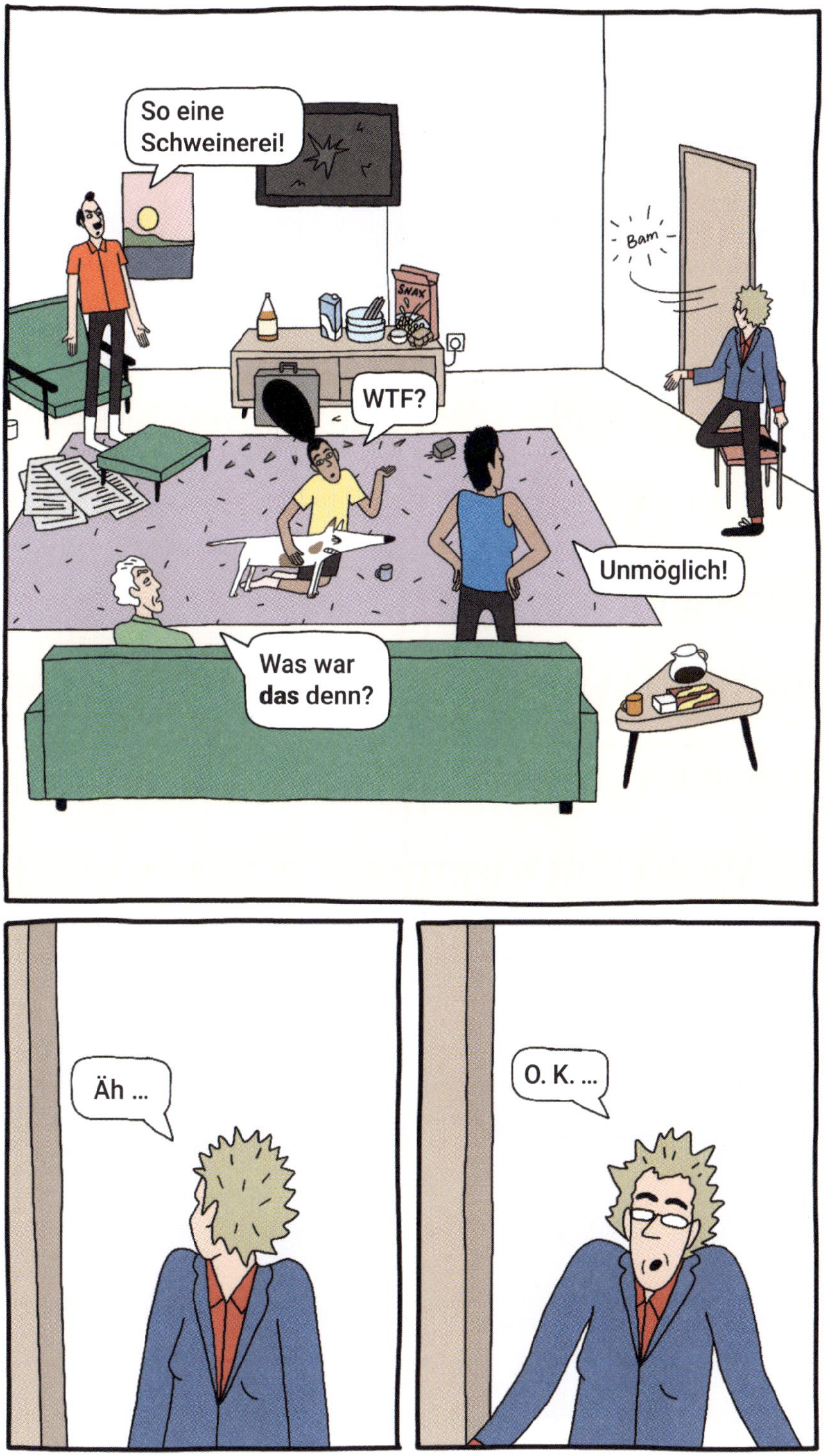

So eine Schweinerei!

WTF?

Bam

Unmöglich!

Was war **das** denn?

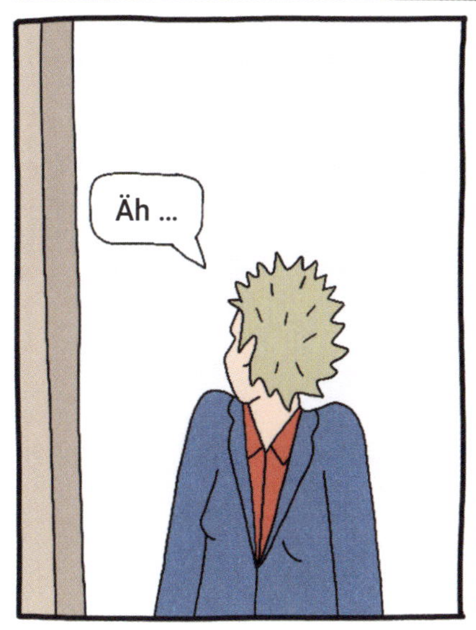

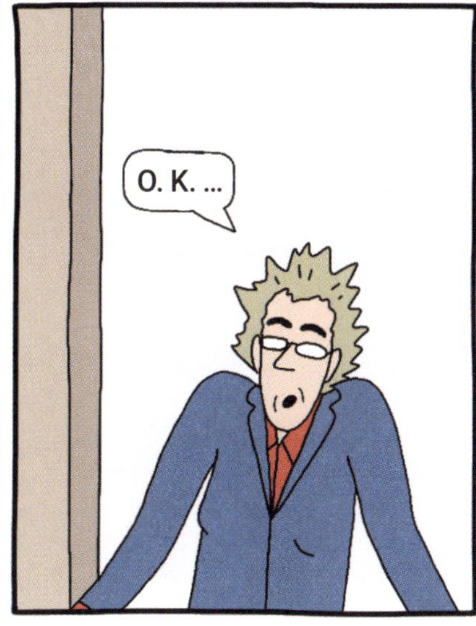

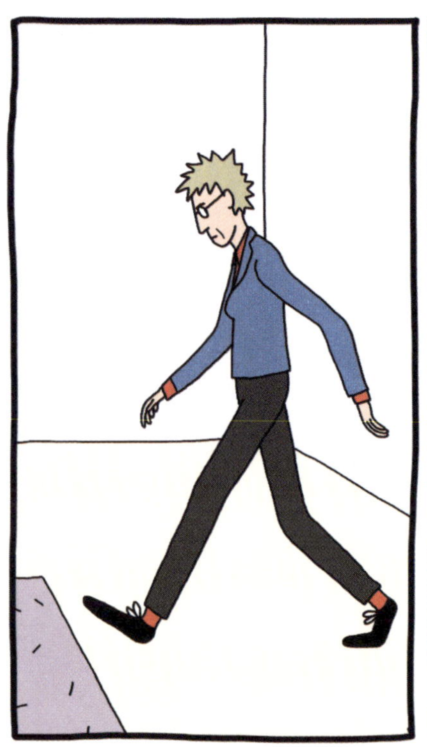

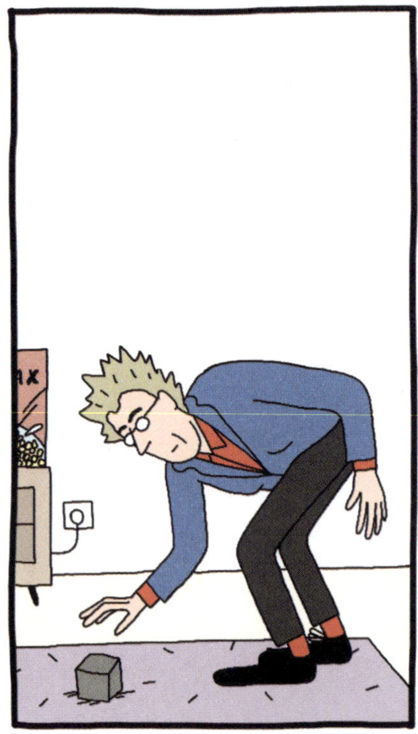

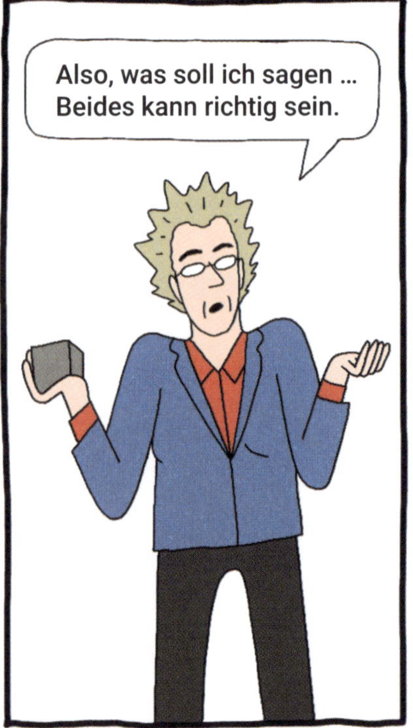
Also, was soll ich sagen … Beides kann richtig sein.

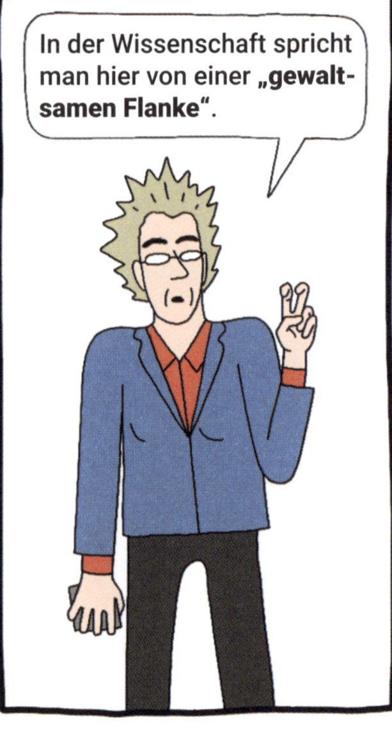
In der Wissenschaft spricht man hier von einer **„gewaltsamen Flanke“**.

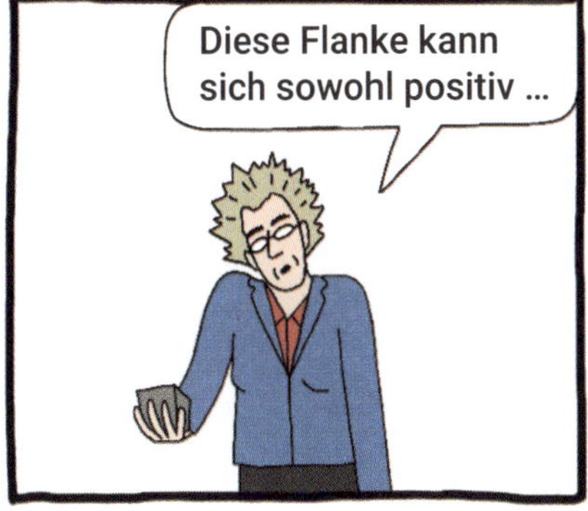
Diese Flanke kann sich sowohl positiv ...

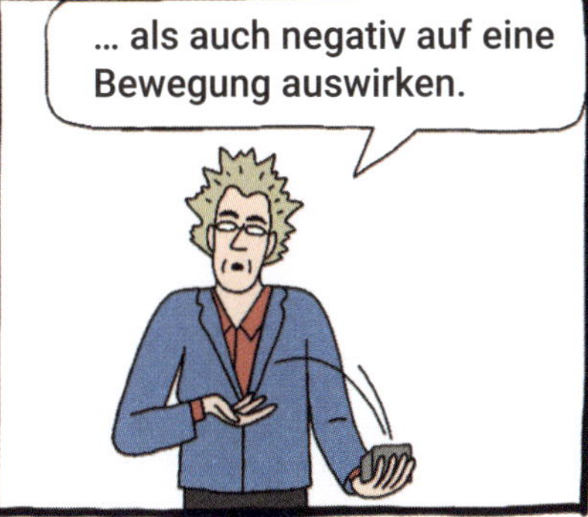
... als auch negativ auf eine Bewegung auswirken.

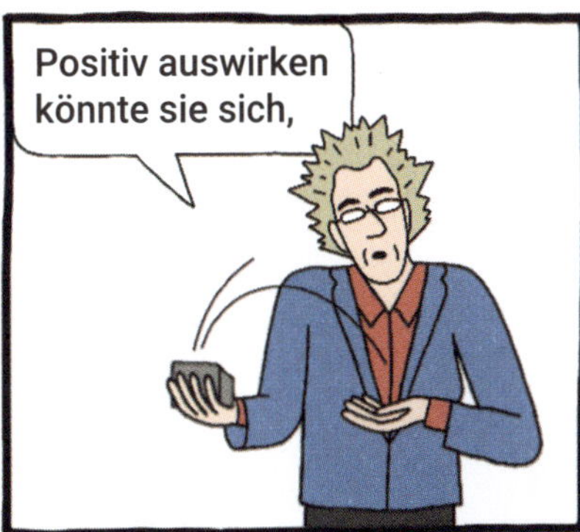
Positiv auswirken könnte sie sich,

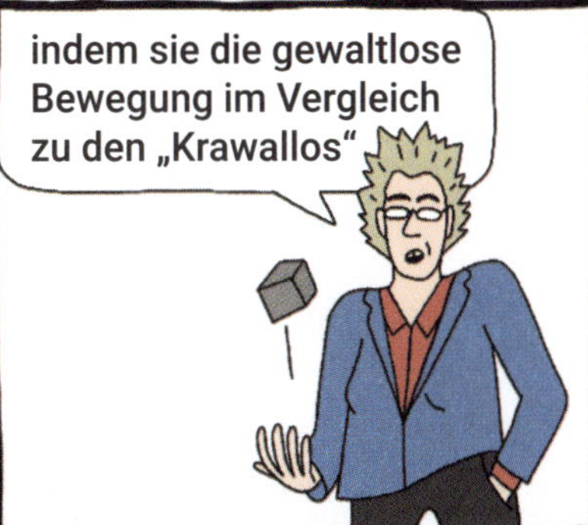
indem sie die gewaltlose Bewegung im Vergleich zu den „Krawallos“

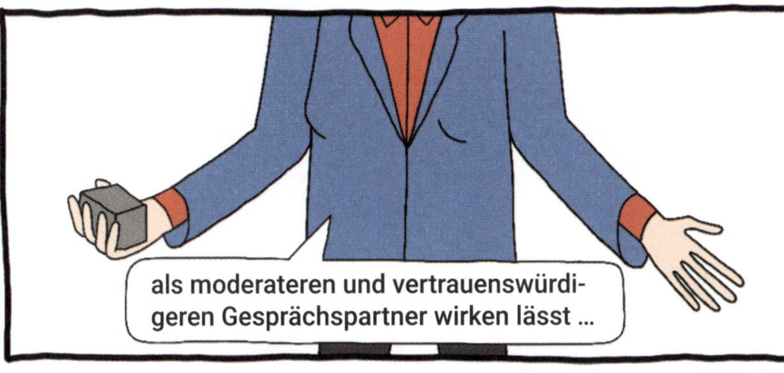
als moderateren und vertrauenswürdigeren Gesprächspartner wirken lässt ...

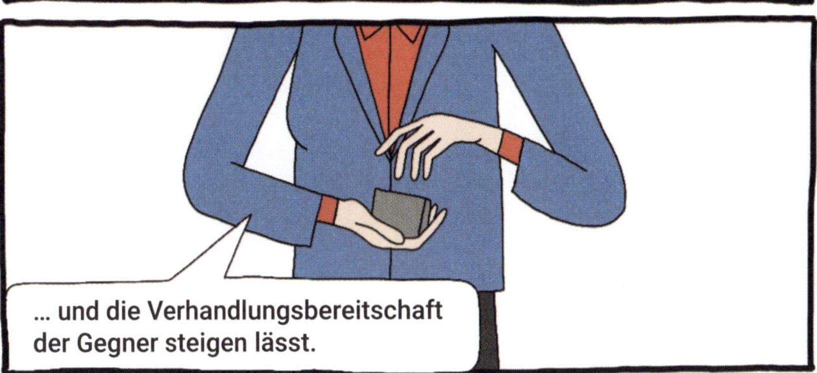
... und die Verhandlungsbereitschaft der Gegner steigen lässt.

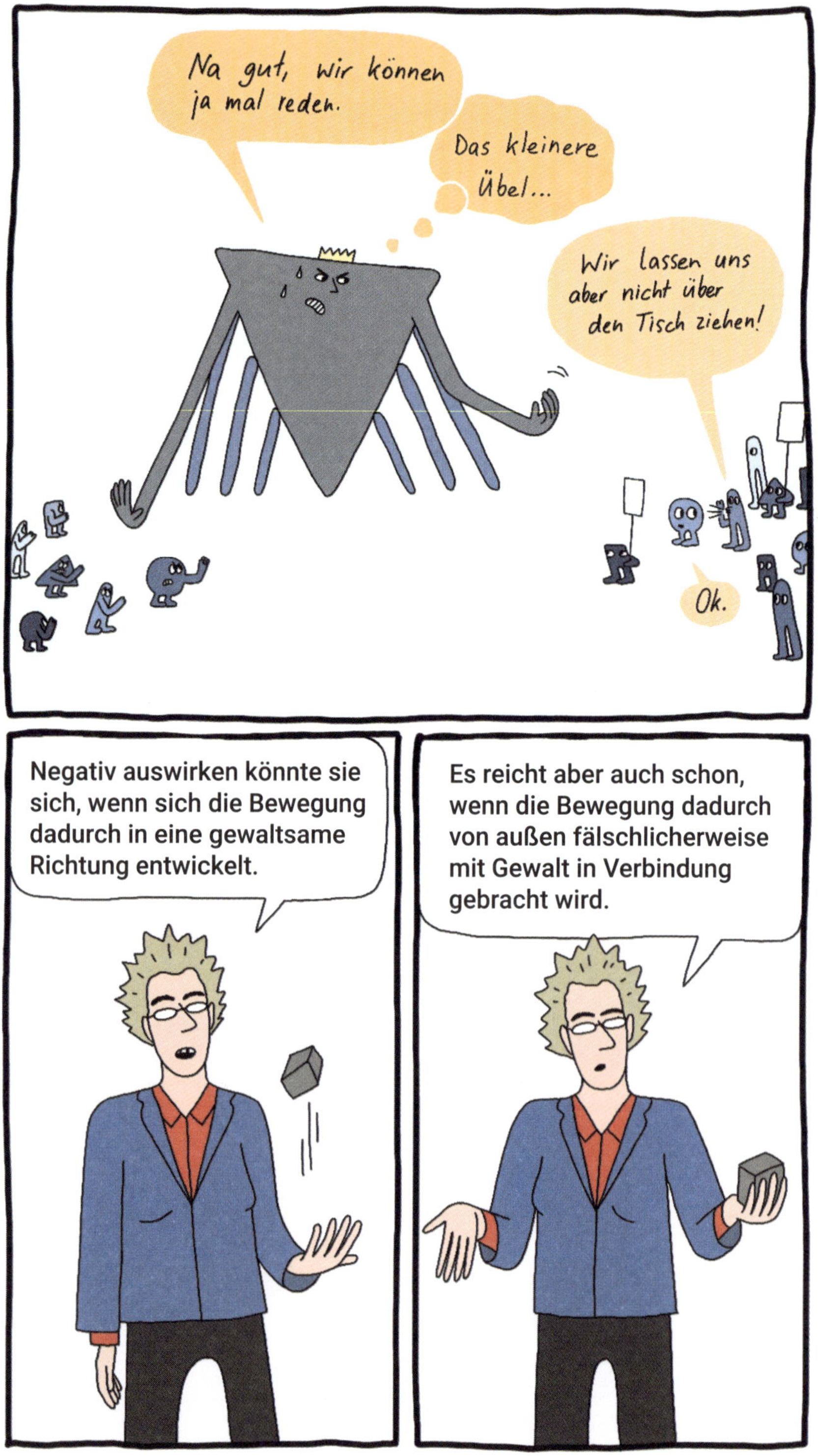

Na gut, wir können ja mal reden.

Das kleinere Übel...

Wir lassen uns aber nicht über den Tisch ziehen!

Ok.

Negativ auswirken könnte sie sich, wenn sich die Bewegung dadurch in eine gewaltsame Richtung entwickelt.

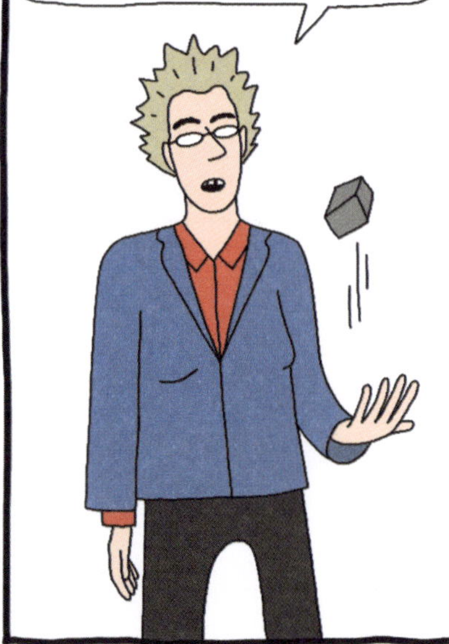

Es reicht aber auch schon, wenn die Bewegung dadurch von außen fälschlicherweise mit Gewalt in Verbindung gebracht wird.

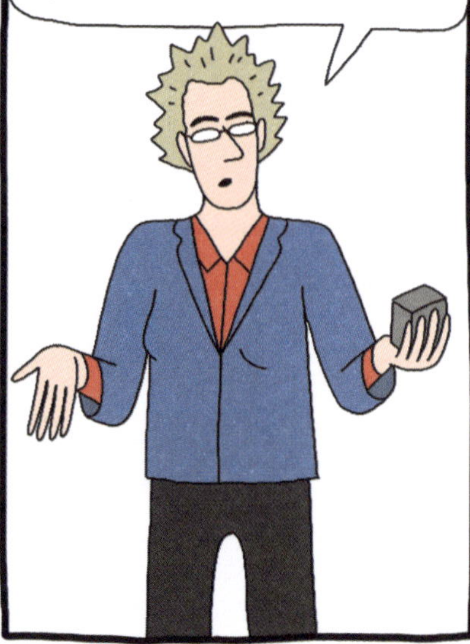

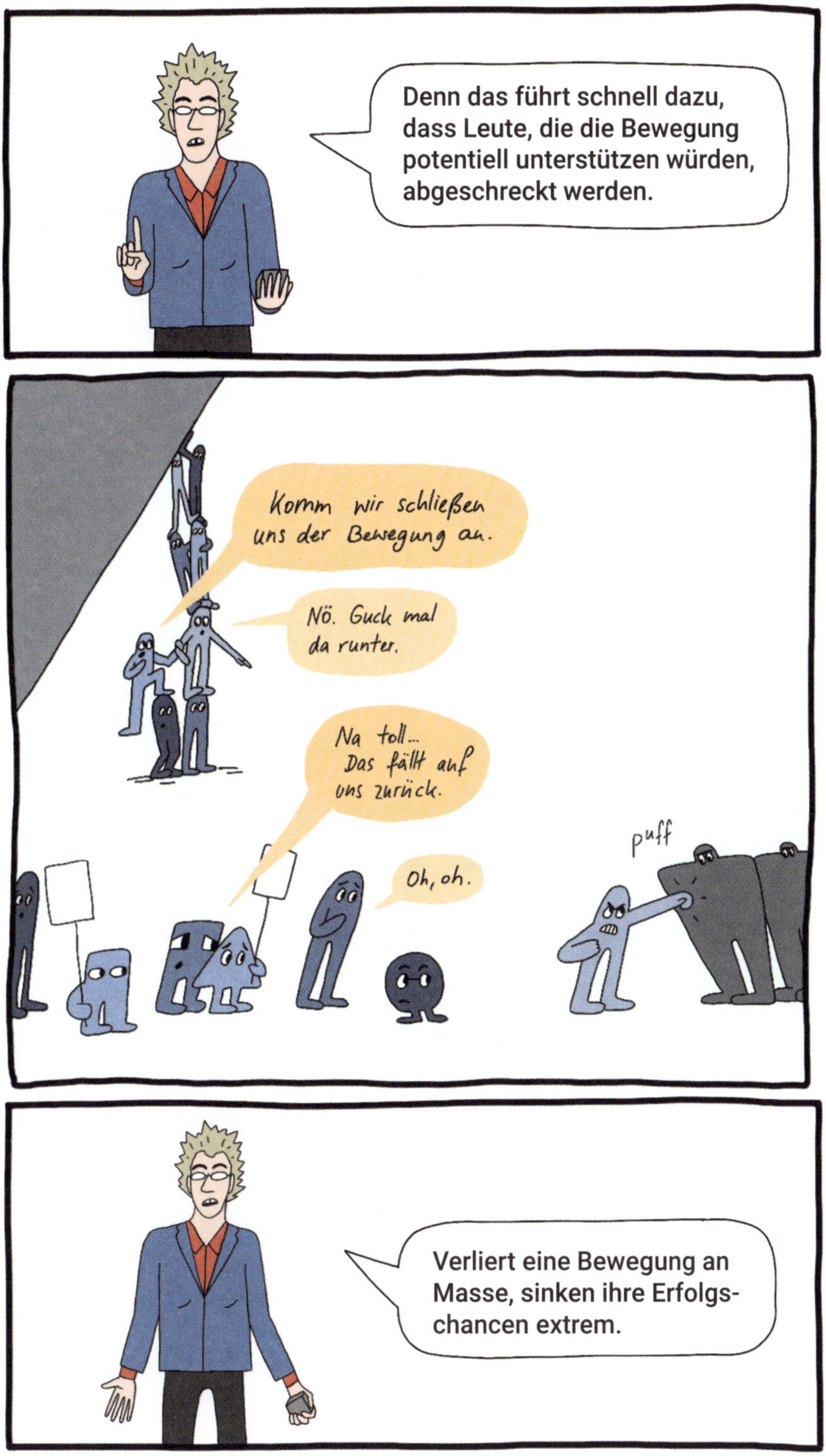

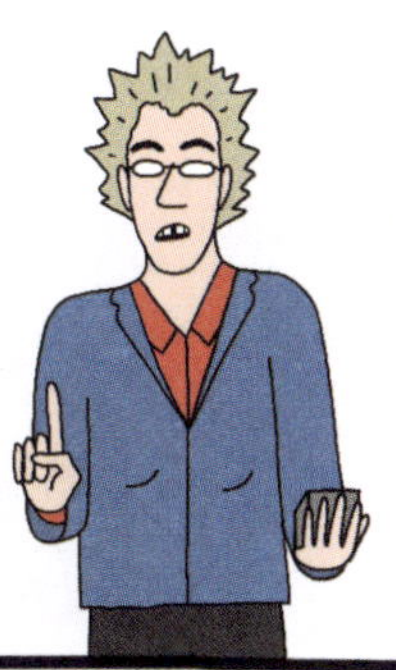
Denn das führt schnell dazu, dass Leute, die die Bewegung potentiell unterstützen würden, abgeschreckt werden.

Komm wir schließen uns der Bewegung an.
Nö. Guck mal da runter.
Na toll... Das fällt auf uns zurück.
Oh, oh.
puff

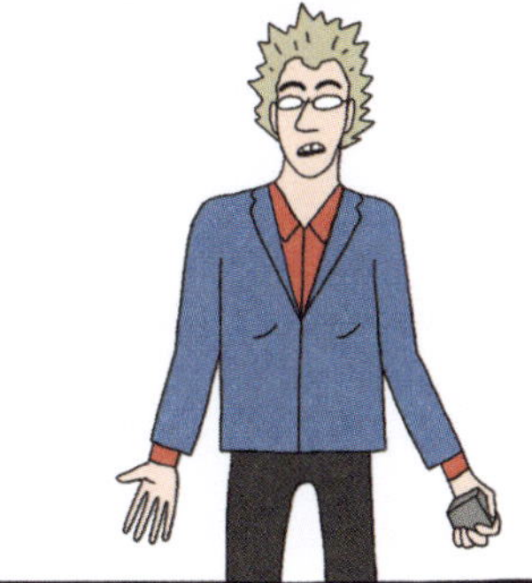
Verliert eine Bewegung an Masse, sinken ihre Erfolgschancen extrem.

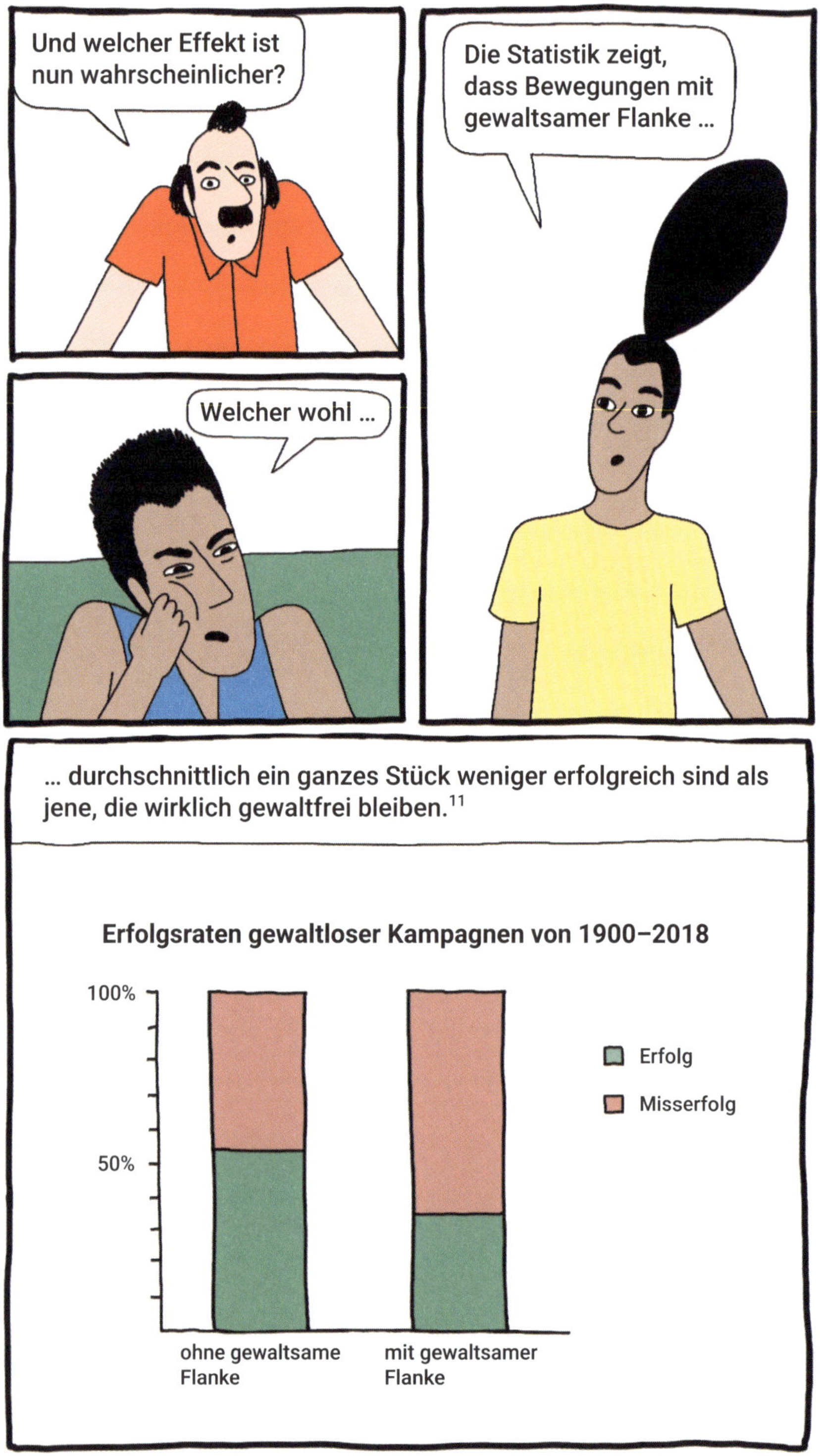

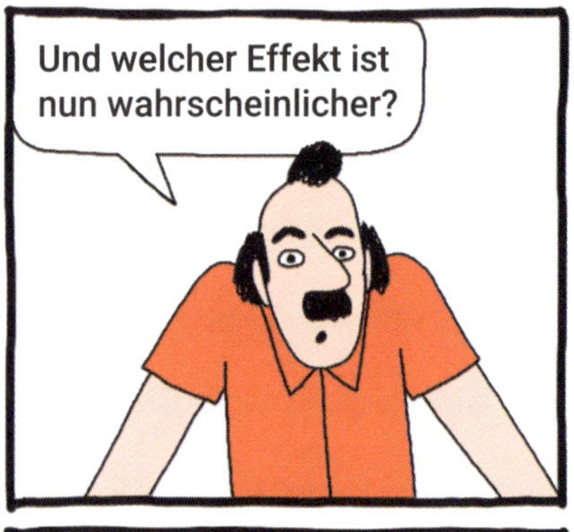

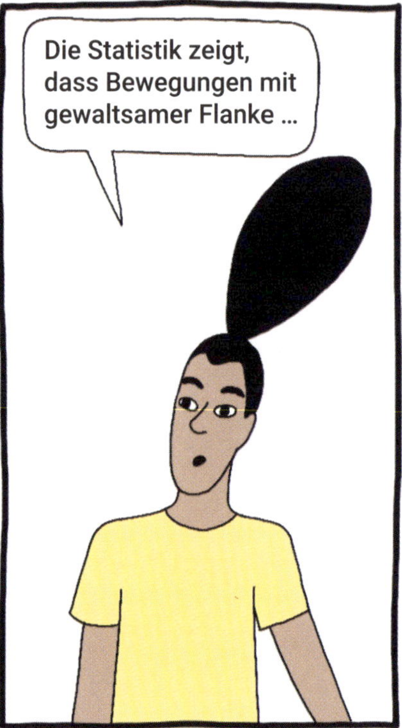

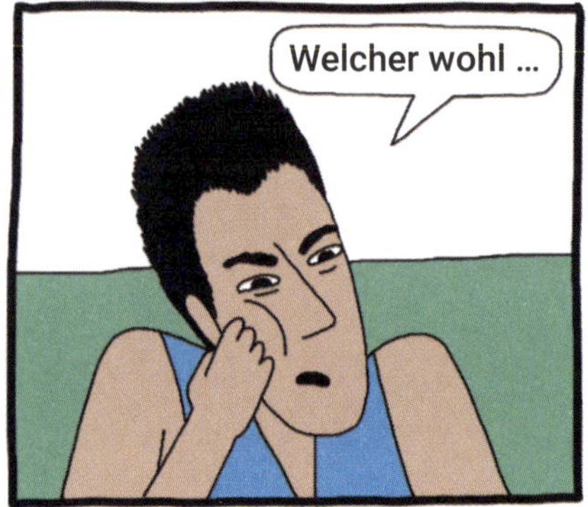

… durchschnittlich ein ganzes Stück weniger erfolgreich sind als jene, die wirklich gewaltfrei bleiben.[11]

Erfolgsraten gewaltloser Kampagnen von 1900–2018

[11] Columbia SIPA, 2019

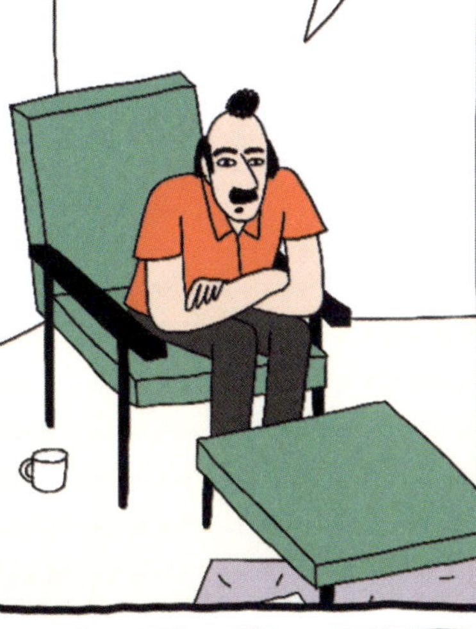
Es bleibt also ratsam, sich darum zu bemühen, eine Bewegung gewaltfrei zu halten.

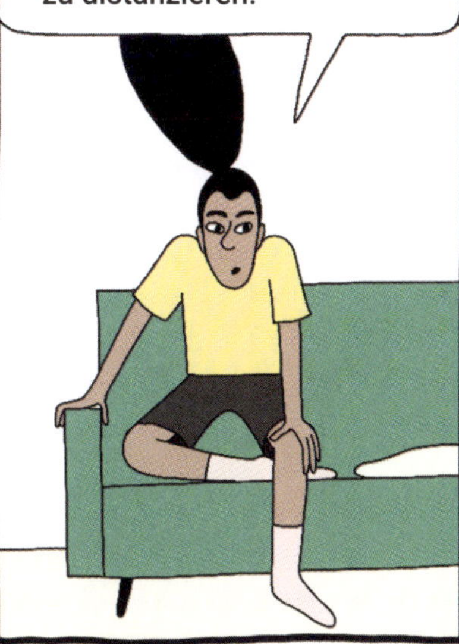
Und sich von gewaltsamem Vorgehen, dass mit der Bewegung in Verbindung gebracht werden könnte, zu distanzieren.

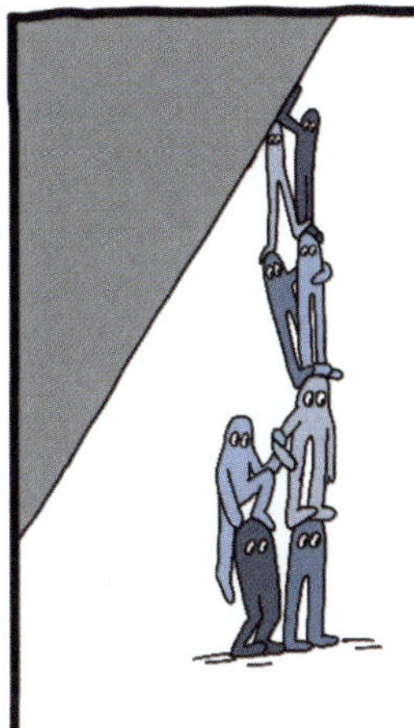

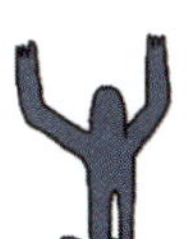
Peace, Leute.
Wir bleiben gewaltfrei!
Der hat nicht zu uns gehört.

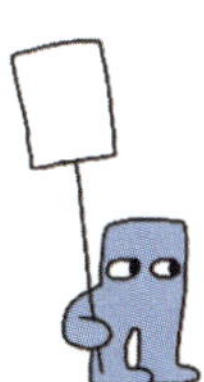

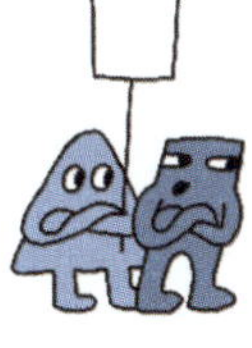

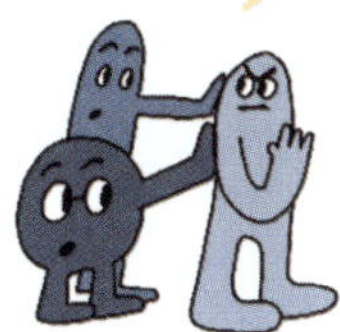
Sorry, Alter.
Du musst leider gehen...

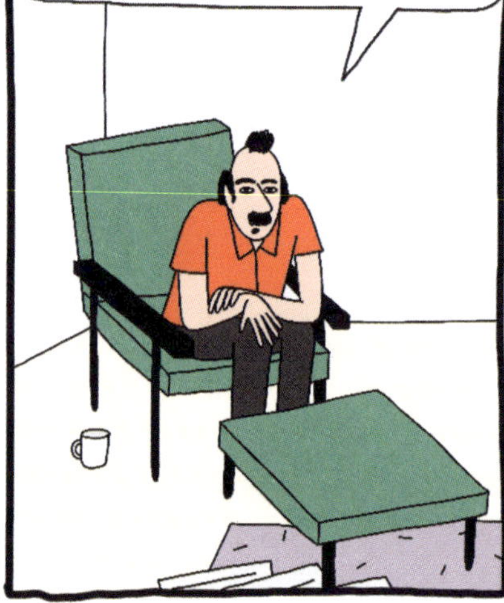
Weil dann ja auch die Wahrscheinlichkeit höher ist, dass die Gewalt der Gegenseite nach hinten losgeht, weil sie nicht so einfach legitimiert werden kann!

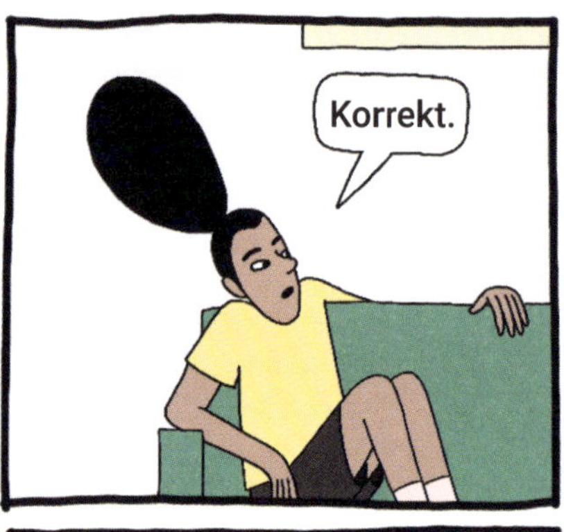
Korrekt.

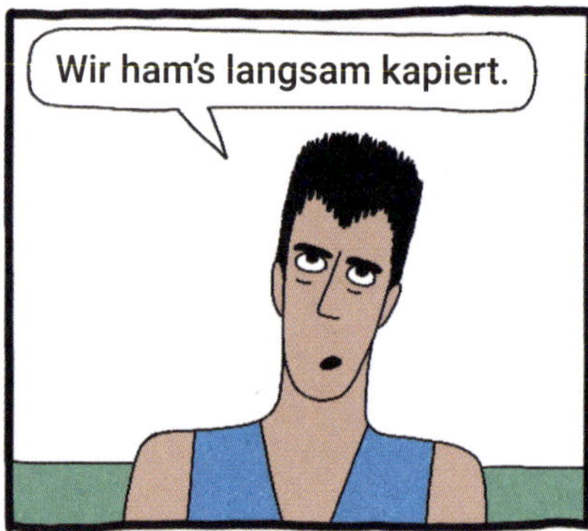
Wir ham's langsam kapiert.

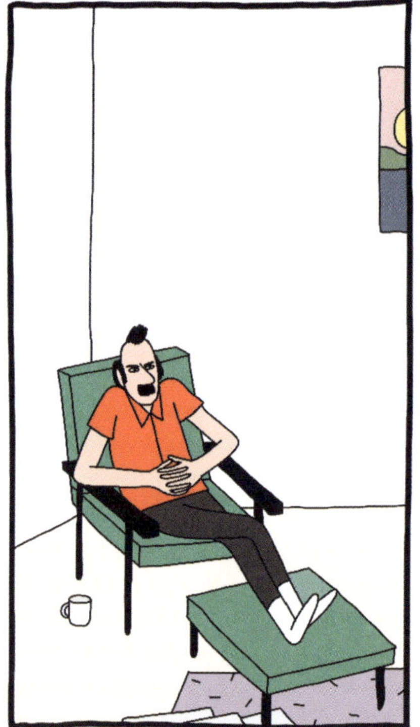

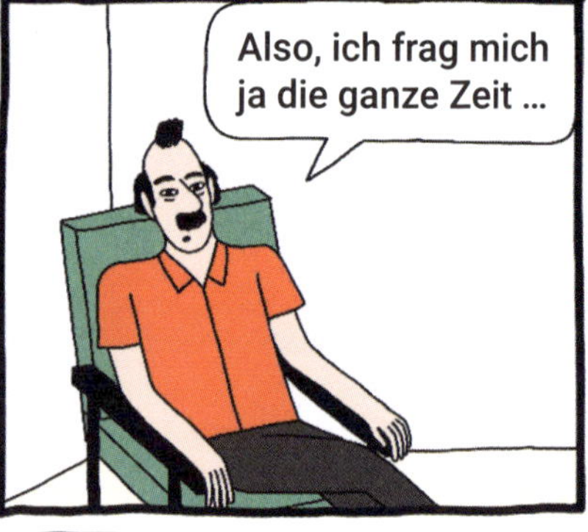
Also, ich frag mich ja die ganze Zeit …

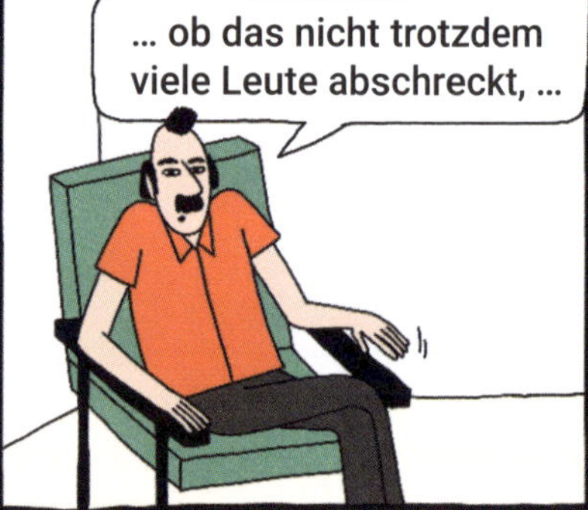
… ob das nicht trotzdem viele Leute abschreckt, …

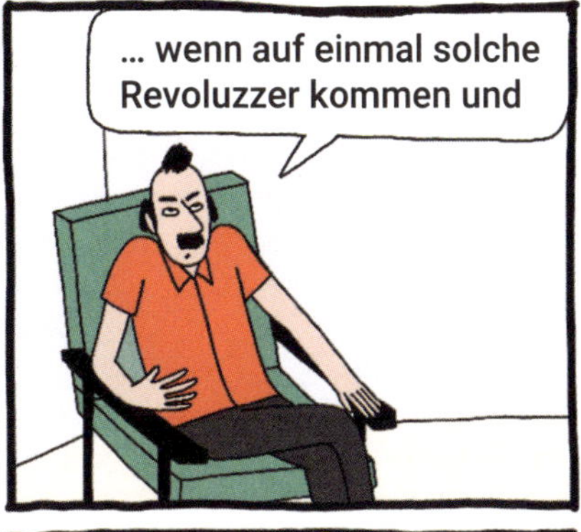
… wenn auf einmal solche Revoluzzer kommen und

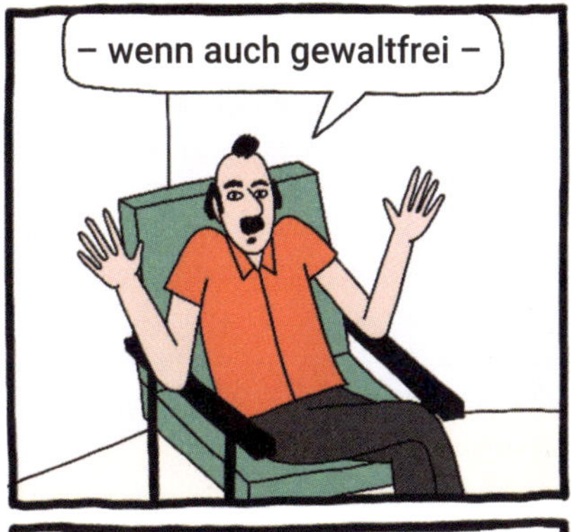
– wenn auch gewaltfrei –

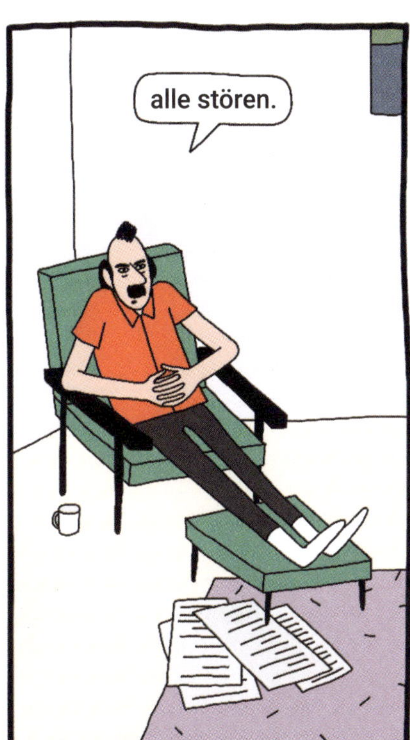
alle stören.

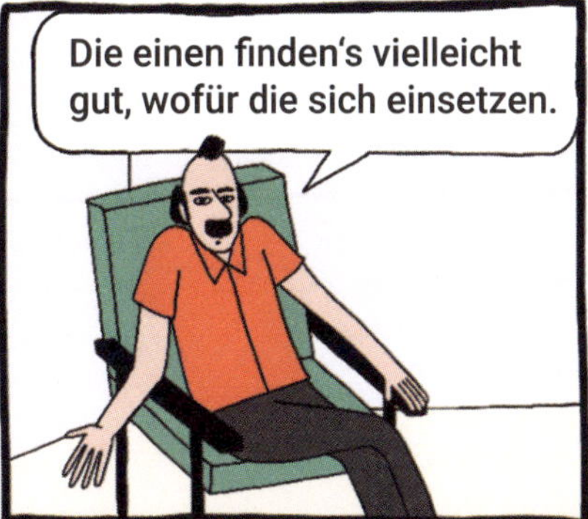
Die einen finden‘s vielleicht gut, wofür die sich einsetzen.

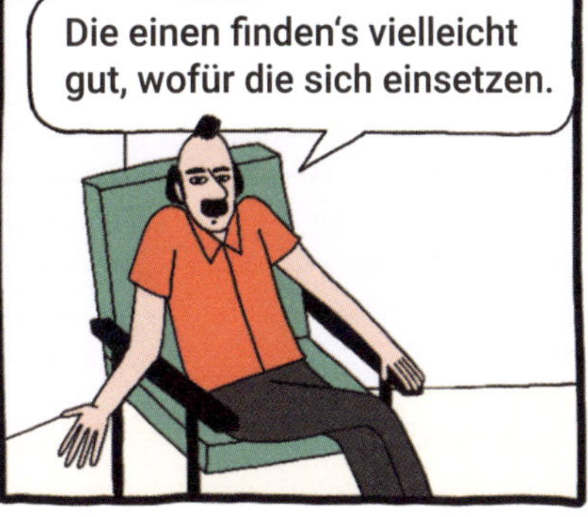

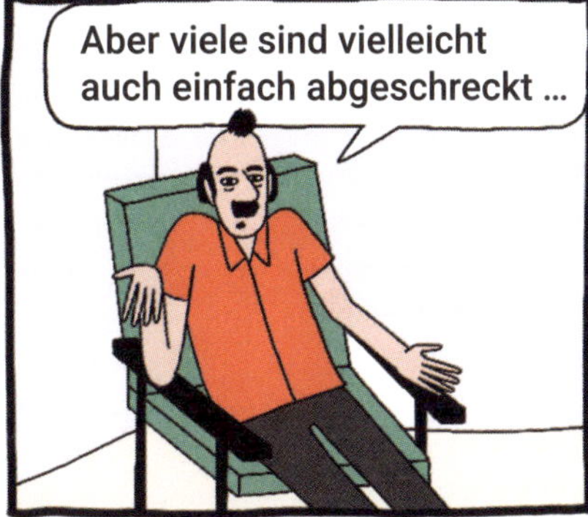
Aber viele sind vielleicht auch einfach abgeschreckt …

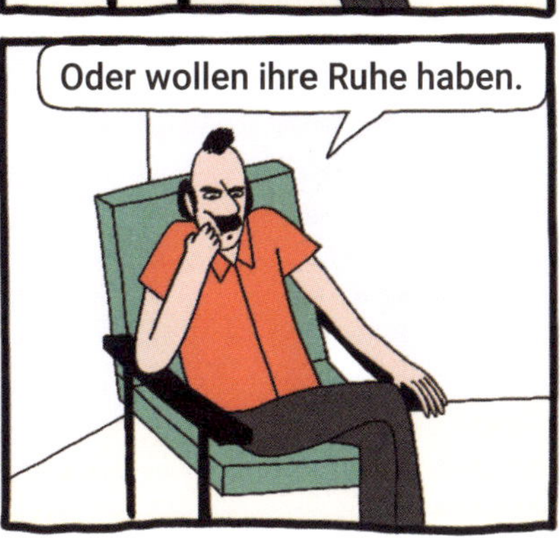
Oder wollen ihre Ruhe haben.

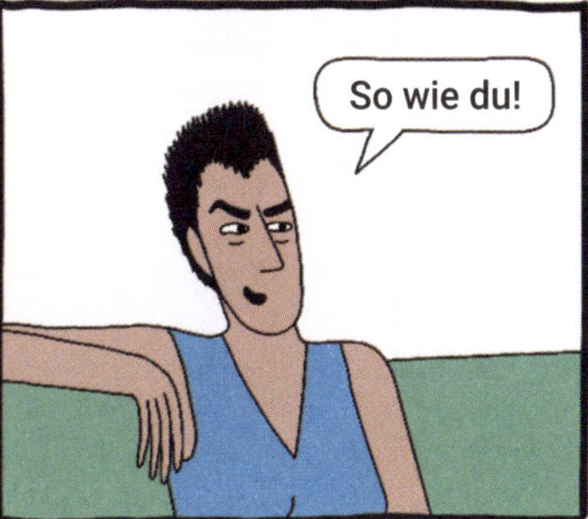
So wie du!

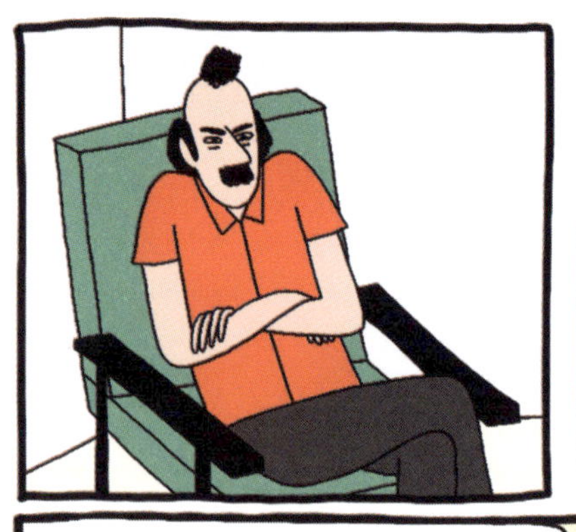

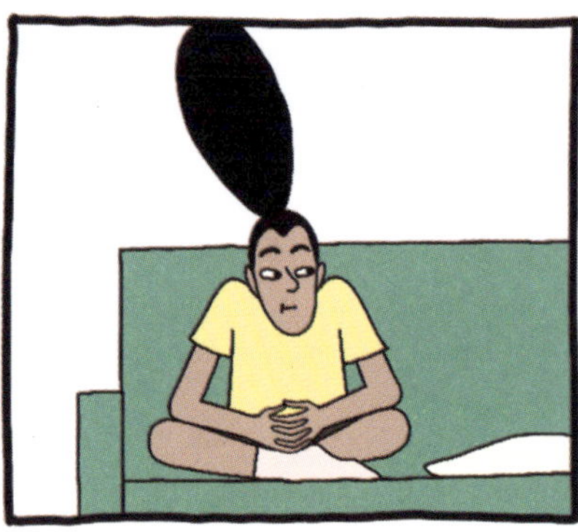

Tja, tatsächlich gibt's wohl kaum 'ne krasse Bewegung, die nicht polarisiert hat. So ist das eben, wenn man ein unangenehmes Thema auftischt.
Da wird's für einige ungemütlich ...

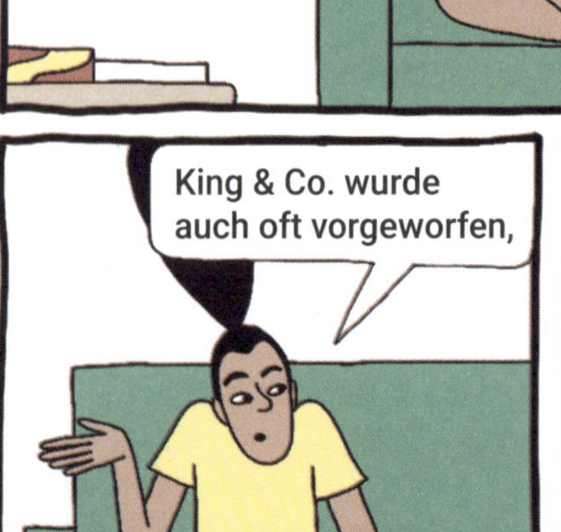
King & Co. wurde auch oft vorgeworfen,

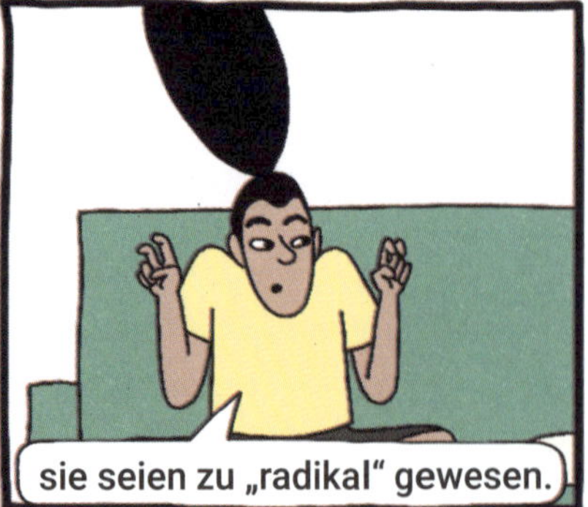
sie seien zu „radikal" gewesen.

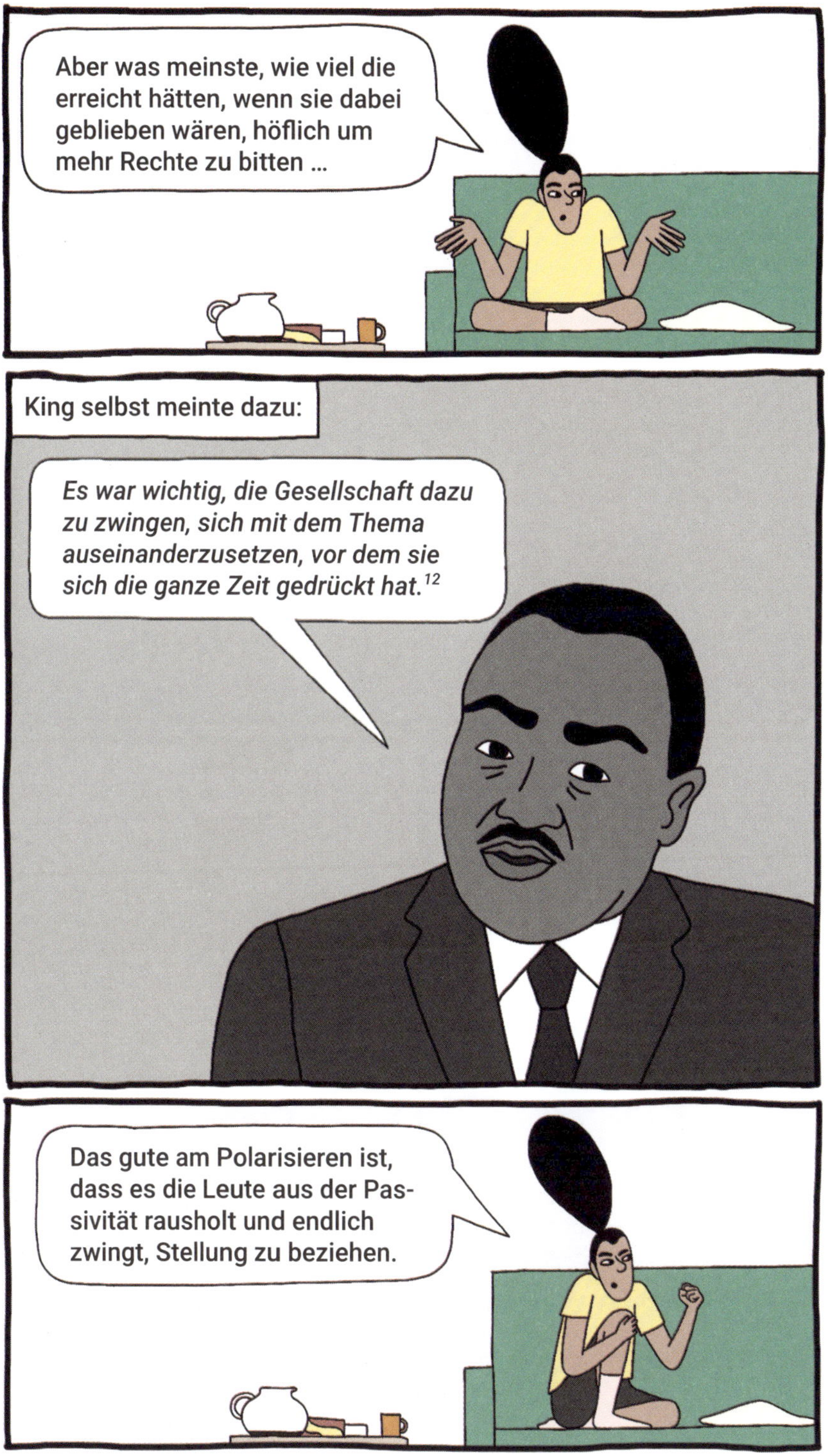

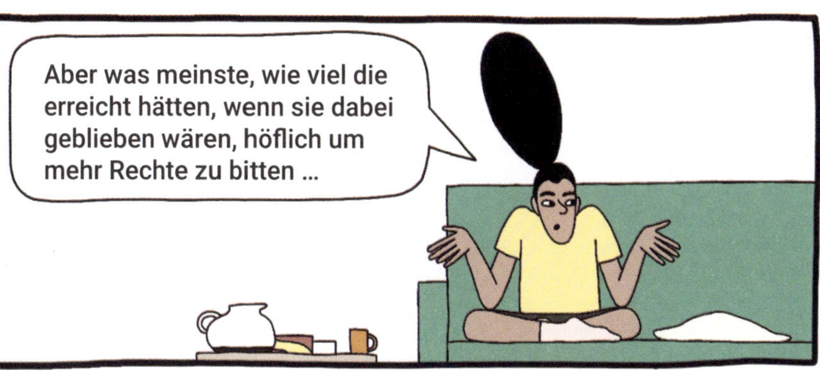

King selbst meinte dazu:

Es war wichtig, die Gesellschaft dazu zu zwingen, sich mit dem Thema auseinanderzusetzen, vor dem sie sich die ganze Zeit gedrückt hat.[12]

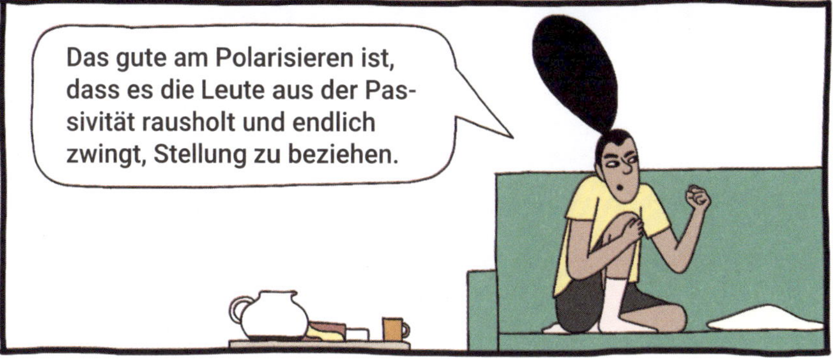

12 Vgl. *Letter from Birmingham Jail 1963*

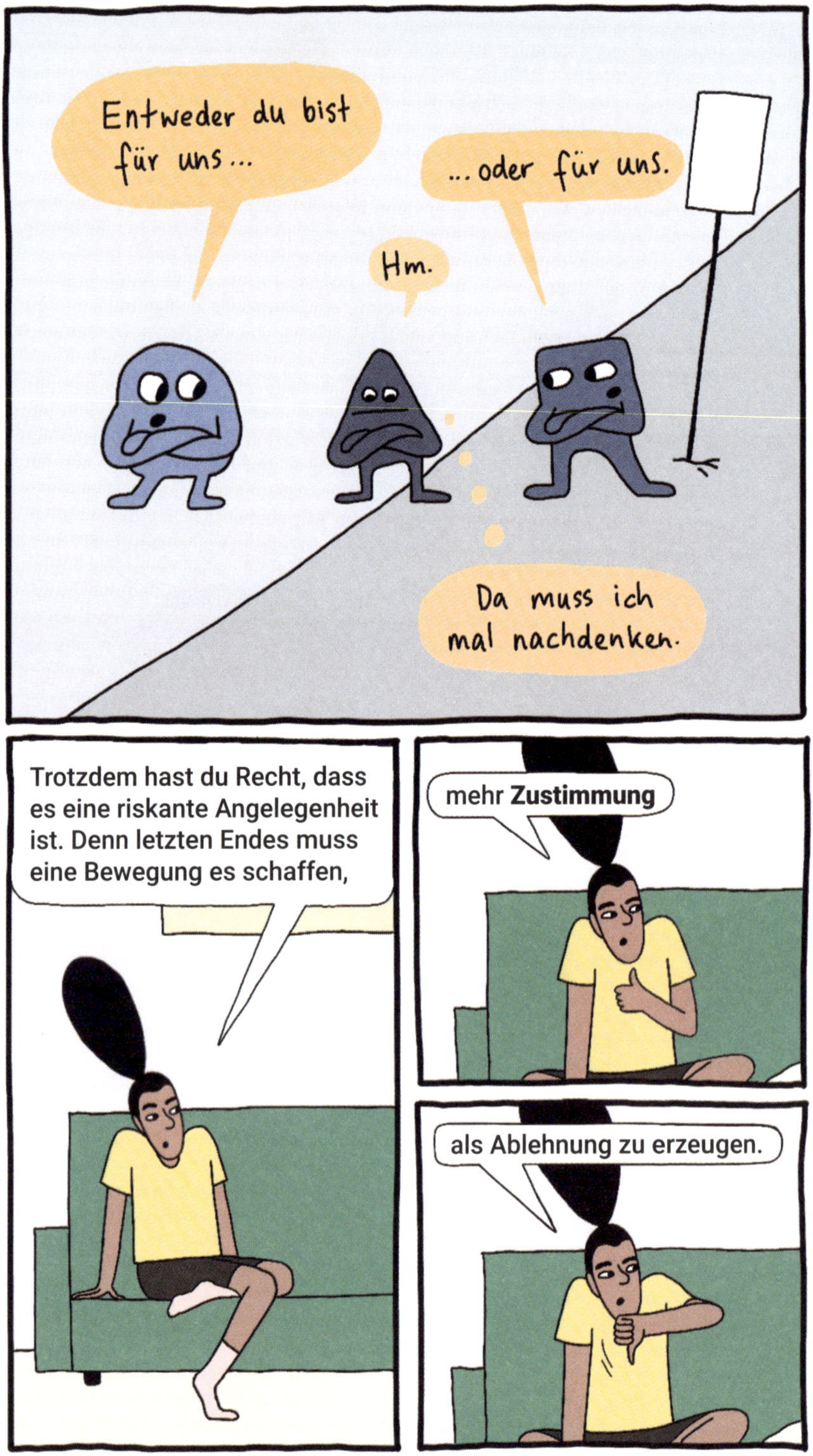

Entweder du bist für uns ...

Hm.

... oder für uns.

Da muss ich mal nachdenken.

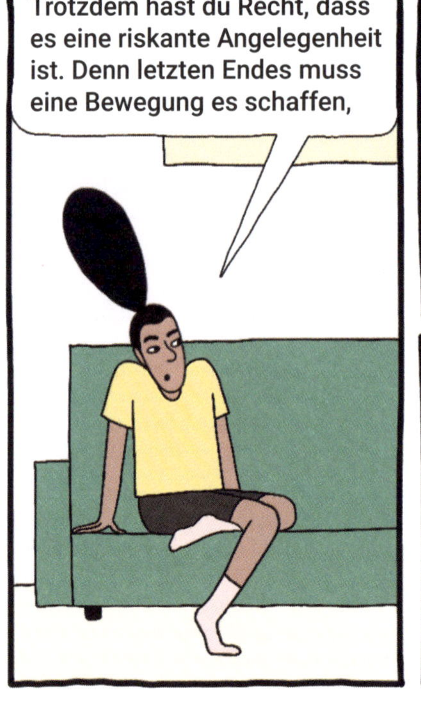

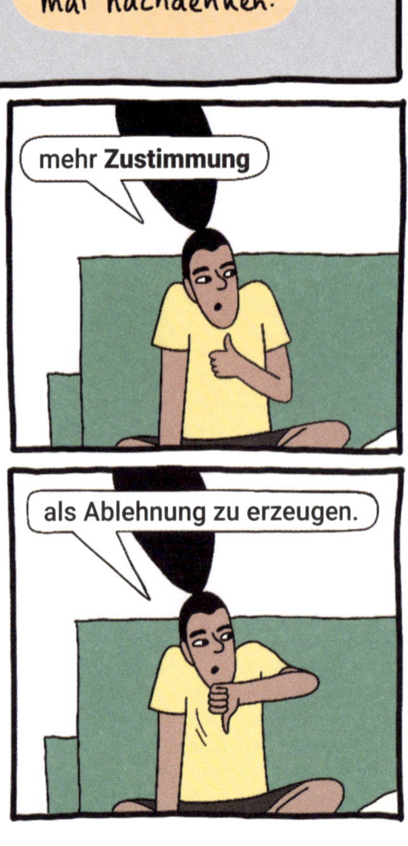

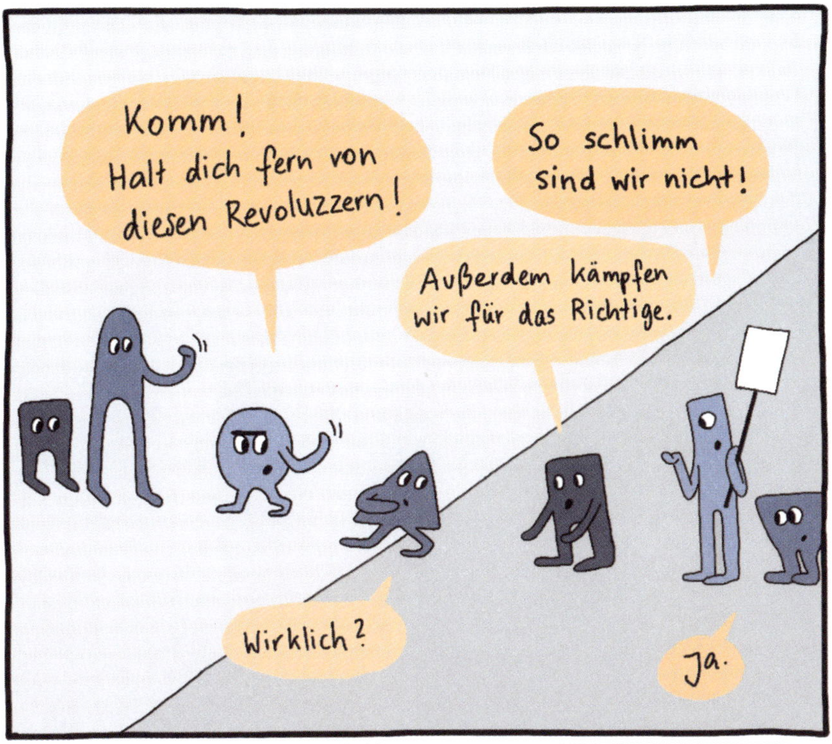

Wichtig ist es, dass die Bewegung sich bei der Wahl der Mittel auch ein bisschen daran orientiert, welche Taktiken die Gesellschaft für die Verteidigung des Anliegens noch für angemessen hält.

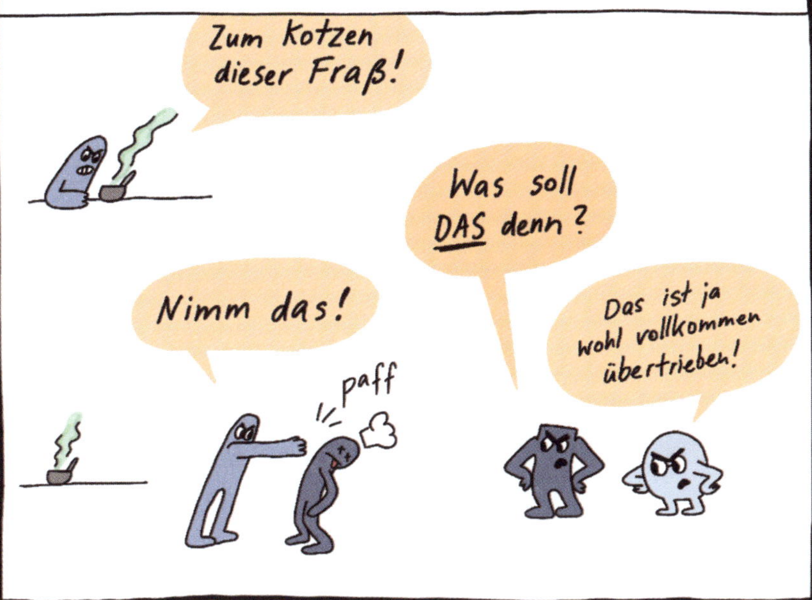

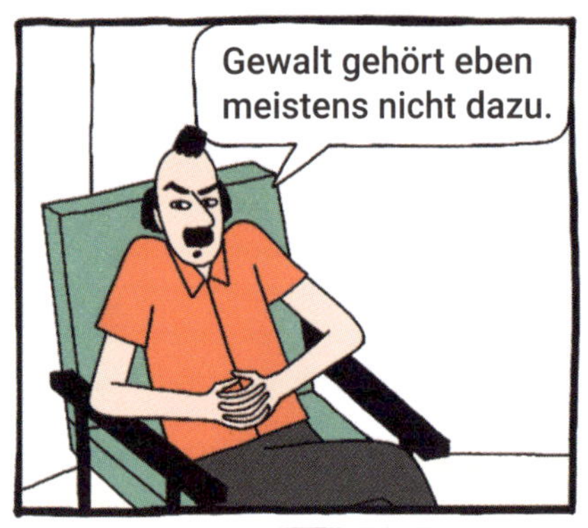

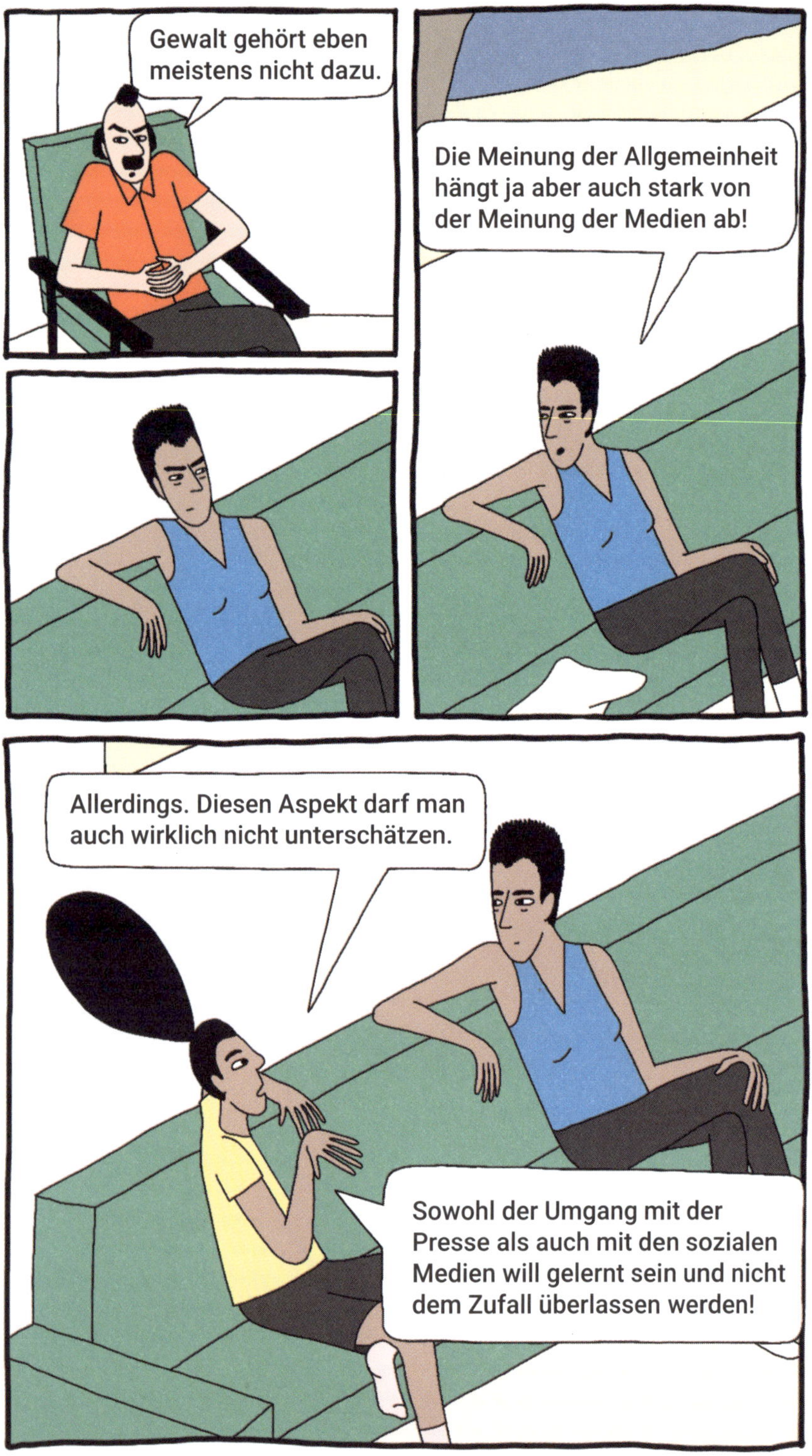

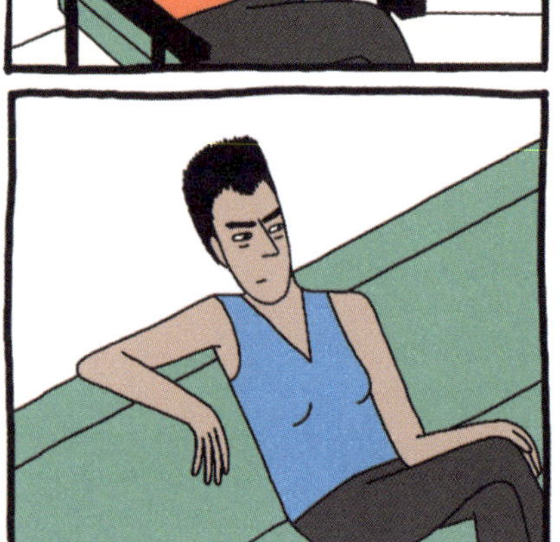

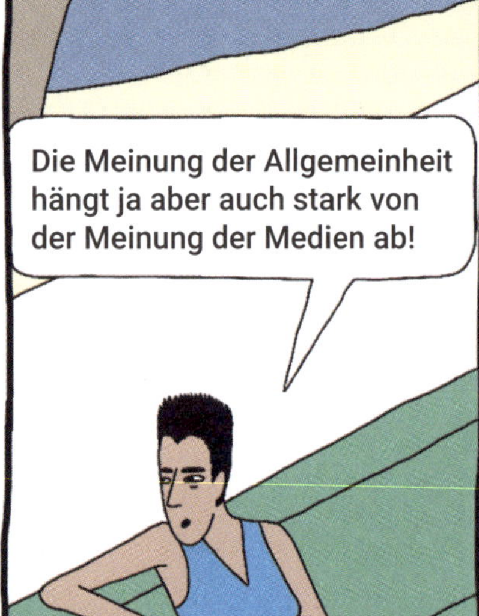

Allerdings. Diesen Aspekt darf man auch wirklich nicht unterschätzen.

Sowohl der Umgang mit der Presse als auch mit den sozialen Medien will gelernt sein und nicht dem Zufall überlassen werden!

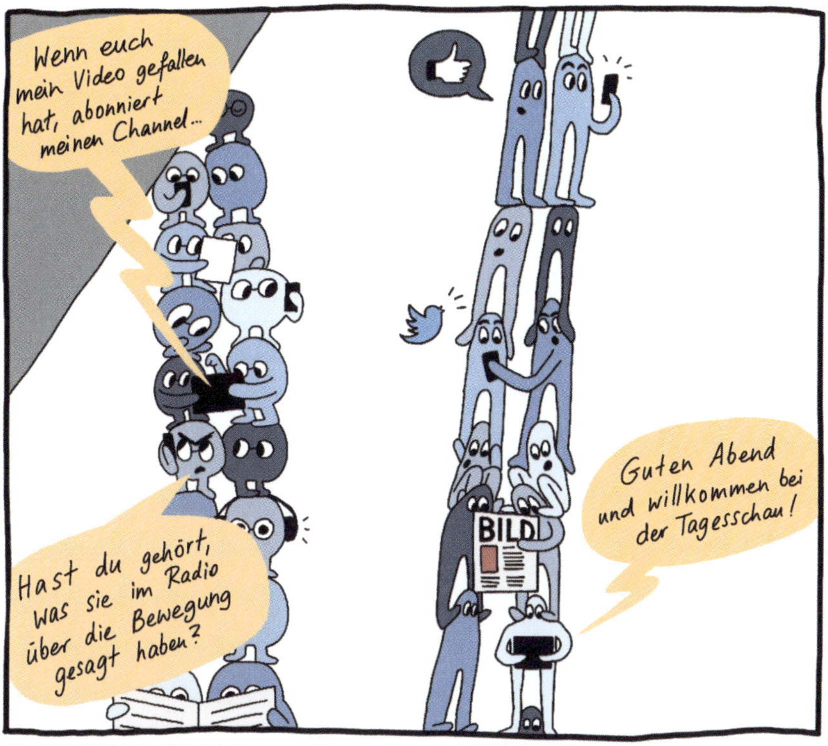

Wenn euch mein Video gefallen hat, abonniert meinen Channel...

Hast du gehört, was sie im Radio über die Bewegung gesagt haben?

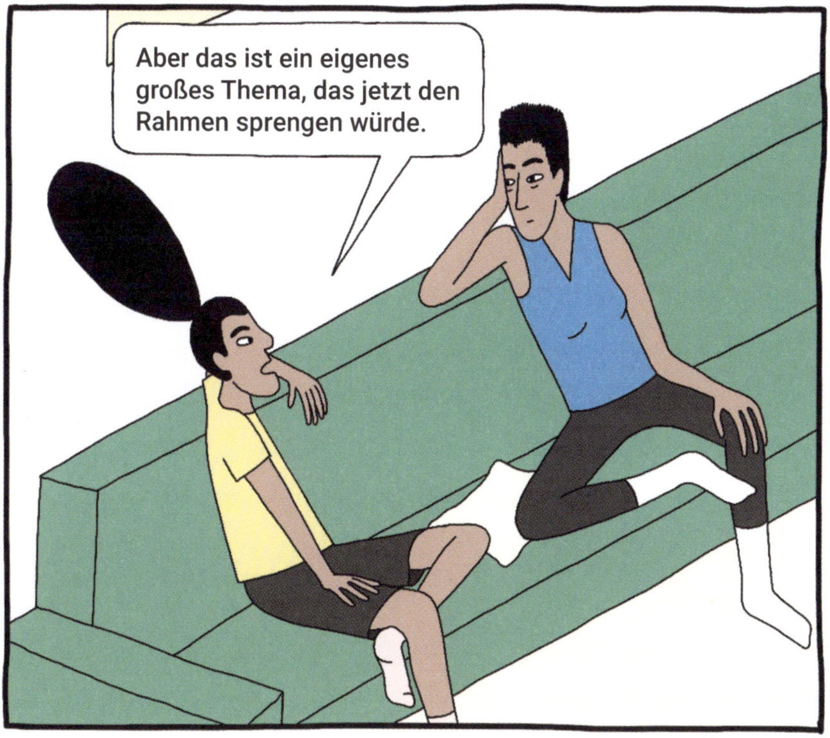

BILD

Guten Abend und willkommen bei der Tagesschau!

Aber das ist ein eigenes großes Thema, das jetzt den Rahmen sprengen würde.

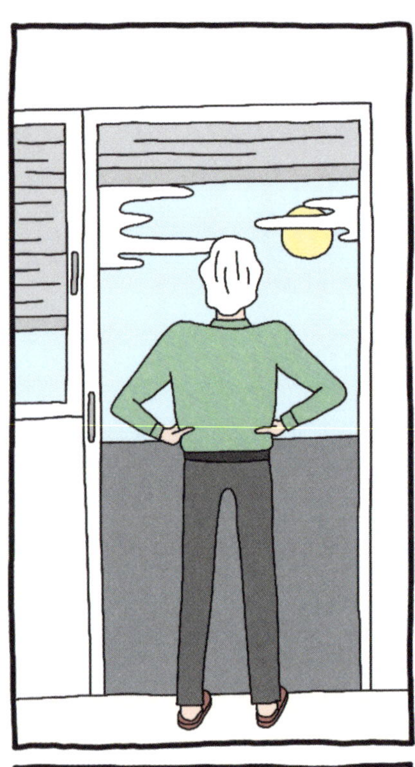

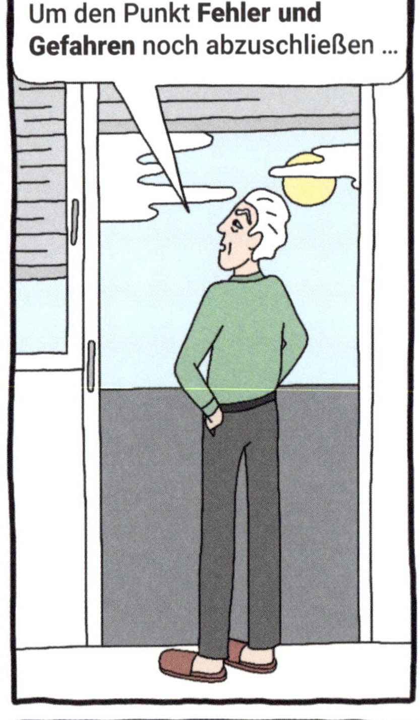
Um den Punkt **Fehler und Gefahren** noch abzuschließen …

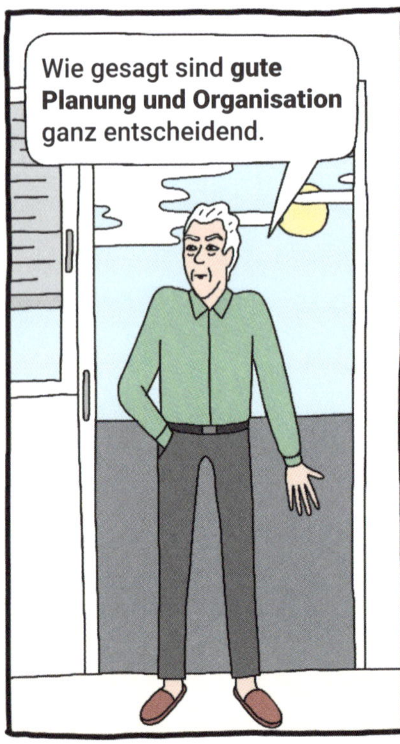
Wie gesagt sind **gute Planung und Organisation** ganz entscheidend.

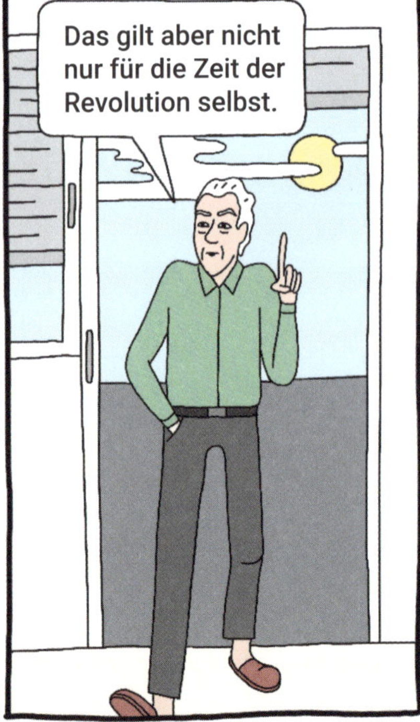
Das gilt aber nicht nur für die Zeit der Revolution selbst.

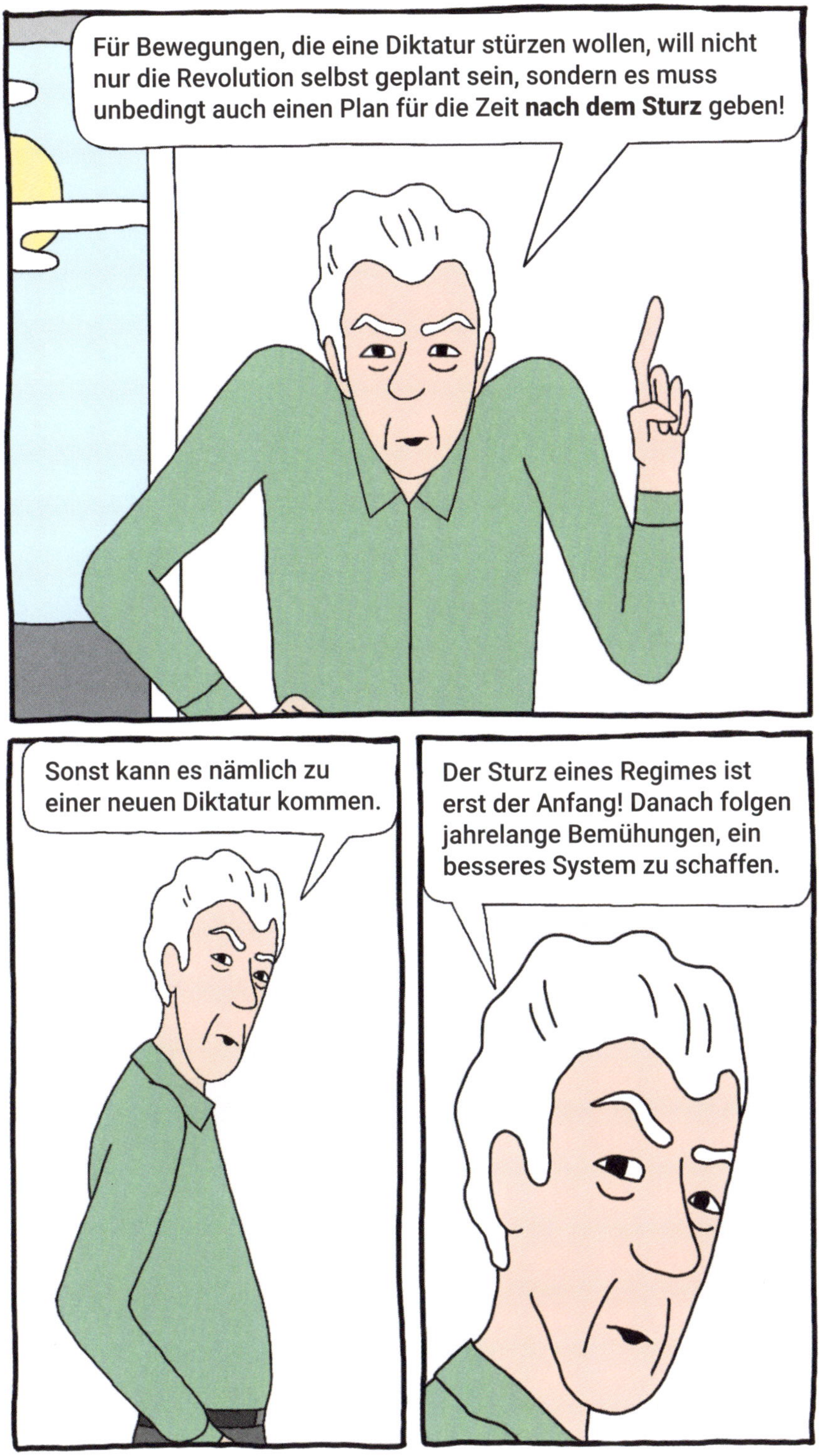

Für Bewegungen, die eine Diktatur stürzen wollen, will nicht nur die Revolution selbst geplant sein, sondern es muss unbedingt auch einen Plan für die Zeit **nach dem Sturz** geben!

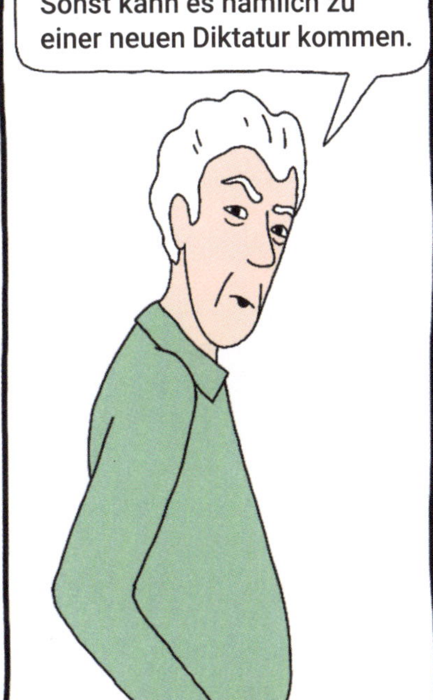

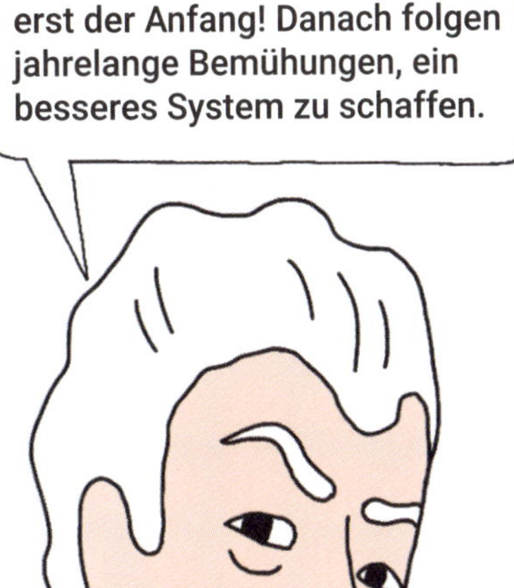

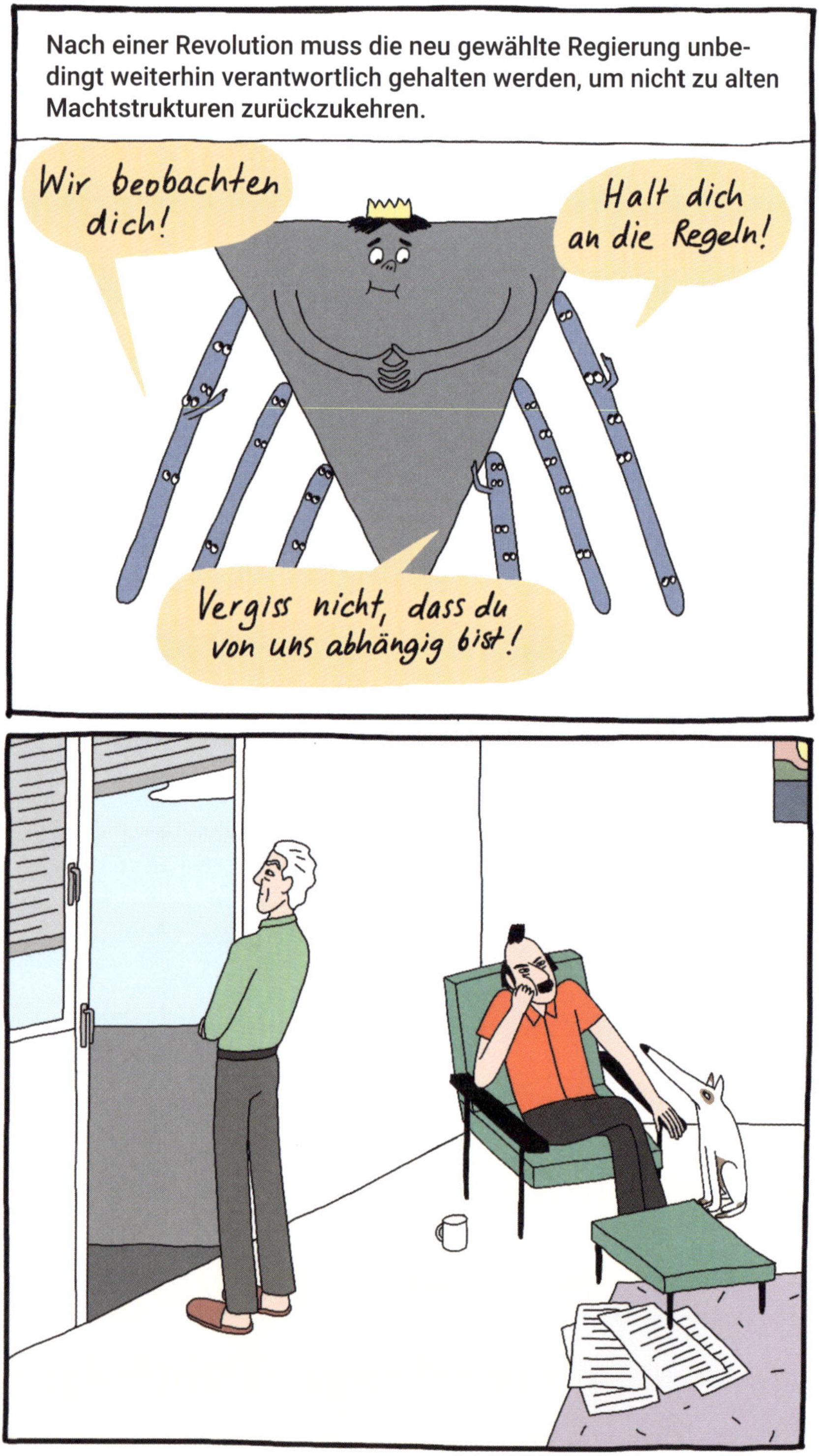

Nach einer Revolution muss die neu gewählte Regierung unbedingt weiterhin verantwortlich gehalten werden, um nicht zu alten Machtstrukturen zurückzukehren.

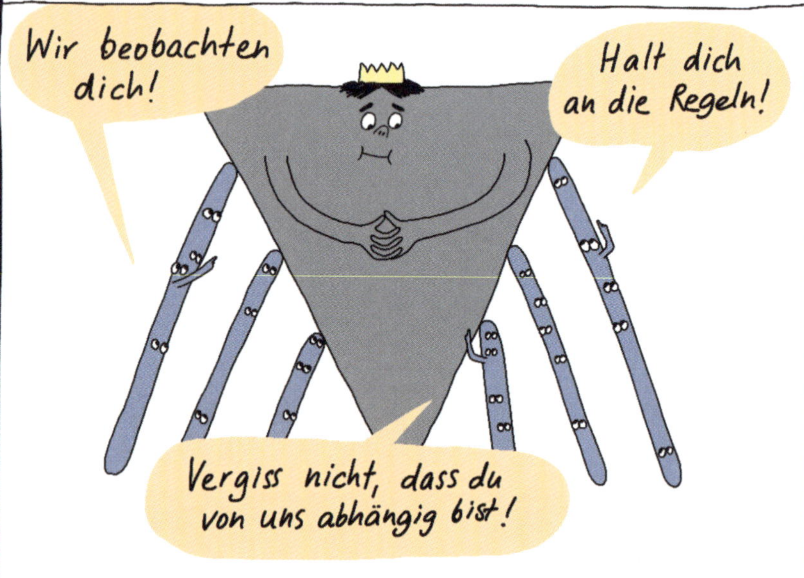

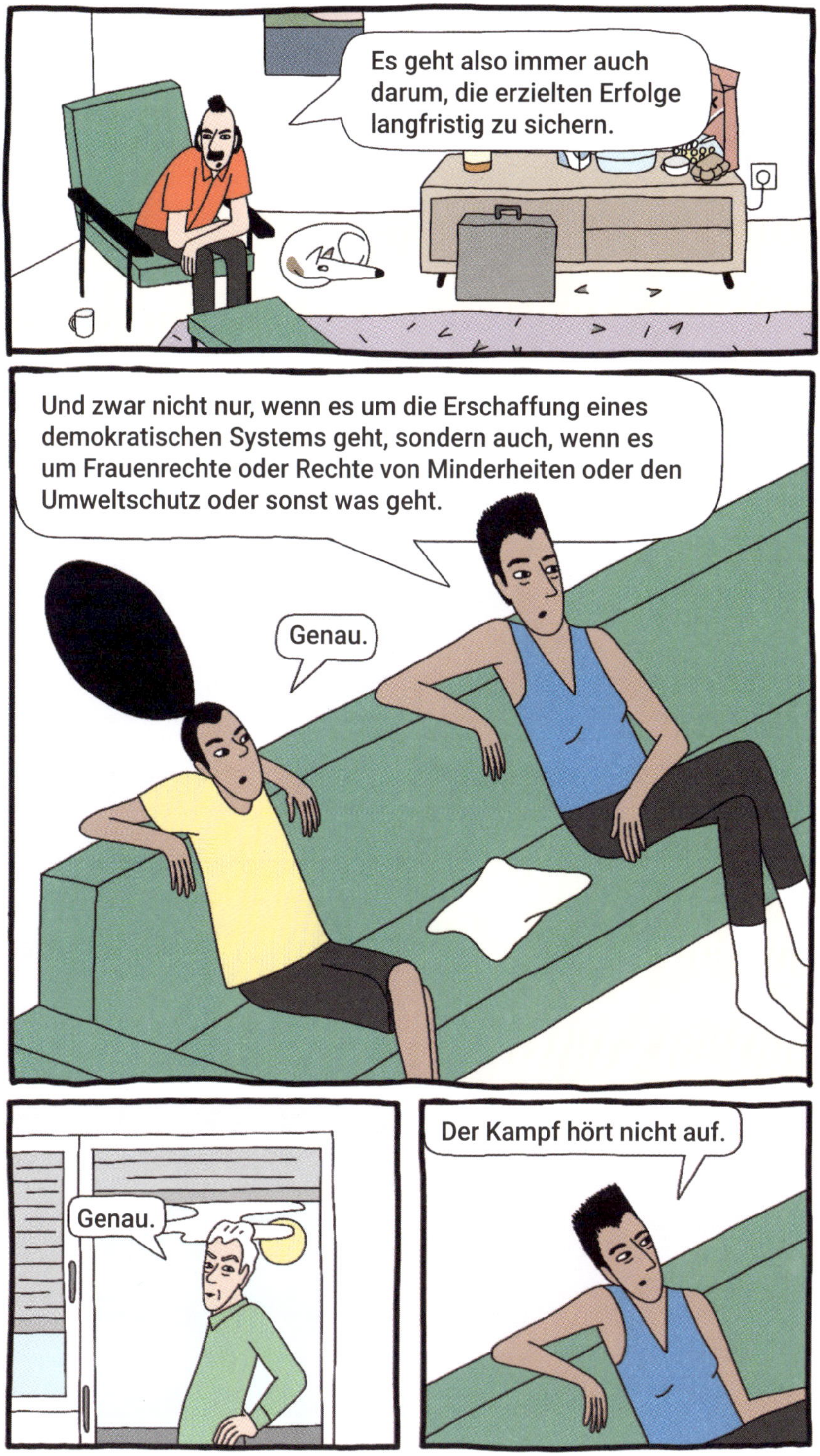

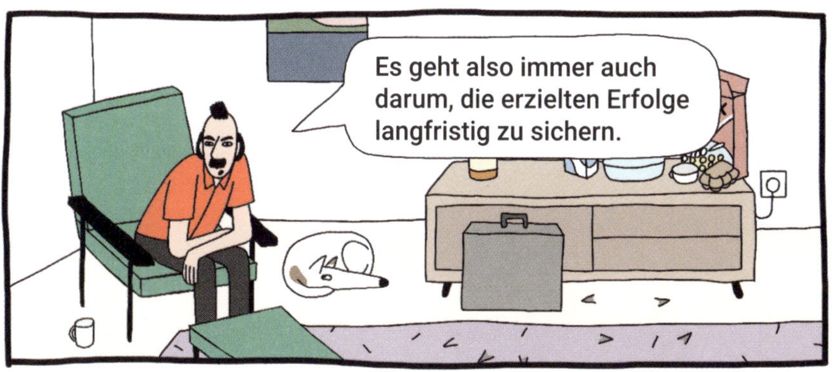

Und zwar nicht nur, wenn es um die Erschaffung eines demokratischen Systems geht, sondern auch, wenn es um Frauenrechte oder Rechte von Minderheiten oder den Umweltschutz oder sonst was geht.

Genau.

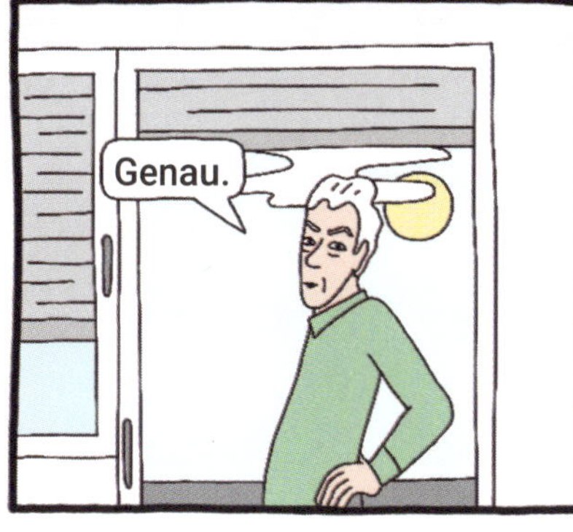

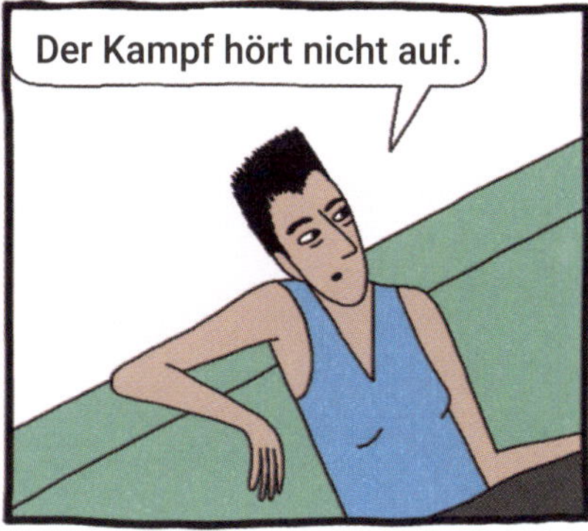

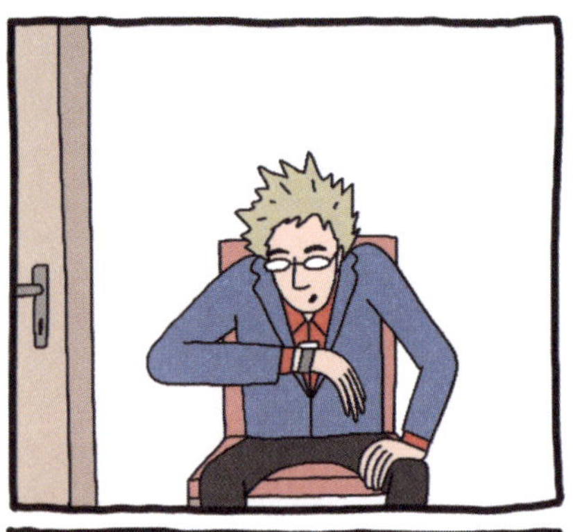
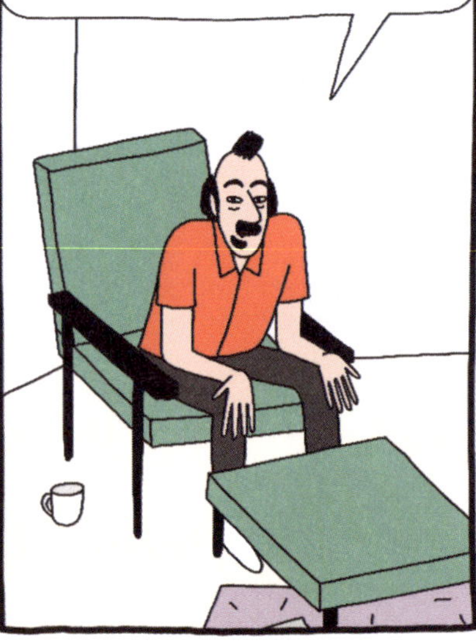
Ich finde es ja immerhin ermutigend, dass die Wahrscheinlichkeit eines anhaltenden Friedens steigt, wenn eine Revolution gewaltfrei bleibt.
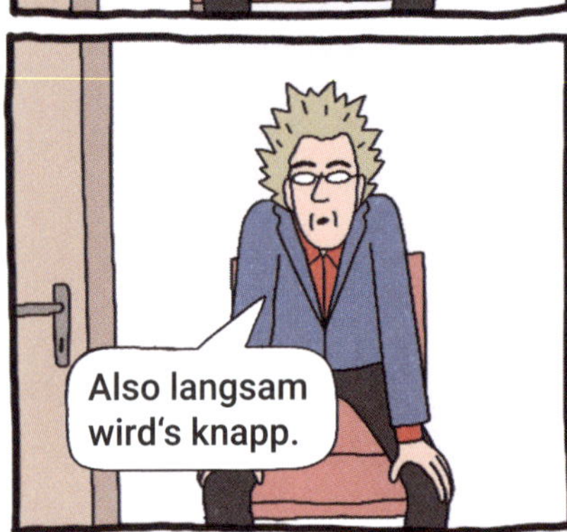
Also langsam wird's knapp.
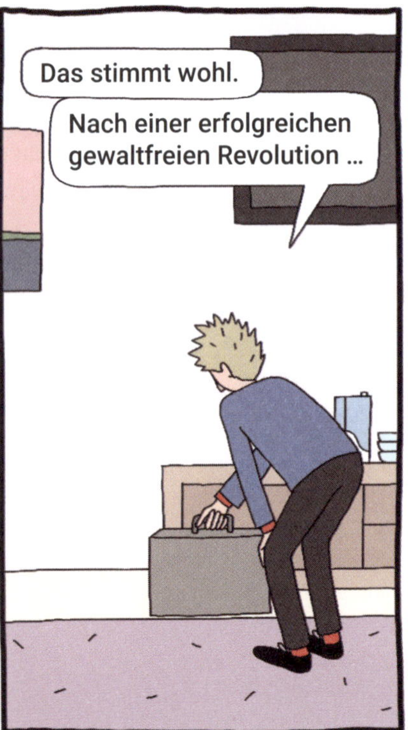
Das stimmt wohl.
Nach einer erfolgreichen gewaltfreien Revolution …
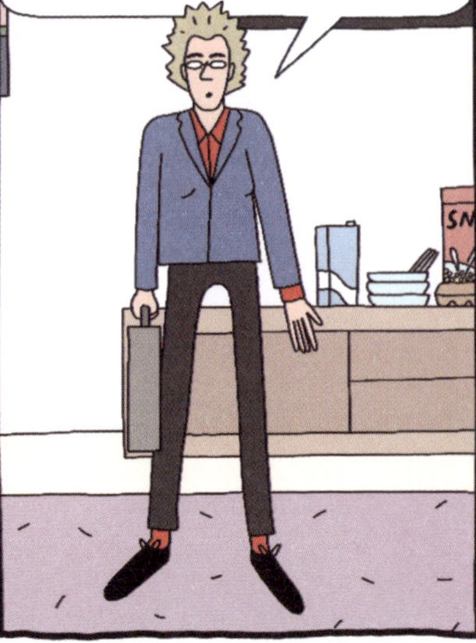
… stehen danach die Chancen für ein demokratisches System deutlich besser und die Wahrscheinlichkeit für Bürgerkriege ist viel geringer.

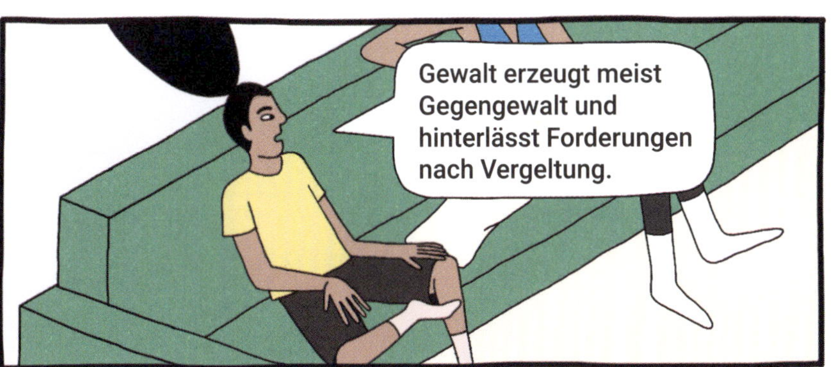

Wer eine Revolution durch Gewalt gewinnt, versucht die erlangte Macht leider auch oft durch Gewalt zu sichern.

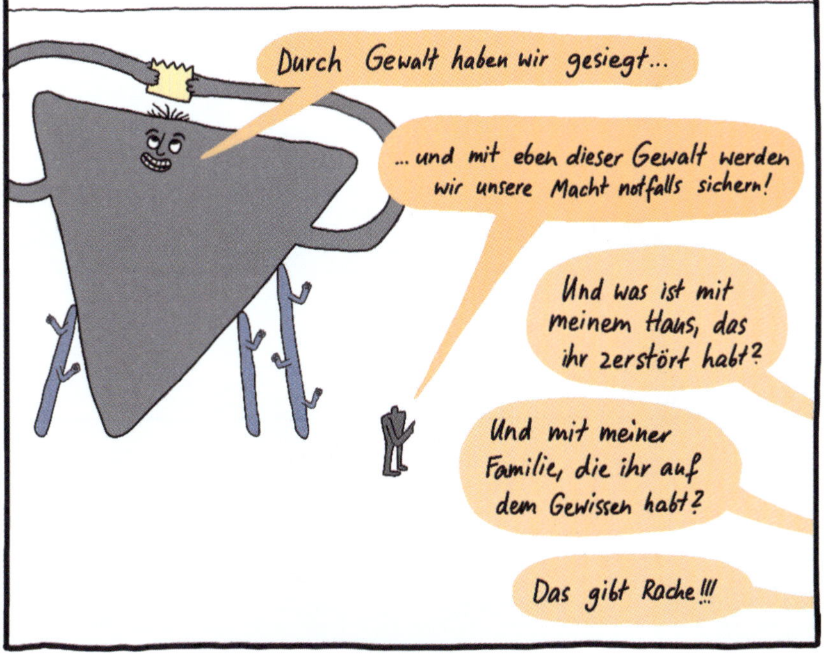

Durch Gewalt haben wir gesiegt...

... und mit eben dieser Gewalt werden wir unsere Macht notfalls sichern!

Und was ist mit meinem Haus, das ihr zerstört habt?

Und mit meiner Familie, die ihr auf dem Gewissen habt?

Das gibt Rache!!!

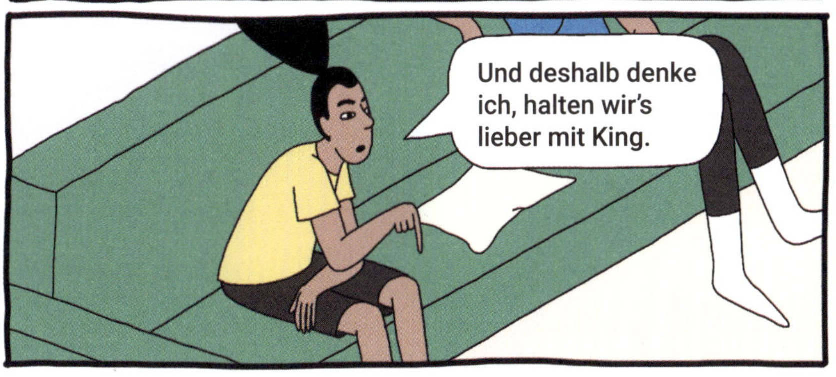

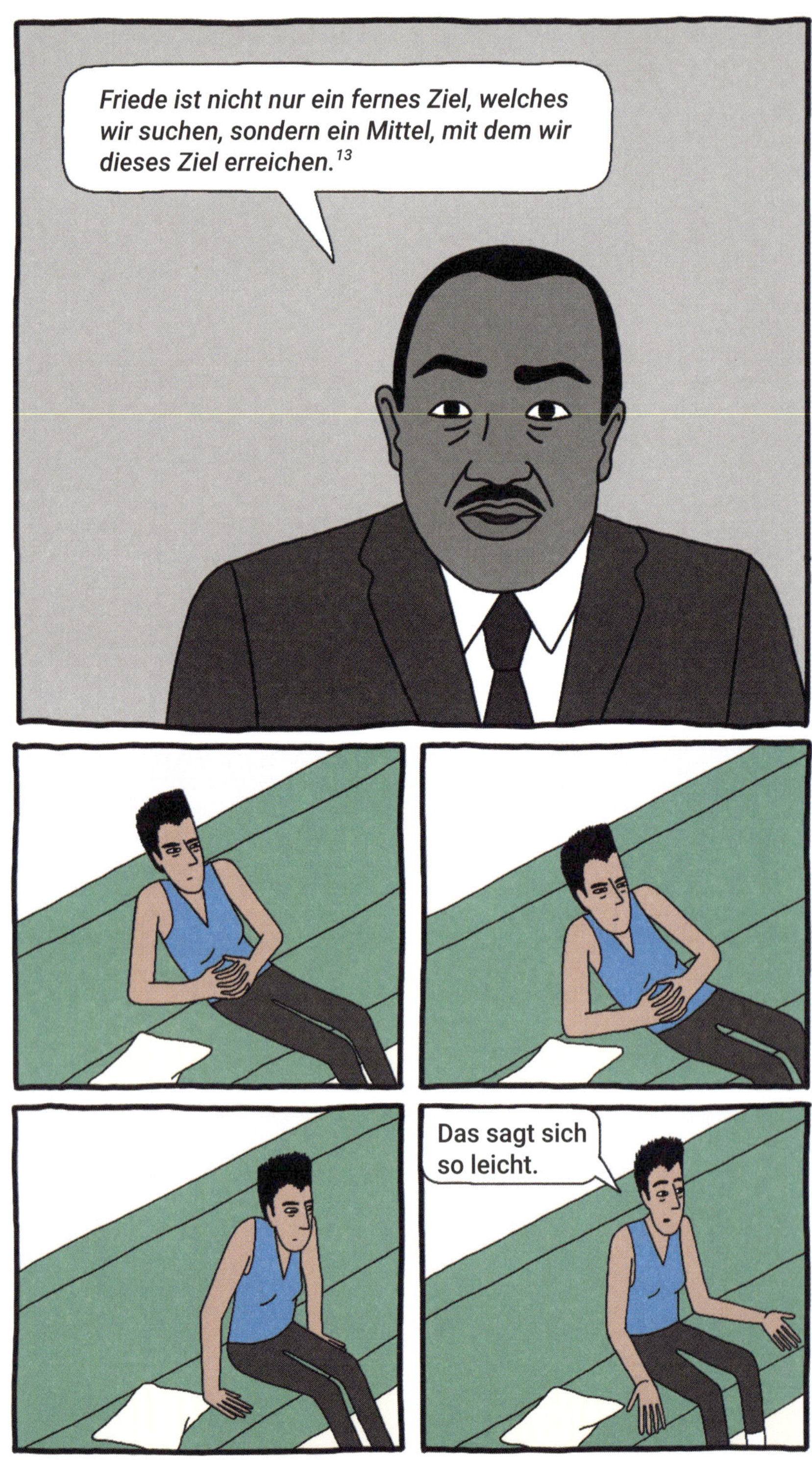

13 Originalzitat: *Peace is not merely a distant goal that we seek, but a means by which we arrive at that goal.*

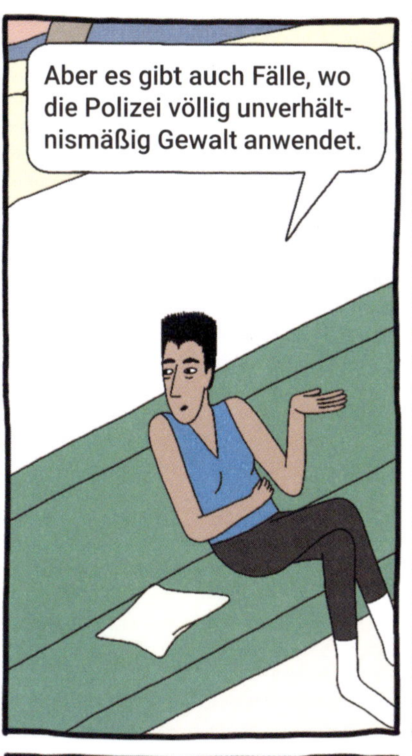
Aber es gibt auch Fälle, wo die Polizei völlig unverhält-nismäßig Gewalt anwendet.

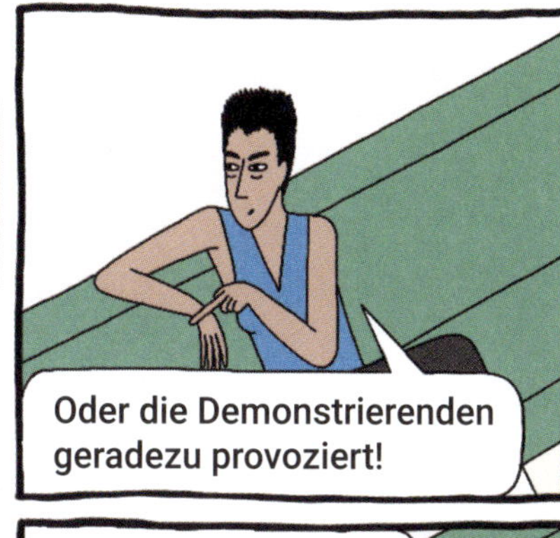
Oder die Demonstrierenden geradezu provoziert!

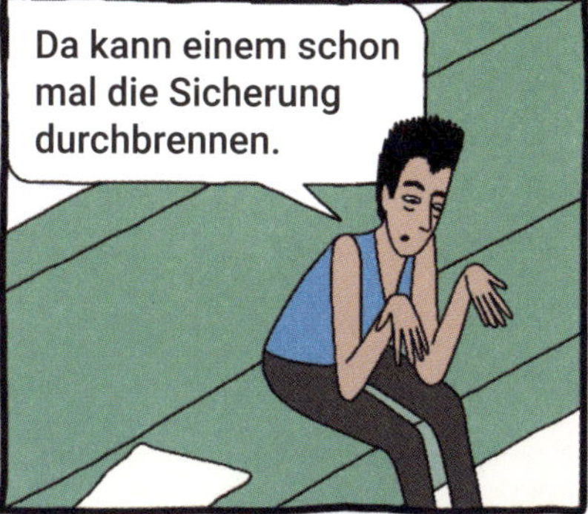
Da kann einem schon mal die Sicherung durchbrennen.

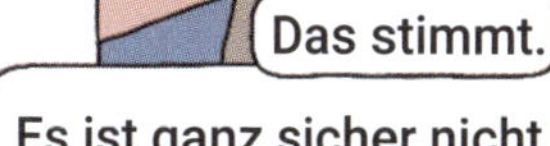
Das stimmt.

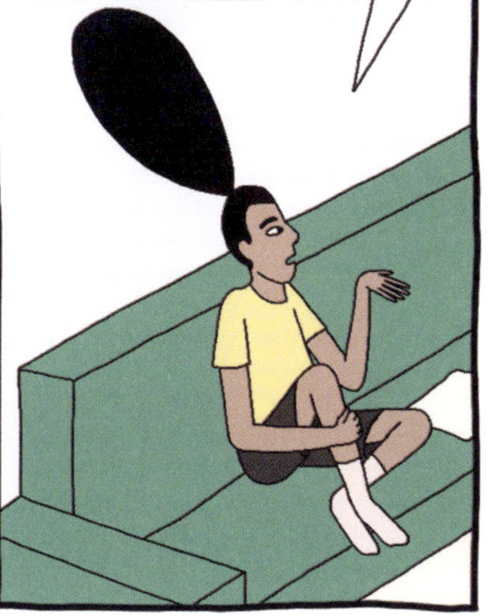
Es ist ganz sicher nicht leicht, in solchen Situationen die Ruhe zu bewahren. Trotzdem ist es extrem wichtig.

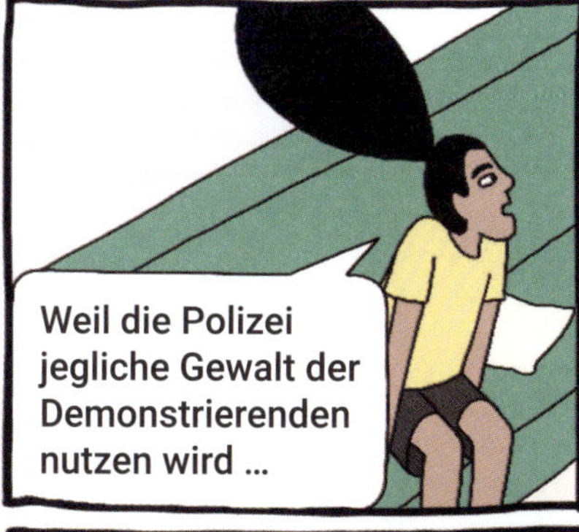
Weil die Polizei jegliche Gewalt der Demonstrierenden nutzen wird …

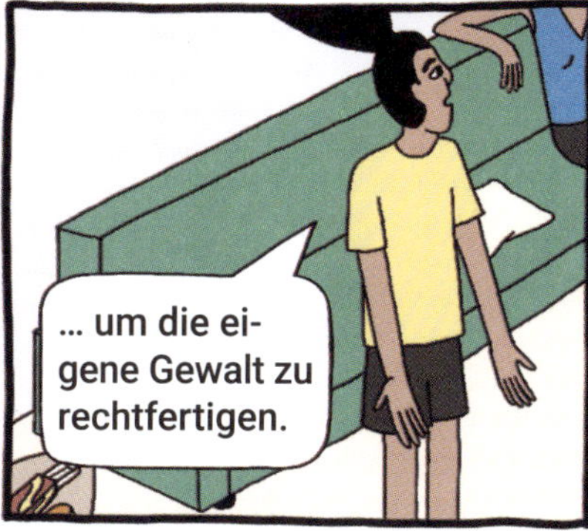
… um die ei-gene Gewalt zu rechtfertigen.

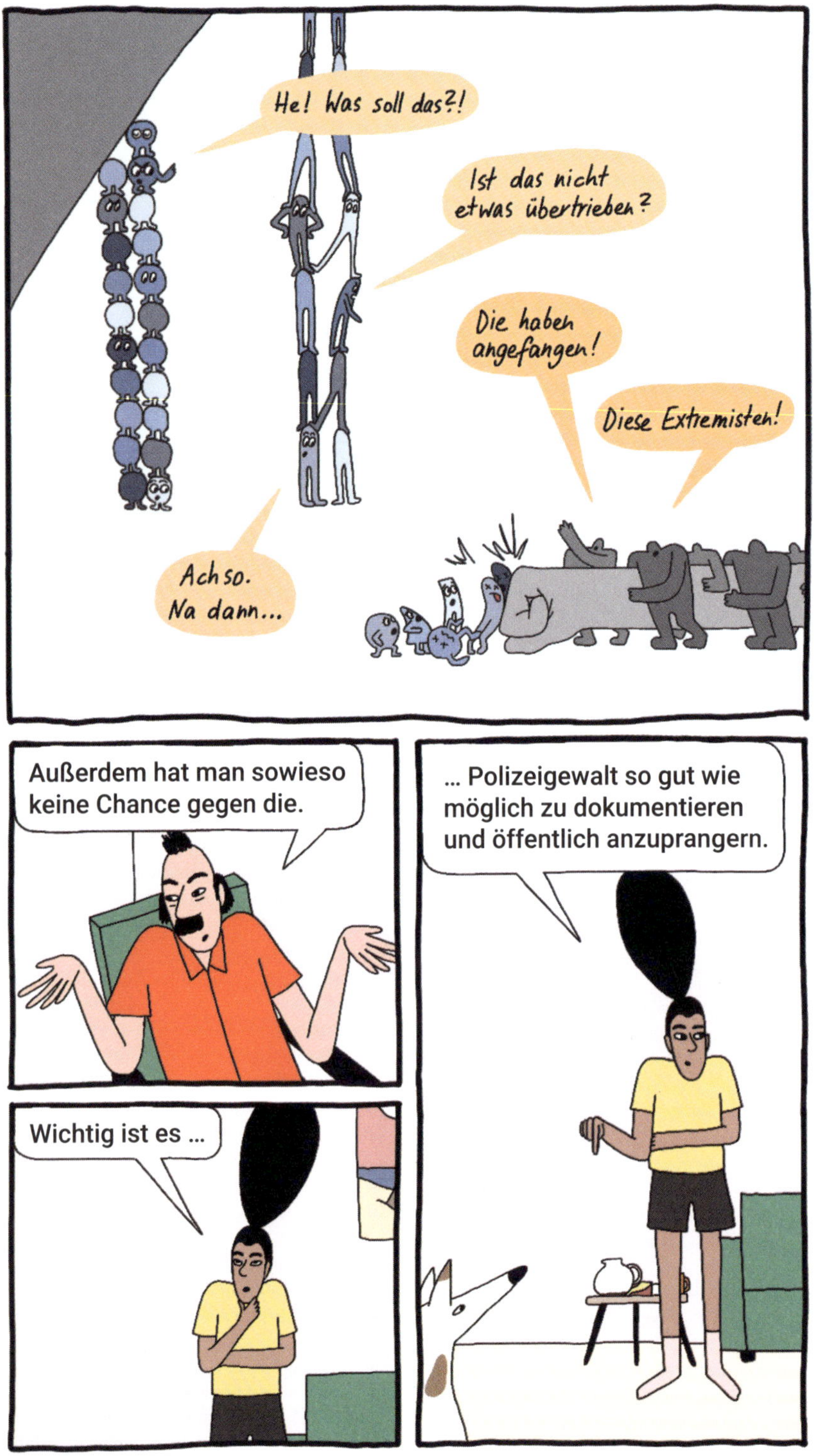

He! Was soll das?!

Ist das nicht etwas übertrieben?

Die haben angefangen!

Diese Extremisten!

Achso. Na dann …

Außerdem hat man sowieso keine Chance gegen die.

Wichtig ist es …

… Polizeigewalt so gut wie möglich zu dokumentieren und öffentlich anzuprangern.

9 Zurück zum Anfang

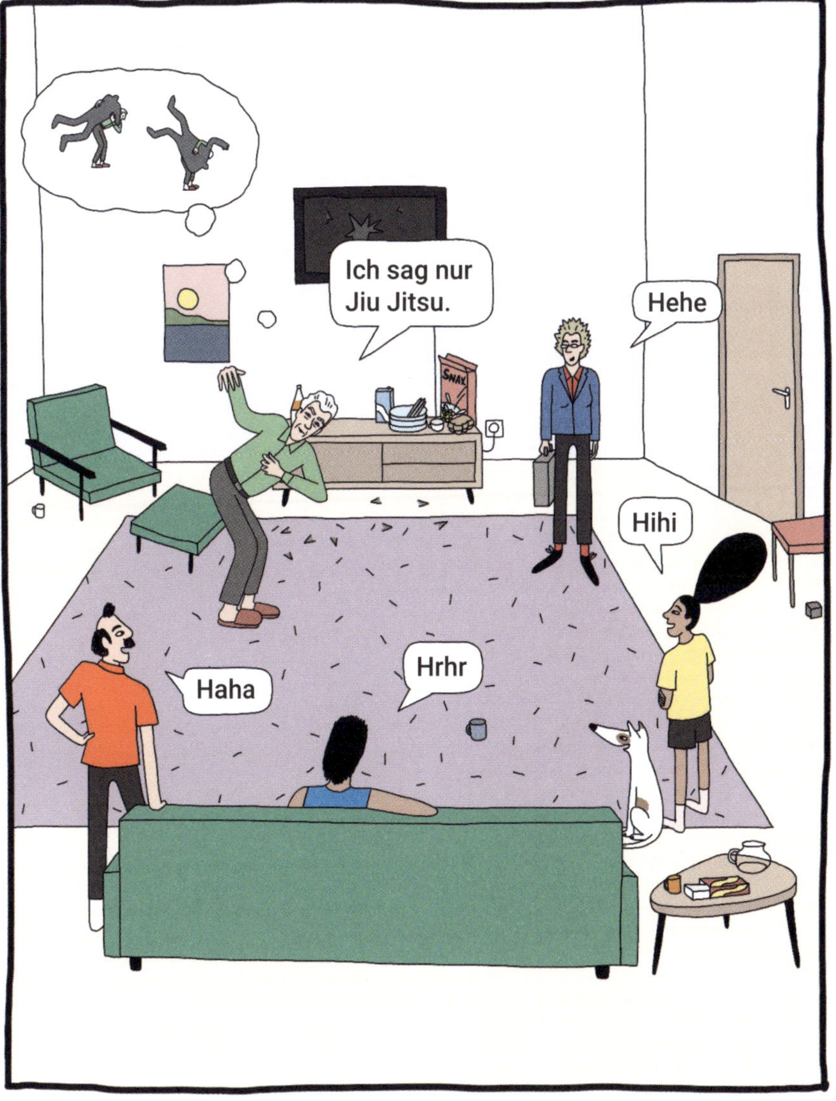

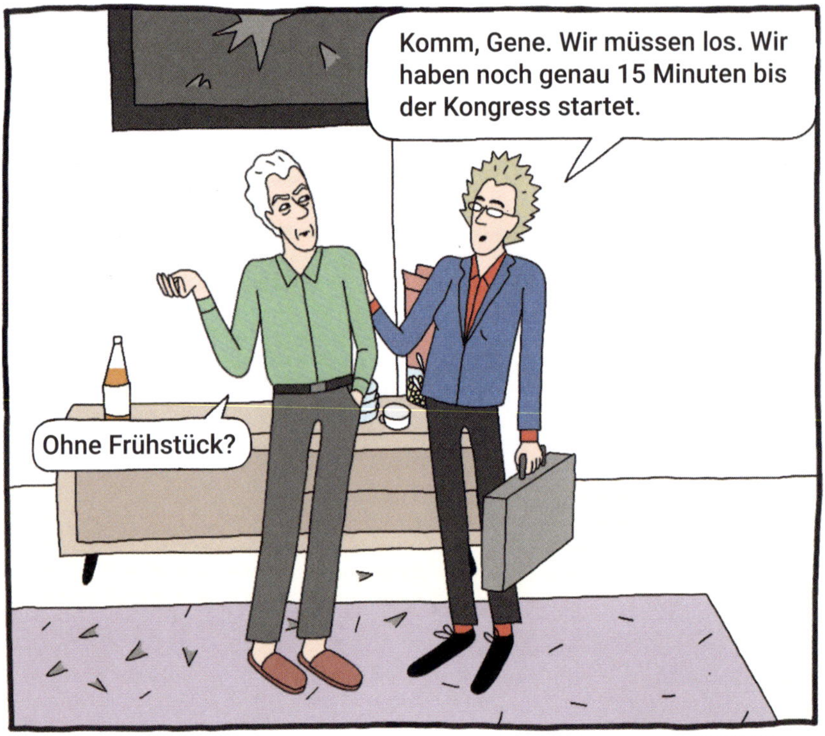

Komm, Gene. Wir müssen los. Wir haben noch genau 15 Minuten bis der Kongress startet.

Ohne Frühstück?

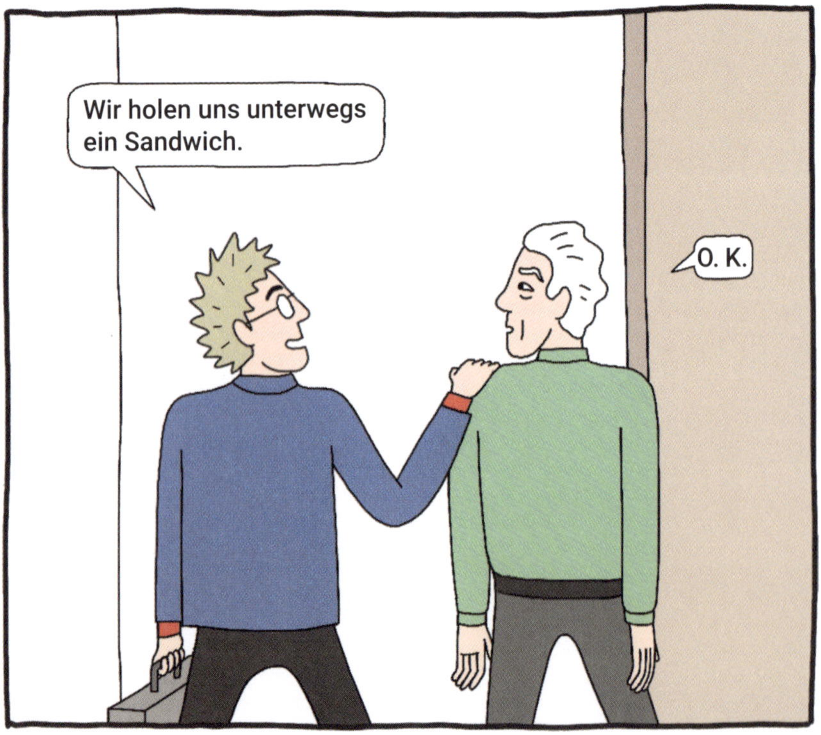

Wir holen uns unterwegs ein Sandwich.

O. K.

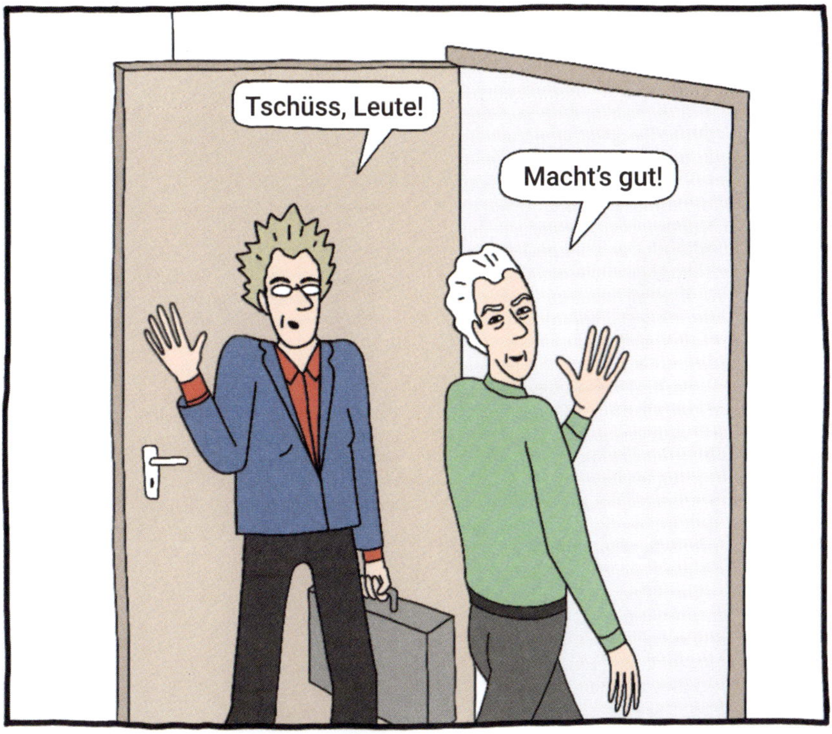

Tschüss, Leute!

Macht's gut!

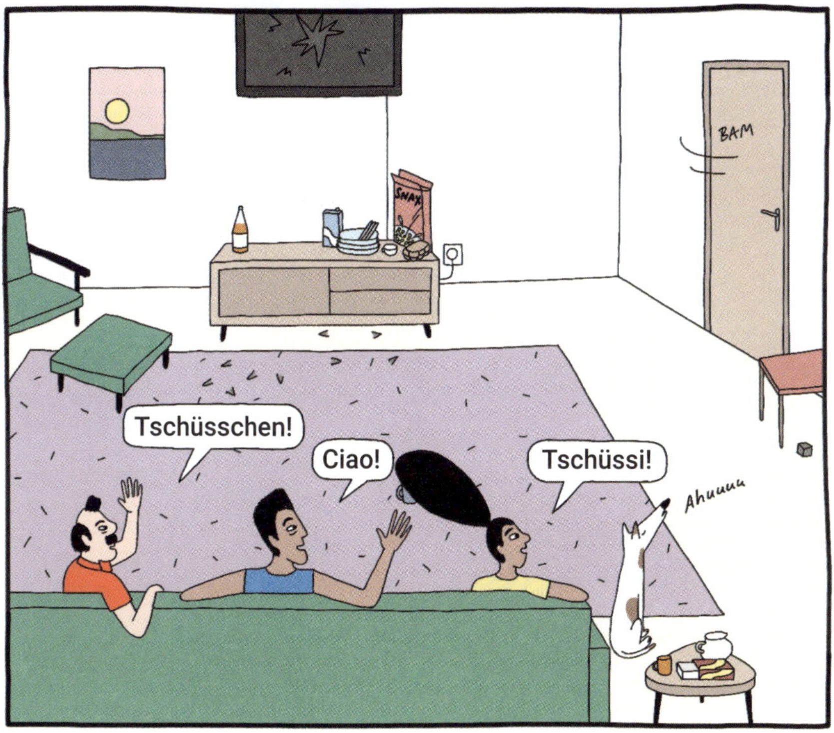

BAM

SNAX

Tschüsschen!

Ciao!

Tschüssi!

Ahuuuu

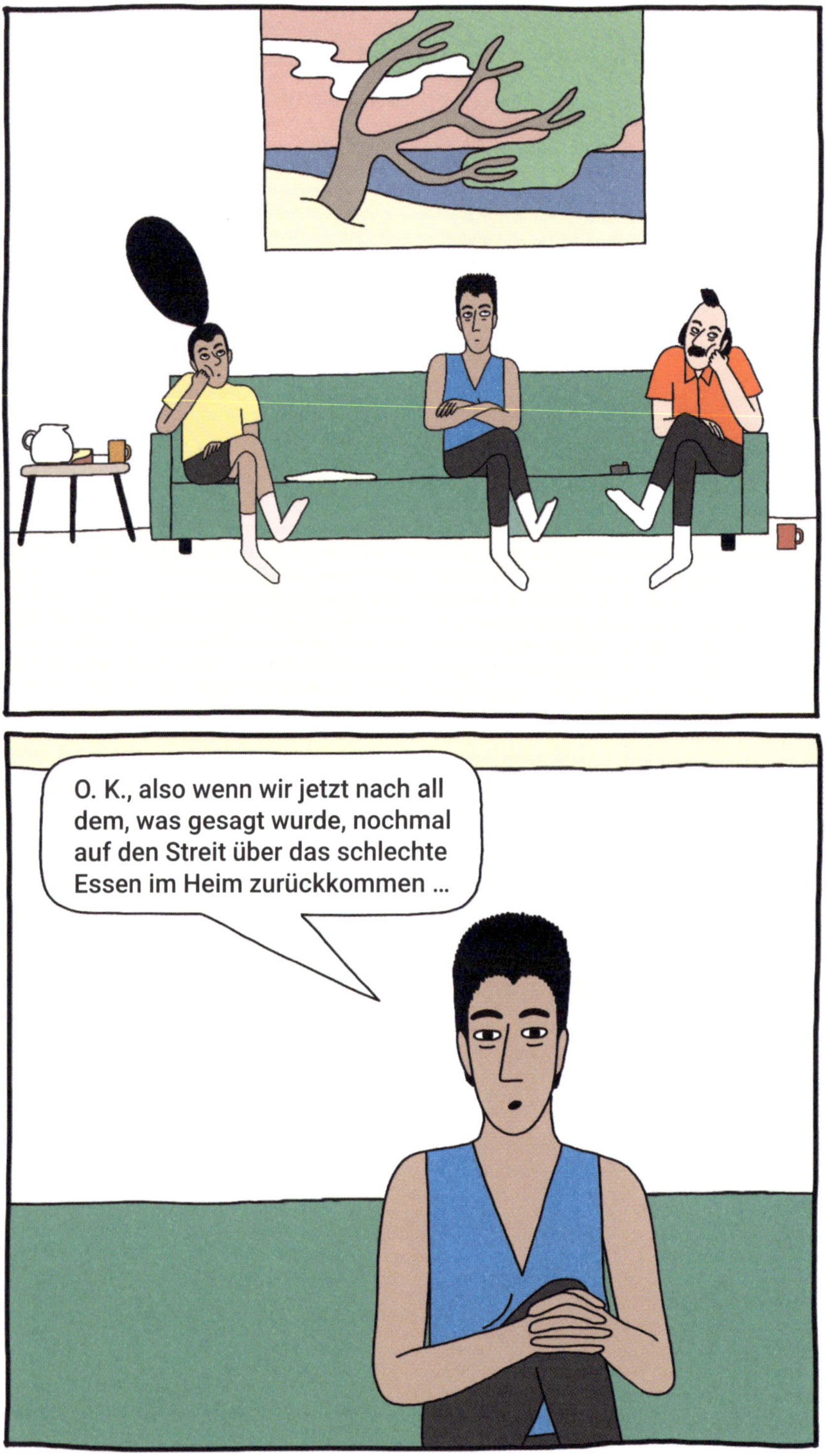

O. K., also wenn wir jetzt nach all dem, was gesagt wurde, nochmal auf den Streit über das schlechte Essen im Heim zurückkommen …

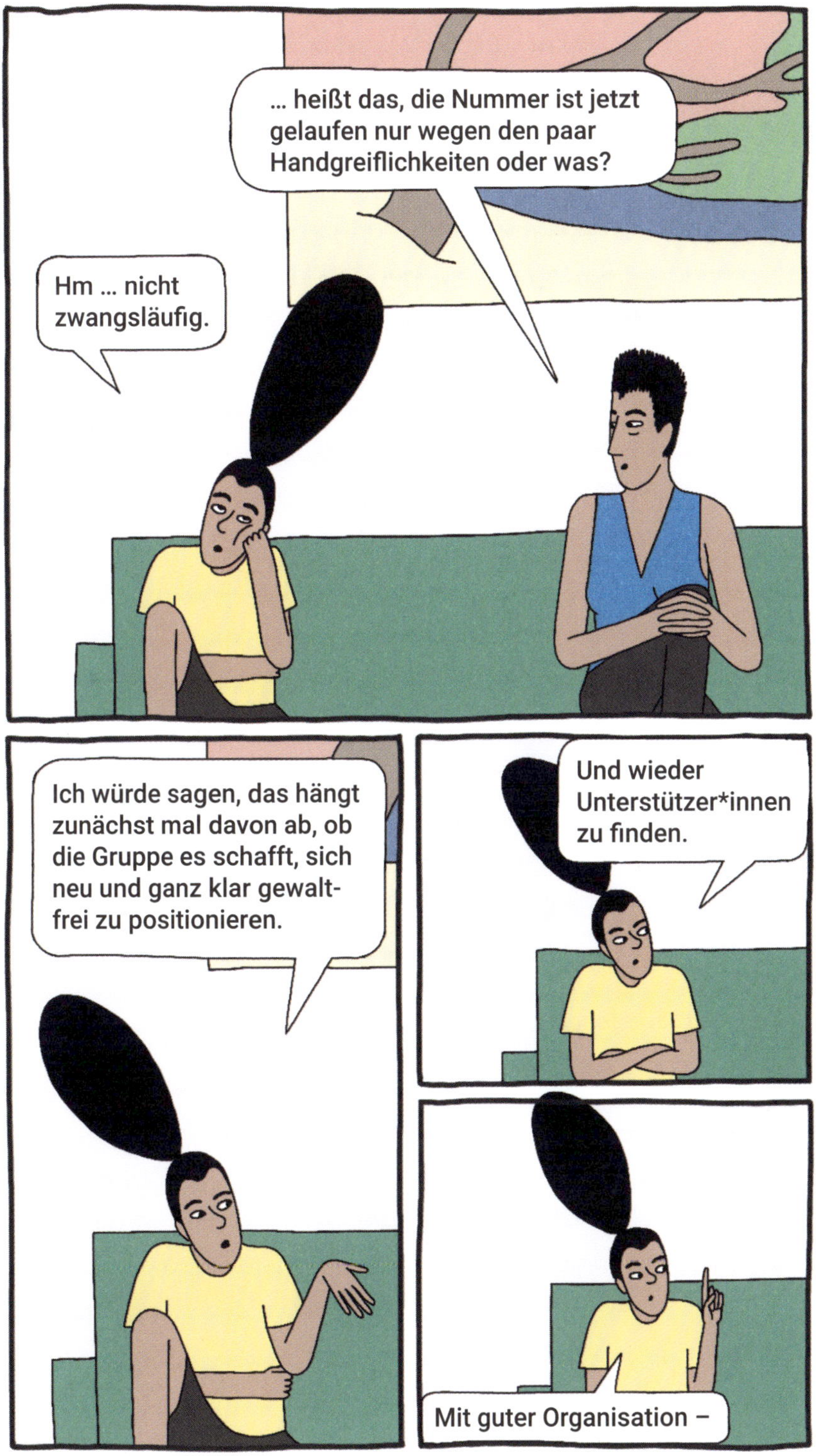

… heißt das, die Nummer ist jetzt gelaufen nur wegen den paar Handgreiflichkeiten oder was?

Hm … nicht zwangsläufig.

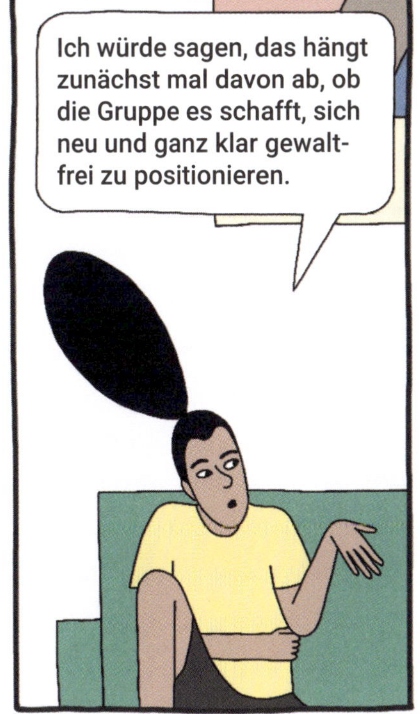

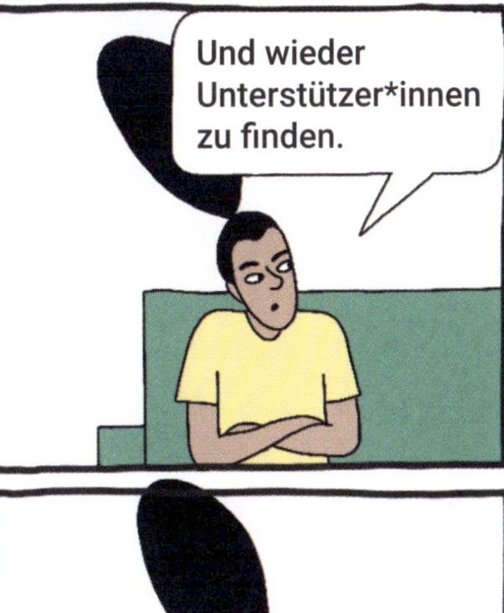

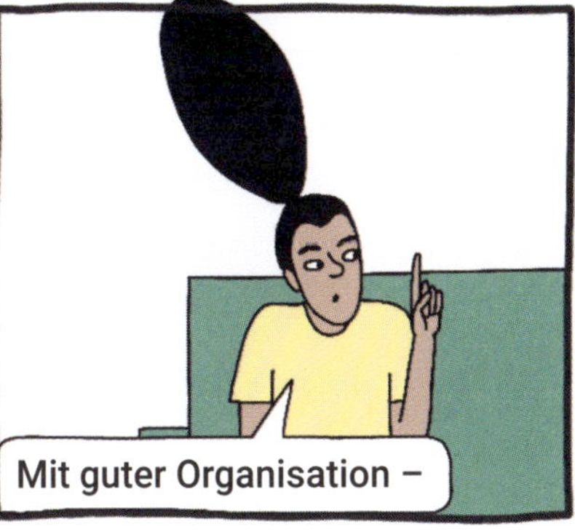

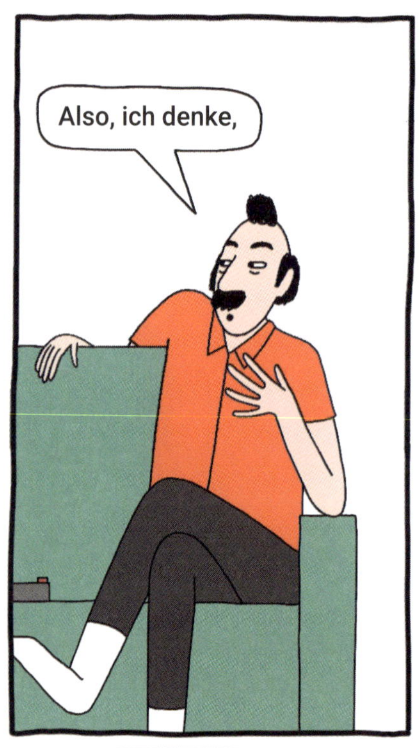

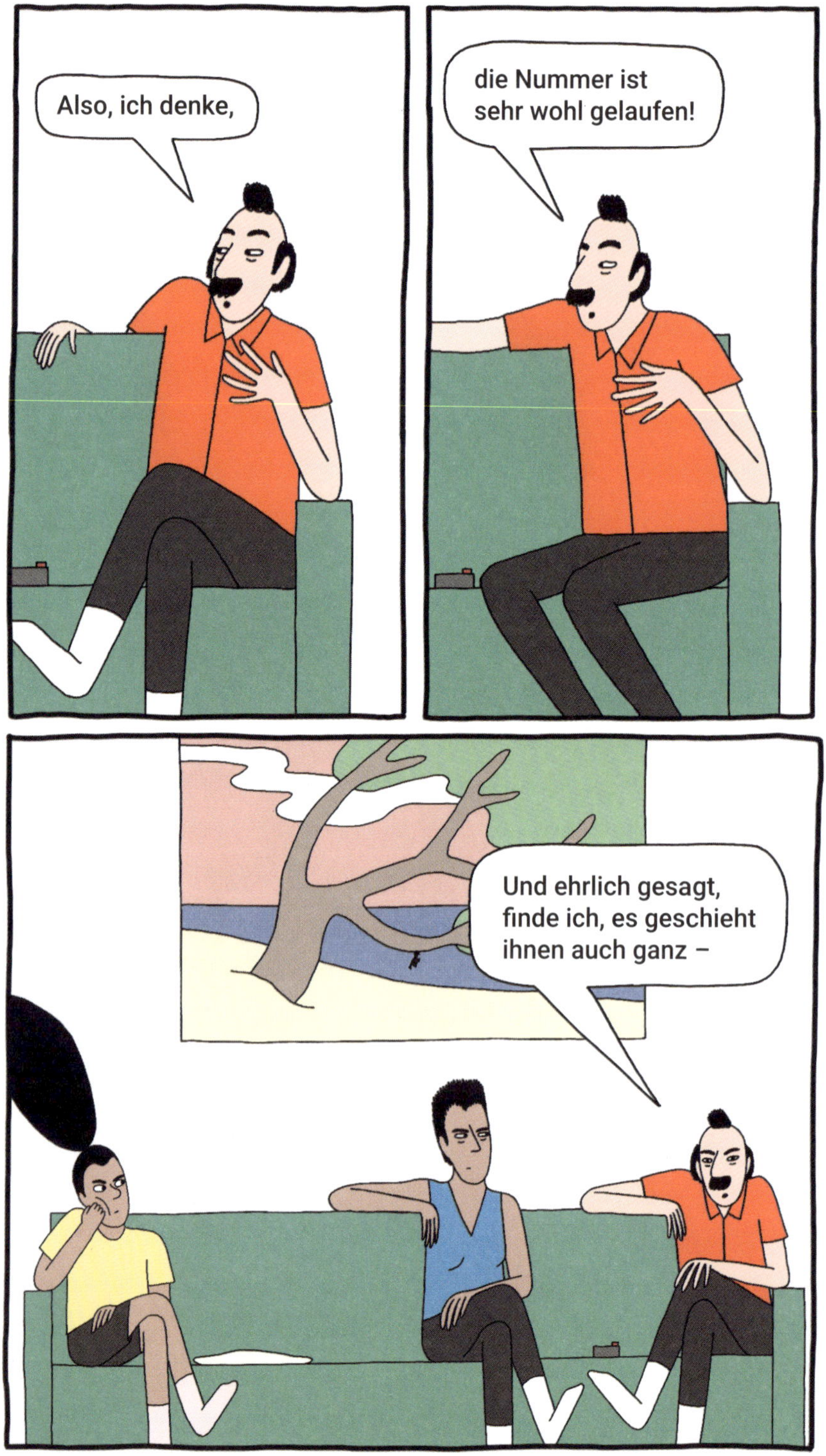

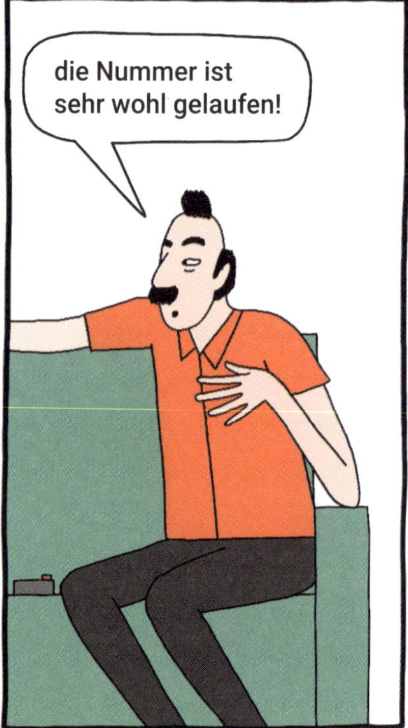

Und ehrlich gesagt,
finde ich, es geschieht
ihnen auch ganz –

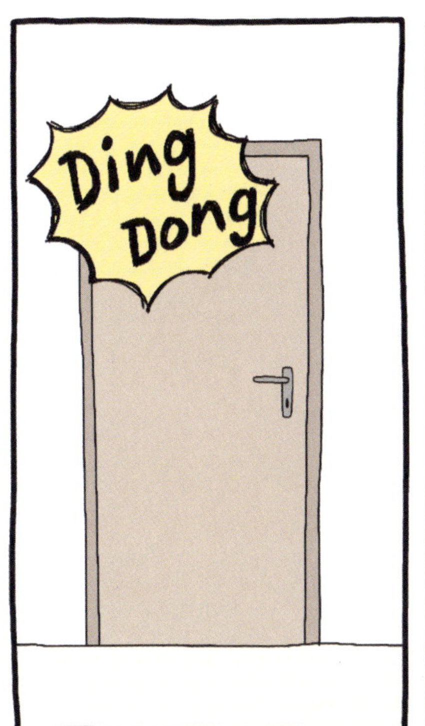

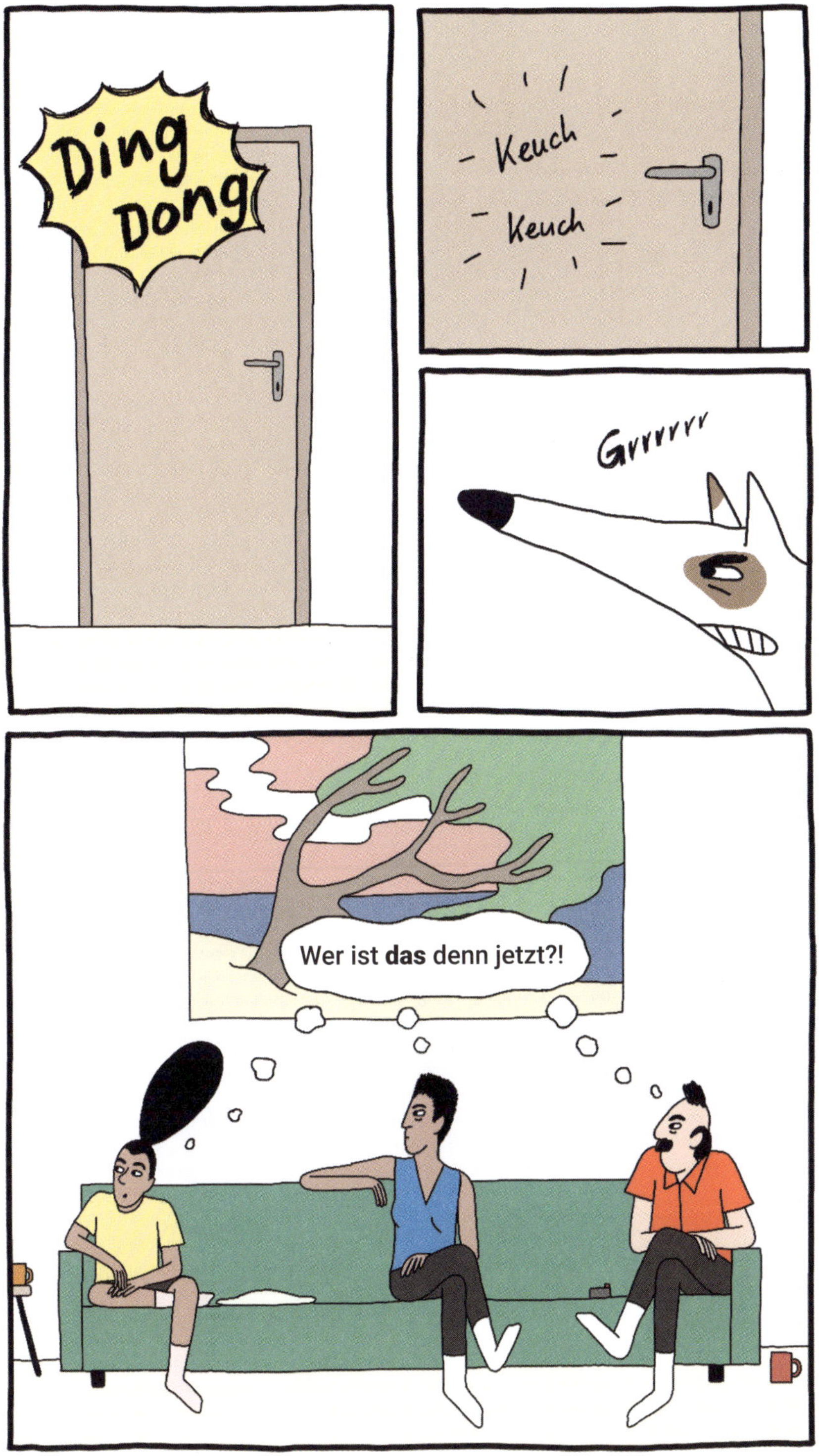

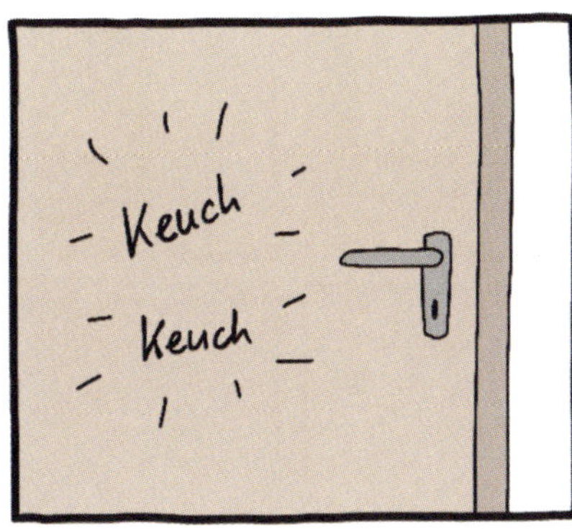

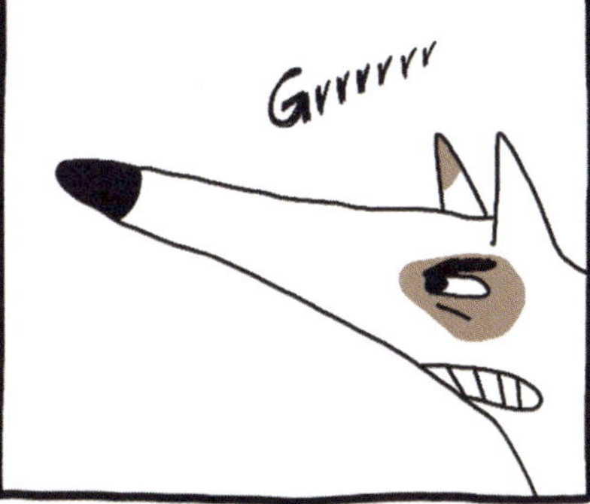

Wer ist **das** denn jetzt?!

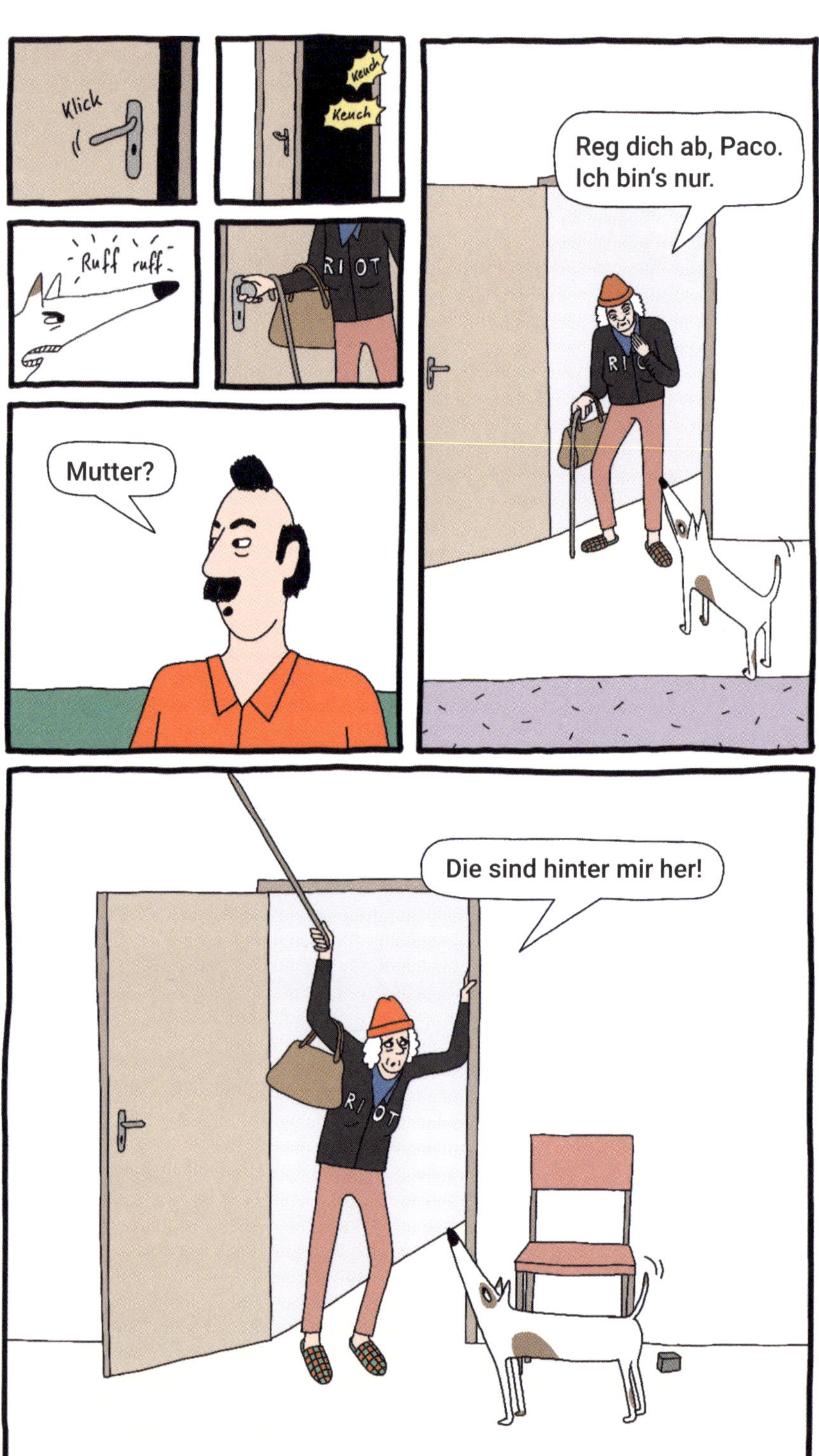
Klick
Keuch
Keuch
Ruff ruff
RIOT
Reg dich ab, Paco.
Ich bin's nur.
Mutter?
Die sind hinter mir her!
RIOT

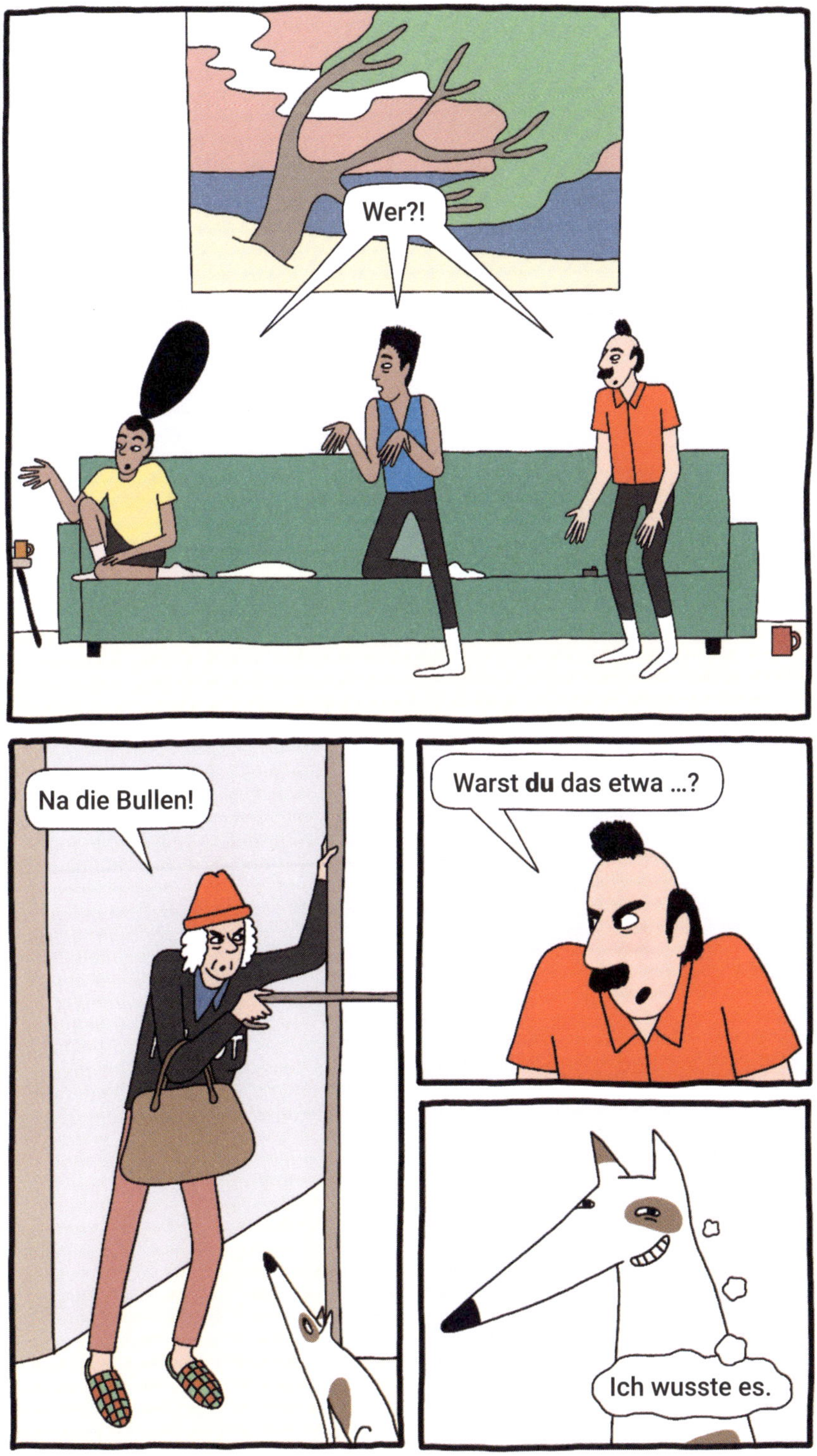

Wer?!

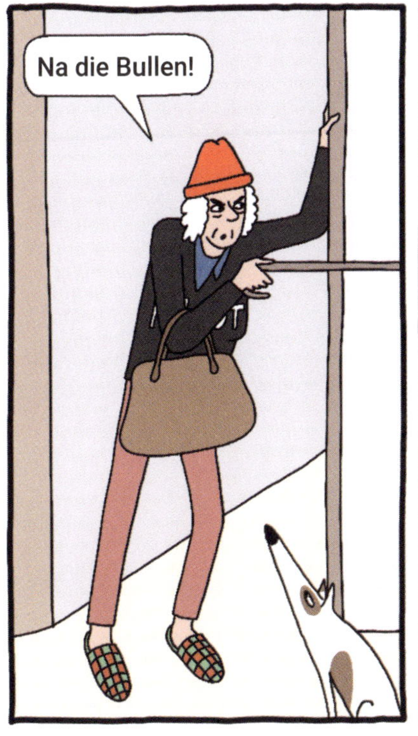

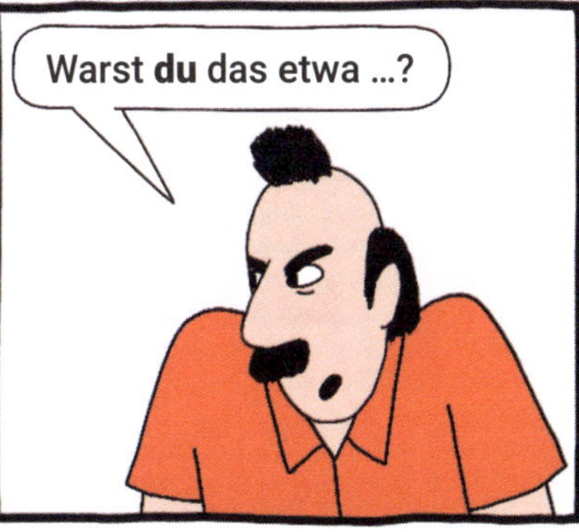

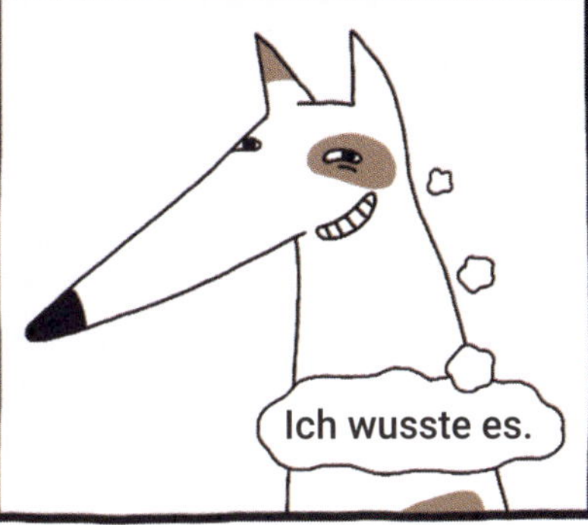

Literaturverzeichnis

Chenoweth, Erica und Maria J. Stephan. (2011). *Why Civil Resistance Works: The Strategic Logic of Nonviolent Conflict.*

Columbia SIPA: *Kenneth N. Waltz Lecture – Erica Chenoweth: The Paradox of Civil Resistance in the 21st Century*, 16.10.2019. Verfügbar unter: https://www.youtube.com/watch?v=QGKdQUQyaTc [06.07.2020].

Engler, Mark und Paul. (2016). *This Is An Uprising: How nonviolent revolt is shaping the twenty-first century.* Nation Books.

King, M. L. (16.04.1963): Letter from Birmingham Jail.
URL: https://www.africa.upenn.edu/Articles_Gen/Letter_Birmingham.html [Datum des letzten Zugriffs: 20.06.2021].

Rucht, Dieter: *Anti-Atomkraftbewegung*. In: Roland Roth (Hg.). (2008). *Die sozialen Bewegungen in Deutschland seit 1945: Ein Handbuch.* Campus Verlag, S.245–266.

Sharp, Gene. (2011). *Von der Diktatur zur Demokratie: Ein Leitfaden für die Befreiung.* 2. Auflage. C.H. Beck.

The Martin Luther King Jr. Research and Education Institute:
King Quotes on War and Peace. URL: https://kinginstitute.stanford.edu/liberation-curriculum/classroom-resources/king-quotes-war-and-peace [Datum des letzten Zugriffs: 20.06.2021].

Dank an

Andrej
Jana
Felix
Marek
Thomas M. Müller
Katja Schwalenberg

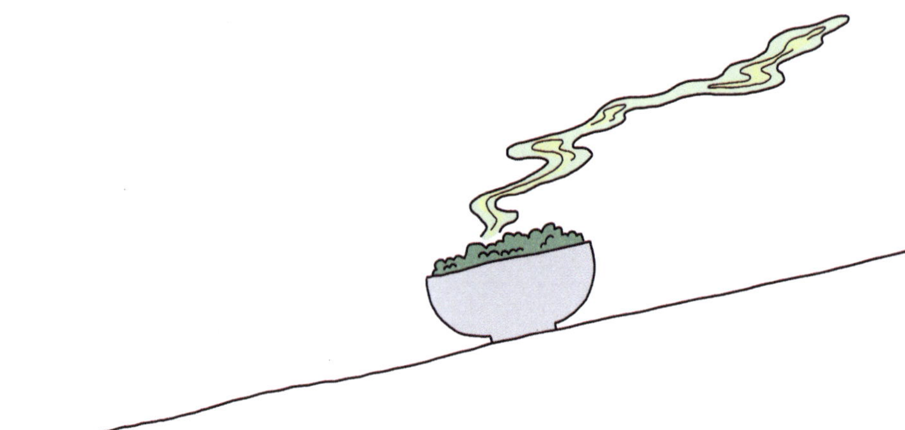